용기를 내어 당신이 생각하는 대로 살아야 합니다.
그렇지 않으면 머지않아 당신은 사는 대로 생각하게 될 것입니다.
– 폴 부르제(프랑스의 시인, 철학자)

Il faut vivre comme on pense,
sans quoi l'on finira par penser comme on a vècu.
– Paul Bourget

DVD 동영상 강의로 쉽게 배우는 친절한

점토공예 & 미니어처

DIY

터닝
포인트

DVD 동영상 강의로 쉽게 배우는
친절한 점토공예&미니어처 DIY

Copyright ⓒ 2008-2015 by 이정희, 안복희, 이은이 & Turning point
All rights reserved. First edition Printed 2008, Printed in Korea.

2008년 5월 10일 초판 1쇄 인쇄
2015년 11월 10일 초판 5쇄 발행

지은이	이정희 · 안복희 · 이은이
펴낸이	정상석
펴낸 곳	터닝포인트(http://www.turningpoint.co.kr)
등록번호	2005. 2. 17 제6-738호
주소	(03991) 서울시 마포구 동교로27길 53 지남빌딩 308호
대표전화	(02)332-7646
팩스	(02)3142-7646
홈페이지	http://www.turningpoint.co.kr
ISBN	978-89-957176-3-9
정가	26,800원

이 책을 만든 사람들

기획	터닝포인트
표지 디자인	공종욱
진행	박미화
북 디자인	공종욱, 정미정
작품 사진 촬영	G1 스튜디오
과정 사진 및 동영상 촬영	김현진
촬영 장소 협찬	광명 프로방스
내용 문의	네이버나 다음의 플러스공예 카페 또는 www.diytp.com
원고 집필 문의	diamat@naver.com(터닝포인트는 삶에 긍정적 변화를 가져오는 좋은 원고를 환영합니다.)

Preface

우연히 접하게 된 미니어처의 세계는 정말 흥분되고 설레는 경험이었습니다. 그때부터 미니어처의 매력에 푹 빠져 읽지도 못하는 외국 서적들을 참고하면서 눈짐작으로 이해하며 공부했던 기억이 납니다. 늦었지만 이렇게 우리 글로 된 책을 독자들에게 선보일 수 있어서 너무 행복합니다. 처음 시작하는 분들, 혼자서 배우고 싶지만 어떻게 시작해야 할지 모르는 분들, 주변에 배울 만한 공방이 없는 분들, 시작한 지 얼마 되지 않는 분들에게 도움이 되었으면 합니다. 부족하지만 함께 배우는 심정으로 열심히 작업을 했습니다. 배움의 끝이 없는 점토공예와 미니어처의 세계에서 새로운 것을 찾고 연구하는 데 이 책이 작은 밑거름이 되었으면 하는 바람입니다.

– 이은이(안개)

점토공예의 다양한 활용 분야 중의 하나인 꽃과 함께 일상의 단조로움에서 벗어나 자기만의 세계에 몰입하다 보면 삶이 풍요로워지고 행복감에 젖어듭니다. 작은 손놀림으로 아름다운 꽃 한 송이가 완성될 때 느끼는 성취감과 행복을 꽃을 좋아하는 많은 분들에게 전하고 싶습니다. 여러분의 가정이 점토로 만든 아름다운 꽃들로 가득하기를 기원합니다. 이 책의 부록으로 제공되는 DVD 동영상 강의를 활용하면 미니어처, 꽃, 인형 등 다양한 점토공예를 더욱 쉽게 배울 수 있답니다. 이 책을 통해 우리나라 점토공예가 더욱 발전할 수 있는 좋은 기회가 되었으면 합니다.

– 안복희(보키)

손으로 원하는 형태를 만드는 점토의 매력에 가슴 벅차던 때가 엊그제 같은데 어느덧 20년이 훌쩍 흘렀네요. 처음 인형을 만들 때는 어떻게 만들어야 할지 몰라 인체의 구조와 뼈에 대해 공부를 많이 했습니다. 이제는 표현하고자 하는 인형의 모습을 자신있게 만들 수 있어 참으로 행복합니다. 이 책을 통해 표현하기 어려웠던 인형의 다양한 모습과 얼굴 표정을 자유롭게 구현할 수 있었으면 합니다. 또한 돌하우스에 미니어처 인형의 움직임을 담아 완성도가 더욱 높은 작품을 만드는 데 도움이 되었으면 합니다. 더불어 책을 통해 점토공예를 소개할 수 있도록 해주신 터닝포인트 출판사 여러분들께 진심으로 감사드립니다. 책을 보면서 궁금한 내용은 다음과 네이버의 플러스공예 카페를 통해 좀 더 친절히 알려 드릴게요. 행복하세요!

– 이정희(행복마녀)

Contents

Part 01

점토공예와
미니어처는
어떤 공예인가요?

점토공예와 미니어처는 어떤 공예인가요? ……… 018

점토공예와 미니어처로 어떤 것들을 만들 수 있나요? ……… 020

점토의 종류에는 어떤 것들이 있나요? ……… 022

점토공예와 미니어처에 사용하는 기본 도구 I ……… 024

점토공예와 미니어처에 사용하는 기본 도구 II ……… 026

점토공예와 미니어처에 사용되는 부재료들 ……… 028

미니어처를 만들 때 사용하는 재료들 ……… 030

점토공예와 미니어처 재료를 구할 수 있는 곳과 배울 수 있는 곳 ……… 032

Part 02

하루 만에 배우는
점토공예 & 미니어처

01 한 입 먹어보고 싶은 햄버거
미니어처 핸드폰 고리 ……… 036

02 세상에 둘도 없는
미니어처 오색 김밥 ……… 040

03 이루어질 수 없는 사랑,
튤립 화분 ……… 044

04 생화보다 더 예쁜
동글동글 알륨 ……… 050

05 고민에 빠진
어여쁜 꼬마 요정 ……… 053

06 책 위에서 그림
그리는 아이들 ……… 058

Part 03

너무나 깜찍해서 한 입
먹고 싶은 미니어처 음식

07 국물 맛이 끝내주는
미니어처 우동　**064**

08 치즈가 쭉 늘어나는
미니어처 콤비네이션 피자　**070**

09 맛있는 냄새가 솔솔나는
고소한 미니어처 빵　**074**

10 정글에서 금방 따온 듯한
달콤한 미니어처 바나나　**080**

11 음식을 더 맛깔나게
해주는 미니어처 접시　**084**

Part 04

미니어처 가구로
꾸며보는 예쁜 나의 방

12 세상에서 가장 편한
미니어처 패브릭 소파　**088**

13 나만의 편안한 휴식처
미니어처 컨트리풍 플라워 침대　**092**

14 읽고 싶은 책이 가득한
미니어처 화이트 장식장　**096**

Contents

15 차 한 잔 마시고 싶은
미니어처 컨트리풍 탁자 · · · · · 100

16 여자라면 꼭 갖고 싶은
미니어처 화장대 · · · · · 104

Part
05

손님을 부르는
미니어처 앞마당

17 물을 가득 담아도 튼튼한
미니어처 양동이 · · · · · 112

18 정원을 촉촉하게 해주는
물뿌리개 · · · · · 115

19 날카로운 가시가 살아있는
미니어처 선인장 · · · · · 118

20 말끔하게 청소해요.
미니어처 빗자루와 쓰레받기 · · · · · 121

21 요정이 앉아 쉴 것 같은
미니어처 벤치 · · · · · 124

Part
06

특별한 날, 내 손으로
만드는 미니어처 선물

22 행복한 생일에 선물하고 싶은
생크림 케이크와 장미 꽃다발 **130**

23 사랑을 전하는
밸런타인 초콜릿 **136**

24 신혼부부에게 선물하면
좋은 원앙과 등잔 **140**

25 새집 장만한 사람에게
딱 좋은 집들이 선물 **146**

26 가슴이 훈훈해지는
감사의 선물 미니어처 난로 **152**

Part
07

꽃 만들기 기본 기법

27 덩어리 빚기 기법을
이용한 딸기 **158**

28 커팅 기법을 이용한
마가렛 **162**

29 도구를 이용해 만든
개나리 **166**

Contents

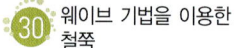

30 웨이브 기법을 이용한 철쭉 170

31 점토로 직접 만드는 나만의 엔틱 화기 174

Part 08

사랑이 담긴 꽃 선물

32 어버이날 부모님께 드리고 싶은 카네이션 178

33 불타오르는 뜨거운 열정, 장미 182

34 나를 생각해주세요! 제비꽃 187

35 포인세티아 핸드폰 고리 190

36 멋스런 수국 액자 장식 193

Part
09

아름다운 사계절 꽃
이야기

37 양지바른 언덕의
일편단심 민들레
198

38 나를 항상 생각해주오!
봄꽃 팬지
202

39 어둠 뚫고 활짝 피어나는
나팔꽃
206

40 낮에 피었다가 밤에 지는
꽃 채송화
210

41 길가의 아름다운 꽃
코스모스
216

42 백일 동안 붉게 피는 꽃
백일홍
220

43 모진 겨울 바람을 뚫고
피어난 동백꽃
224

44 스스로를 너무 사랑한 꽃
수선화
228

Contents

Part 10

인형 만들기 기본 기법,
고급 기법 단숨에 배우기

45 코일링 기법을 이용한
요정 장식 티스푼 꽂이 ... 234

46 핀칭 기법을 이용한
노래하는 인형 ... 238

47 판상 기법을 이용한
메모꽂이 ... 243

48 스컬피 점토로 만드는
한복 인형 핸드폰 줄 ... 250

49 모데나 점토로 만드는
장식용 인형 ... 254

50 석분 점토로 만드는
이쑤시개 인형 ... 259

51 수지 점토로 만드는
낚시하는 인형 ... 264

52 인형 만들기 고급 기법의
포인트 인형 손 만들기 ... 269

53 인형 만들기 고급 기법의
포인트 인형 발 만들기 ... 273

54 인형 만들기 고급 기법의
포인트 인형 얼굴 만들기 ... 275

Part
11

특별한 날 내 손으로
만드는 인형 선물

55 화장지 들고
집들이 가는 인형 282

56 어버이날 감사의 마음
담은 인형 287

57 밸런타인데이에 사랑의
마음을 전할 소년 인형 292

58 크리스마스에 선물하면
좋은 꼬마 산타 인형 296

59 누구도 끊을 수 없는
인연, 사랑의 포로 301

60 신혼부부에게 선물하면
좋은 웨딩 인형 306

61 전통의 미가 물씬 풍기는
한국 전통 인형 메모꽂이 313

62 다시 보고 싶은 그리운
풍경 1960년대 중학생 인형 319

친절한 DVD 동영상 200% 활용하기

점토를 이용한 미니어처, 꽃, 인형 만들기 등의 3가지 테마를 중심으로 구성된 이 책에는 세 개의 테마를 쉽게 이해할 수 있도록 DVD 동영상 강의를 제공합니다. 책을 보다가 이해가 안 되는 부분은 친절한 DVD 동영상 강의를 이용하면 혼자서도 다양한 점토공예와 미니어처 작품들을 만들 수 있습니다.

DVD 동영상 강의 창 사용 방법

❶ 이곳을 선택하면 점토를 이용해 만든 다양한 작품들을 소개하고, 준비물에는 어떤 것들이 있는지 알아보는 영상을 볼 수 있어요.

❷ 이곳을 선택하면 미니어처 만들기 페이지로 넘어가 미니어처 만들기 동영상 강의를 볼 수 있습니다. 그곳에서 보고 싶은 동영상 강의를 선택하세요.

❸ 이곳을 선택하면 꽃 만들기 페이지로 넘어가 꽃 만들기 동영상 강의를 볼 수 있습니다. 그곳에서 보고 싶은 동영상 강의를 선택하세요.

❹ 이곳을 선택하면 인형 만들기 페이지로 넘어가 인형 만들기 동영상 강의를 볼 수 있습니다. 그곳에서 보고 싶은 동영상 강의를 선택하세요.

점토공예 & 미니어처 알아보기 동영상

지점토로 만들 수 있는 것들은 어떤 것이 있을까요? 지점토를 이용해 만든 다양한 작품들을 소개하고 준비물에는 어떤 것들이 있는지 알아봅니다.

❺ 이곳을 선택하면 메인 화면으로 되돌아갑니다.

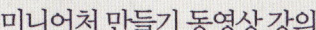

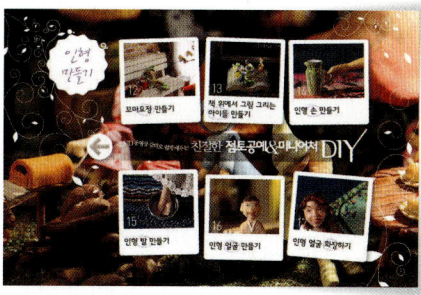

미니어처 만들기 동영상 강의
01 햄버거 미니어처 핸드폰 고리 만들기
02 미니어처 오색 김밥 만들기
03 미니어처 접시 만들기
04 미니어처 패브릭 소파 만들기
05 미니어처 양동이 만들기

꽃 만들기 동영상 강의
06 알룸 만들기
07 튤립 화분 만들기
08 딸기 화분 만들기
09 마가렛 만들기
10 개나리 만들기
11 철쭉 만들기

인형 만들기 동영상 강의
12 꼬마 요정 만들기
13 책 위에서 그림 그리는 아이들 만들기
14 인형 손 만들기
15 인형 발 만들기
16 인형 얼굴 만들기
17 인형 얼굴 화장하기

TV에서 부록 DVD 사용하는 방법

PC에서는 마우스를 이용하지만 TV에서는 리모콘을 이용해 메뉴를 선택할 수 있습니다. 부록 DVD를 TV용 DVD 플레이어에 넣으면 왼쪽과 같은 창이 나타납니다. 리모콘의 방향 단추를 눌러 ENTER 버튼을 누르면 서브 메뉴로 이동합니다.

• 메뉴에서 동영상 선택 : ← → ↑ ↓로 원하는 영상을 선택하고 ENTER(또는 확인) 버튼을 누름
• 동영상을 보다가 메뉴로 가려면 : 메뉴 버튼을 누름
• 서브 메뉴에서 메인 메뉴로 가려면 : 서브 메뉴의 ← 버튼을 선택한 후 ENTER(또는 확인)
• DVD 실행 종료 : STOP

DVD 사용 시 주의사항

1. PC에 DVD 플레이어가 설치되어 있지 않으면 부록으로 제공되는 DVD가 작동하지 않을 수 있습니다. PC에서 DVD 플레이어가 정상적으로 실행되지 않는 경우에는 컴퓨터에 DVD 플레이어 소프트웨어가 설치되어 있는지 확인합니다. 만약 DVD 플레이어가 설치되어 있지 않다면 컴퓨터 구입 시, 또는 DVD 플레이어 구입 시 제공되는 설치 CD로 PC용 DVD 플레이어 소프트웨어를 설치해주세요.

2. TV에서 사용하는 DVD 플레이어의 기종에 따라 DVD가 정상적으로 작동하지 않을 수도 있습니다.

3. 부록 DVD를 사용하는 데 있어 문제가 있을 경우에는 www.diytp.com이나 네이버의 행복한 취미생활 DIY 카페(http://cafe.naver.com/diytp)로 문의하면 해결 방법을 알려드립니다.

이 책은 이렇게 활용하세요.

① **만들 DIY 작품** : 이 책에서 만들 완성 작품 사진입니다.

② **DVD 동영상 강의** : 부록으로 제공되는 DVD에는 3시간 분량의 동영상 강의가 담겨있습니다. 부록 DVD는 컴퓨터의 DVD 플레이어를 이용해서 컴퓨터로도 볼 수 있고, TV에 연결된 DVD 플레이어를 이용해서 TV로도 볼 수 있습니다. DVD 마크가 표시된 18개의 동영상을 참고하면 해당 섹션의 내용을 더욱 쉽게 이해할 수 있습니다.

③ **단계별 제작 과정** : 전체 제작 과정에서 세부 제작 과정까지의 제목입니다.

④ **친절한 제작 과정 따라하기** : 제작 과정을 상세하고 친절하게 소개합니다.

⑤ **준비물** : 작품을 만드는 데 필요한 재료, 도구와 물감을 소개합니다.

⑥ **예상 재료비** : 독자들의 편의를 돕기 위해서 책에서는 각각의 개별 작품을 만드는데 필요한 점토의 양과 부재료의 가격을 추정하여 예상 비용을 소개합니다. 환율의 변동과 여러 가지 여건에 따라 실제 비용은 달라질 수 있으니 참고 자료로 활용하면 됩니다. (2008년 기준)

⑦ **예상 작업 시간** : 점토의 건조 시간을 제외한 예상 작업 시간입니다.

⑧ **완제품을 사려면 얼마나 하죠?** : 완제품을 구입할 경우의 예상 가격입니다. (2008년 기준)

⑨ 팁 : 오랫동안 작품을 만들면서 경험한 작가만의 실전 노하우를 소개합니다.

⑩ 이런 작품도 만들어보세요 : 본문에서 다룬 작품 외의 더 풍부한 작품들과 간단한 제작 방법을 소개합니다.

⑪ 친절한 실물 도안 : 각각의 작품 제작에 도안이 필요한 경우 실물 도안을 수록하여 손쉽게 제작할 수 있도록 안내합니다.

- 인터넷을 통한 지속적인 서비스 : 이 책과 관련하여 궁금한 내용은 다음이나 네이버의 플러스공예 카페(http://cafe.daum.net/pluscaly, http://cafe.naver.com/plusclay), 또는 www.diytp.com을 통해 필요한 자료와 정보를 지속적으로 제공합니다.

- 내가 만든 내 작품 자랑하기 : 친절한 점토공예 & 미니어처 DIY 책을 보고 만든 작품의 제작 과정이나 에피소드, 완성품, 또는 나의 창작품 등을 소개해주세요. www.diytp.com을 통해 다른 독자들과 함께 정보도 공유하고 우수 회원을 뽑아 시상도 합니다.

점토공예와 미니어처는 어떤 공예인가요?

• 점토공예와 미니어처는 어떤 공예인가요?

• 점토공예와 미니어처로 어떤 것들을 만들 수 있나요?

• 점토의 종류에는 어떤 것들이 있나요?

• 점토공예와 미니어처에 사용하는 기본 도구 I

• 점토공예와 미니어처에 사용하는 기본 도구 II

• 점토공예와 미니어처에 사용되는 부재료들

• 미니어처를 만들 때 사용하는 재료들

• 점토공예와 미니어처 재료를 구할 수 있는 곳과
  배울 수 있는 곳

점토공예와 미니어처는 어떤 공예인가요?

점토로 만든 인형

점토공예는 어떤 공예인가요?

독일에서 유아 교재용으로 최초로 개발된 점토는 일본에서 성인을 위한 취미 생활과 생활 공예로 확산되면서 우리나라에도 전파되었습니다. '지점토'라고도 불리는 점토는 탈크, 아보셀, 퍼라이트, 펄프 등 여러 가지 재료를 첨가해 만들어집니다. 근래에는 수지 점토나 테라코타 등 다용도 소재가 개발되어 사용되고 있습니다. 점토는 각각의 특성에 따라 인형을 만들기에 좋은 석분 점토, 오븐 점토, 토질 점토 등이 있으며, 고무 성분이 첨가된 수지 점토를 이용하면 음식 모형이나 작은 소품 등을 표현하기가 좋습니다. 점토공예는 작가의 솜씨나 감각, 아이디어에 따라 같은 모양의 작품도 다채롭게 표현이 가능하며, 약간의 센스만 더하면 액세서리에서 생활용품까지 다양하게 활용이 가능합니다.

점토로 꽃을 만들어 장식한 액자

점토로 만든 미니어처 빵

점토로 만든 미니어처 피자

미니어처는 어떤 공예인가요?

소형 작품을 뜻하는 미니어처는 10세기 초에서 19세기 중엽까지 유럽에서 제작되었으며, 유럽의 영향을 받아 중세 그리스도의 종교 화풍으로까지 나타나게 되었습니다. 여기서 비잔틴 미니아튀르(miniature)가 생겨났습니다. 지금까지 전해지는 또 하나의 미니아튀르는 로코코풍으로, 상아를 재료로 세밀화를 그려, 목걸이나 작은 상자의 뚜껑 장식 등으로 사용하였다고 합니다. 요즘은 실물과 같은 모양으로 정교하게 만들어진 작은 모형이나 소품 등을 이용해 컴퓨터 그래픽으로 웅장한 구조물, 입체 미니 조형물 등을 만들어 내고 있습니다. 점토를 이용해 우리 정서에 맞는 인형과 꽃 그리고 음식 등 다양한 미니어처 작품을 만들어보세요.

돌하우스

돌하우스(Dolls House)는 문자 그대로 '인형의 집'을 뜻하지만 미니어처 공예에서는 '인형이 살만한 작은 집이나 공간'을 뜻합니다. 일반적으로 작은 모형으로 만들어진 집, 건물, 자동차, 여러 가지 소품 등을 미니어처라 부르며, '집이나 상점 그 밖의 건물 등을 작게 만들어 놓은 미니어처'를 돌하우스라고 합니다. 돌하우스는 '있는 그대로를 똑같이 만드는 것이 아니라 만드는 이의 경험이나 상상력, 그리고 예술성과 창작성이 더해진 미니어처'로 미니어처의 한 종류에 속하면서도 작가의 상상력이나 새로운 의도가 가미된다는 점에서 미니어처와 미묘한 차이가 있습니다.

돌하우스는 건물, 가구, 소품 등의 세 가지 요소가 하나의 공간에 조화롭게 배치되어 있을 때 가장 이상적이라고 합니다. 돌하우스가 우리나라에 알려지기 시작한 것은 불과 몇 년 밖에 되지 않지만 배우는 인구가 빠른 속도로 확산되고 있으며, 다양한 재료와 다양한 기법의 매력 때문에 점토공예와 미니어처를 즐기다 보면 돌하우스에도 많은 관심을 갖게 된답니다.

점토와 목재 등 다양한 재료를 이용해 꾸민 돌하우스

점토공예와 미니어처로 어떤 것들을 만들 수 있나요?

이 책에서는 크게 미니어처, 꽃, 인형 등 3가지 테마를 중심으로 점토공예와 미니어처로 만들 수 있는 것을 다루고 있습니다. 하지만 점토공예와 미니어처를 우리 생활에 활용하여 만들 수 있는 것은 생활소품, 인테리어 소품, 액세서리 장식용 꽃, 인형 등 거의 한계가 없을 정도로 매우 다양합니다.

점토로 만든 생활 소품

인테리어 소품 및 액세서리

음식, 가구 등 다양한 미니어처 소품

점토로 만든 장식용 꽃들

점토로 만든 다양한
표정과 분위기의 인형

특별한 날 선물하기 좋은
점토공예와 미니어처

점토의 종류에는 어떤 것들이 있나요?

❶ 하티(수지 점토) : 무게가 가벼운 수지 점토로 손에 점토가 묻지 않아 작업하기가 편하며, 꽃, 인형, 생활 소품, 미니어처 등을 만들 때 사용합니다.

- 중량 : 200g(700g의 크기이나 무게가 가볍습니다.)　• 가격 : 10,000~11,000원

❷ 모데나(수지 점토) : 투명감, 투과성, 내수성이 있으며 건조하면 단단해져 부러지거나 휘어지지 않습니다. 꽃, 작은 인형, 소품, 미니어처, 액세서리 등을 만드는데 사용됩니다.

- 중량 : 250g　• 가격 : 17,000~18,000원

❸ 모데나 소프트(초경량 수지 점토) : 투명성이 없는 점토로 가볍고 부드러우며 미니어처, 인형, 액세서리, 소품, 꽃, 스탠드 등을 만드는 데 주로 사용합니다.

- 중량 : 150g(점토 크기는 모데나 점토(250g)와 같으나 초경량으로 무게가 가볍습니다.)
- 가격 : 15,000~16,000원

❹ 라돌(석분 점토) : 결이 가늘고 손으로 빚을 때 펴짐성이 좋으며 건조한 후 강도가 높은 것이 특징입니다. 조형 분야나 인형을 만들 때 사용합니다.

- 중량 : 500g　• 가격 : 8,000~9,000원

❺ 환도소프트(석분 점토) : 입자가 곱고 부드러우며 강도가 높은 점토입니다. 건조되면 더욱 단단해지며 인형, 조형물, 디오라마, 미니어처 그릇과 소품 등을 만들 때 사용합니다.

- 중량 : 400g　• 가격 : 8,000~9,000원

❻ 레직스(수지 점토) : 유연성과 투명감, 탄력성이 뛰어나며 미니어처, 꽃, 인형, 소품 등을 만들 때 주로 이용합니다.

- 중량 : 150g　• 가격 : 15,000~16,000원

❼ 플러스(석분 점토) : 촉감이 좋고 점착성이 우수해 모형, 인형, 인테리어 소품 등을 만들 때 사용합니다.

- 중량 : 500g　• 가격 : 3,000~4,000원

❽ 오리지날 스컬피(오븐 점토) : 물에 강한 점토로 구운 후 조각이 가능하고 면을 부드럽게 하기 위한 샌딩 처리가 가능합니다. 인형이나 조각용으로도 사용합니다.

- 오븐 온도 : 6mm 두께/110도/15분(테스트 후 사용)
- 중량 : 793.8g　• 가격 : 15,000~16,000원

❾ 수퍼 스컬피(오븐 점토) : 점성이 좋고 세밀한 가공에 적합한 점토로 샌딩 처리도 가능합니다. 인형이나 조각용으로 사용합니다.

- 오븐 온도 : 6mm 두께/110도/15분(테스트 후 사용)
- 중량 : 454g　• 가격 : 16,000~17,000원

❿ 우드 휨모(석분 점토) : 천연 나무 성분으로 건조한 후 경도가 강하며 조각도로 세밀한 표현이 가능합니다. 인형, 인테리어 소품, 미니어처 그릇 등을 만들 때 사용합니다.

- 중량 : 500g　• 가격 : 8,000~9,000원

⓫ 클레이도(석분 점토) : 천연 토질 점토로 강도와 점성이 좋으며 테라코타풍의 표현이 가능합니다. 가든 플라워, 인테리어 소품, 도자기 느낌의 미니어처를 만드는 데 사용됩니다.

- 중량 : 700g　• 가격 : 8,000~9,000원

⓬ 하티 색점토(수지 점토) : 천연 수지를 사용해 안전하며 삼원색을 재현한 혼색용 점토로 흰색 점토와 혼합해서 사용할 수 있습니다. 주로 꽃이나 생활소품을 만들 때 사용합니다.

- 중량 : 50g　• 가격 : 5,000~6,000원

⓭ 아카데미(석분 점토) : 흰색(일반) 점토라고 하며 점성이 좋으며 가격이 비교적 저렴한 편입니다. 시계, 쟁반, 티 테이블, 스텐드 등 생활용품을 만들 때 사용합니다.

- 중량 : 500g　• 가격 : 1,500~2,000원

⓮ 테라코타(석분 점토) : 테라코타의 느낌으로 건조한 후 조각과 샌딩 처리가 가능합니다. 주로 토속 인형, 생활용품, 인테리어 소품, 미니어처 소품 등을 만들 때 사용합니다.

- 중량 : 450g　• 가격 : 4,000~5,000원

⓯ 파리네타(빵 점토) : 빵 종류를 만들기에 좋은 점토입니다. 오븐에 넣어 열을 가하면 실제 빵처럼 부풀어 올라 실제 빵과 같은 질감을 살려줍니다. 수지 점토보다 단단합니다.

- 중량 : 250g　• 가격 : 15,000~17,000원

⓰ 바이오 그레이(석분 점토) : 바이오 성분과 게르마늄이 함유된 점토로 단단한 모형이나 인형 뼈대, 미니어처 소품 등을 만들 때 사용합니다.

- 중량 : 500g　• 가격 : 4,000~5,000원

① 하티

② 모데나(수지 점토)

③ 모데나 소프트

④ 라돌

⑤ 환도소프트

⑥ 레직스

⑦ 플러스

⑧ 오리지날 스컬피

⑨ 수퍼 스컬피

⑩ 우드 포르모

⑪ 콜레이도

⑫ 하티 색점토

⑬ 아카데미

⑭ 테라코타

⑮ 파리네타

⑯ 바이오 그레어

점토공예와 미니어처에 사용하는 기본 도구 I

❶ **가위(中)** : 길이 13.5cm로 끝이 얇고 뾰족해 섬세한 작업을 하거나 인형, 꽃 등 큰 작품을 만들 때 사용합니다.

❷ **가위(小)** : 길이 11cm로 끝이 얇고 뾰족해 인형, 꽃 등을 섬세하게 자를 때 사용합니다.

❸ **펜치** : 인형이나 꽃 등의 제작 과정에서 철사를 구부리거나 조일 때 사용합니다.

❹ **니퍼** : 꽃이나 인형의 제작 과정에서 철사나 선재를 절단할 때 사용합니다.

❺ **디테일 핀셋** : 미니어처 꽃이나 과일을 꽂아서 채색하거나 성형을 하는 등 주로 섬세한 작업을 할 때 쓰입니다.

❻ **핀바이스** : 미니어처, 돌하우스, 점토 작업 시 작품에 구멍을 뚫거나 섬세한 작업을 할 때 사용합니다.

❼ **도트(小·大)** : 스텐실 작업, 인형의 눈을 그릴 때 사용하며 도트 크기에 따라 작은 점을 찍거나 큰 무늬를 찍는데 주로 사용합니다.

❽ **꽃밀대** : 양면을 사용할 수 있으며 꽃이나 인형 만들 때 사용합니다.

❾ **사각밀대** : 양면을 사용할 수 있으며 꽃에 웨이브를 주거나 꽃잎의 주름이 있는 무늬를 낼 때 사용합니다.

❿ **수정 붓** : 인형, 생활용품, 미니어처 작업, 점토를 성형할 때 사용하면 좋습니다.

⓫ **세필** : 가는 선을 그릴 때, 또는 인형을 화장하거나 옷의 무늬를 내주기 등 섬세한 작업을 할 때 주로 쓰입니다.

⓬ **평붓** : 인형이나 돌하우스 작업에서 면을 채색할 때 사용합니다.

⓭ **수채화 붓** : 인형, 꽃, 미니어처 등의 작품에 채색을 할 때 사용합니다.

⓮ **5조 도구** : 점토를 붙이고 형성하기, 구멍 뚫기, 무늬 내기, 레이스 만들 때 사용합니다.

⓯ **3종 조각도** : 점토의 형태를 만들거나 붙이고 밀거나 자를 때, 깎아 내거나 수정할 때 사용합니다.

⓰ **핀셋** : 미니어처, 돌하우스 등 섬세한 작품의 제작 과정에서 아주 작은 물건을 잡아 작업할 때 사용합니다.

⓱ **7핀** : 인형의 머리카락, 인형 옷의 질감, 점토 소재의 질감을 표현할 때 사용합니다.

⓲ **세밀 조각도** : 인형의 눈이나 손을 세밀하고 섬세하게 표현할 때 사용합니다.

⓳ **클린업 툴(K-24)** : 점토를 자르거나 작품을 고르게 다듬을 때 사용합니다.

⓴ **사선칼 혹은 30도 칼** : 30도 칼을 이용하면 미세한 작업이 가능하며 인형 제작, 미니어처, 돌하우스 작업에 유용합니다.

㉑ **자** : 재단을 할 때 정확한 치수를 재기 위해 사용합니다.

㉒ **문구용 칼** : 우리가 보통 사용하는 칼로 미니어처, 돌하우스를 만들 때 필요합니다.

㉓ **톱&미터박스 세트** : 미니어처 가구나 액자, 소품 등을 만들기 위해 정확한 톱질을 할 때 사용합니다.

㉔ **미니 루퍼** : 점토를 다양한 모양으로 짜낼 수 있는 도구로 미니어처 음식, 소품, 액세서리를 만들 때 사용합니다.

㉕ **루퍼** : 인형의 머리카락, 초가집, 넝쿨 등 여러 가지 틀을 활용해 다양한 표현이 가능합니다.

㉖ **반 타원 사포** : 반 타원형 샌드 패드로 거친 면을 갈아주는 데 주로 쓰입니다.

㉗ **타원 사포** : 타원형 샌드 패드로 작품의 면을 고르게 만들 때 사용합니다.

㉘ **스펀지 사포** : 사포의 밑 부분이 스펀지로 곡선이나 직선, 표면 정리할 때 사용합니다.

㉙ **통밀대(小)** : 12cm의 길이로 작은 인형, 미니어처 소품을 만들기 위해 점토를 밀 때 사용합니다.

㉚ **통밀대(大)** : 30cm의 길이로 점토의 두께를 골고루 납작하게 만들거나, 인형 옷, 꽃잎을 만들 때 사용합니다.

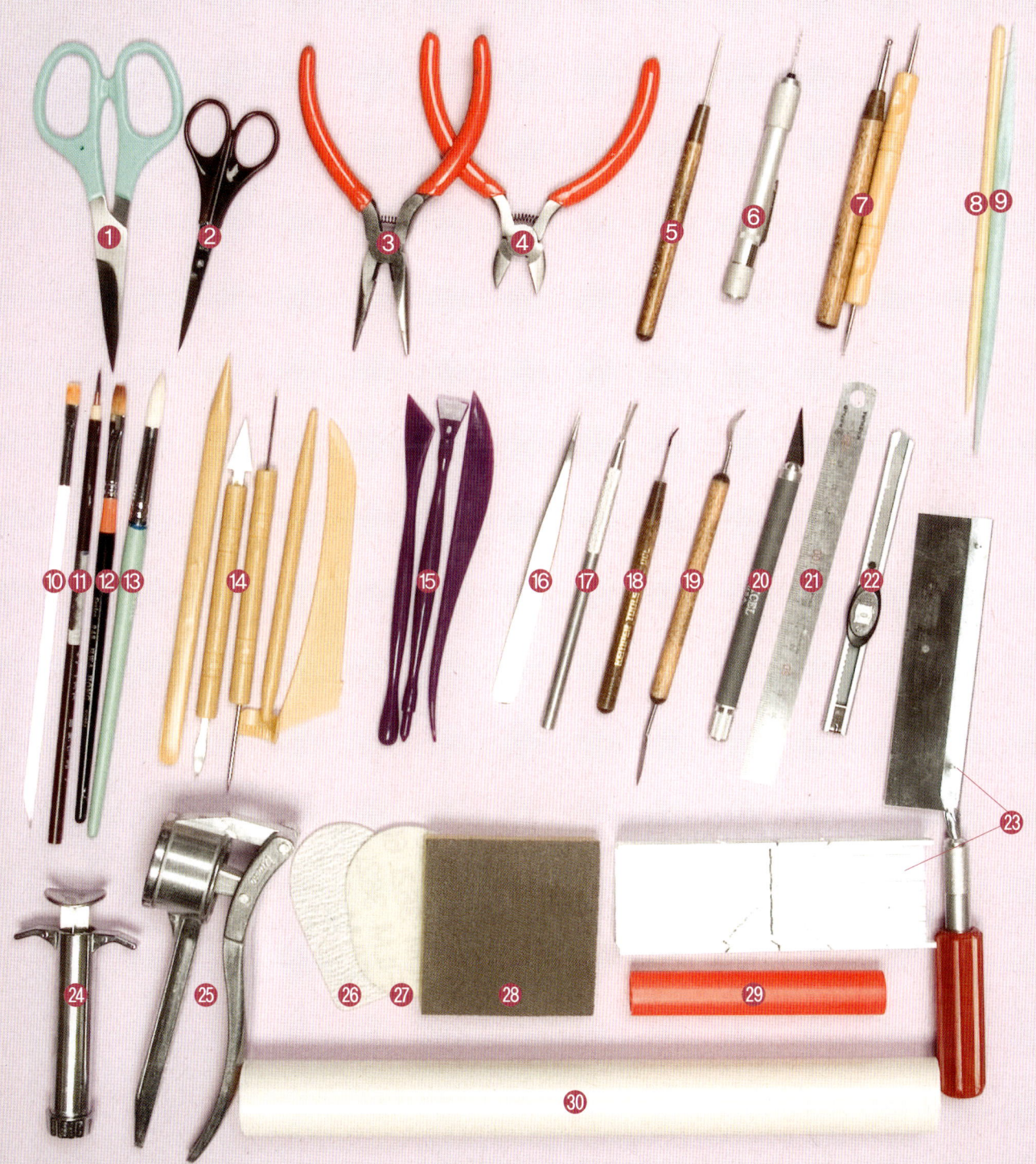

# 점토공예와 미니어처에 사용하는 기본 도구 Ⅱ

❶ 수채화 물감 : 점토로 만든 작품을 다양한 색으로 사용합니다.

❷ 아크릴 물감 : 석분 점토, 수지 점토 등의 작품을 채색할 때 사용합니다.

❸ 액상 아크릴/은분 : 크림 형태의 물감으로 은색의 금속 느낌을 표현하거나, 미니어처, 인형, 소품 등을 채색할 때 사용합니다.

❹ 액상 아크릴/스테인리스 : 크림 형태의 물감으로 스테인리스를 표현하거나 미니어처, 인형, 소품 등을 채색할 때 사용합니다.

❺ 액상 아크릴/밝은 금분 : 크림 형태의 밝은 금색 물감으로 밝은 색상의 금속을 표현하거나 미니어처, 인형, 소품 작업 시 사용합니다.

❻ 액상 아크릴/금분 : 크림 형태의 금색 물감으로 금속을 표현하거나 미니어처, 인형, 소품 작업 등의 채색 작업을 할 때 사용합니다.

❼ 트레이져 골드 : 금분, 동분, 보라분 등이 있으며 크림 타입의 왁스로 작품을 금속 느낌으로 표현할 때 사용합니다.

❽ 에나멜 : 입자가 미세해 에어 브러쉬(Air-Brush)로도 사용이 가능하며 미니어처 모형, 각종 공예, 레진의 조색제로도 사용됩니다.

❾ 젯소 : 돌하우스나 건축물 외관, 미니어처 소품의 착색을 매끄럽게 해주는 보조제로 활용합니다.

❿ 스테인 : 목조, 펜스, 미니어처 소품, 자연적인 나무결을 살리거나 돌하우스를 만들 때 많이 사용합니다.

⓫ 공예용 마감재 : 점토, 종이, 천, 나무, 금속 등 다양한 소재에 사용할 수 있으며 수채화 물감과 혼합해 채색합니다.

⓬ 수성 니스(반광택) : 광택이 덜한 수성 니스로 활용도는 수성 니스의 광택과 비슷합니다.

⓭ 수성 니스(광택) : 광택용 수성 니스로 점토 작품을 보호하거나 방수 효과도 있습니다. 미니어처, 스컬피 등의 마감재로 활용하면 좋습니다.

⓮ 공예용 접착제 : 점토와 점토를 접합하거나 미니어처, 돌하우스, 꽃, 인형 등을 제작할 때 사용합니다.

⓯ 순간접착제 : 돌하우스, 미니어처 소품, 금속, 나무, 세라믹, 종이, 목재, 섬유 등에 주로 사용합니다.

⓰ 방수제 : 작품의 방수 효과를 주는 수지 수성 방수 도료로 점토 작품 외 다양하게 사용됩니다.

⓱ 에폭시퍼티 소프트 : 주제와 경화제를 1:1 비율로 배합한 후 원하는 형태의 몰드를 만들어 사용하며 깎아내는 작업을 하기 쉽고 레진 모형과 연동해서 사용하면 좋습니다.

⓲ 레진(大) : 모형 음식의 국물, 미니어처 음식, 바다, 연못 등 물을 표현하는 데 사용되며 주제 180ml 경화제 110ml입니다.

⓳ 레진(小) : 모형 음식의 국물, 바다, 연못 등 액체를 표현하는 데 사용되며 미니어처 음식에 주로 사용됩니다.

점토공예와 미니어처에 사용되는 부재료들

❶ 직각판 : 돌하우스나 미니어처 가구 등을 만들 때 의자나 침대 같은 것을 직각으로 붙여 조립을 편하게 할 수 있습니다.

❷ 미송 나무 조각 : 짧게 절단된 미송 나무 조각으로 돌하우스를 제작하거나 소품을 만들 때 활용합니다.

❸ 나무 액자 : 미니어처 소품, 인형, 꽃 등을 만들어 액자에 장식하면 선물하기 좋은 작품이 됩니다.

❹ 바스우드 : 돌하우스 또는 미니어처 가구, 소품 만들기에 좋은 나무 재료입니다.

❺ 바스 각재 : 돌하우스 제작 또는 미니어처 가구, 소품 만들기에 좋은 나무 재료입니다.

❻ 발사 원형 : 돌하우스 제작 또는 미니어처 가구, 소품 만들기에 좋은 원형 모양의 나무 재료입니다.

❼ 장미 잎맥틀 : 장미, 플록스, 찔레꽃, 제비꽃 등의 잎을 쉽게 만들 수 있는 틀입니다.

❽ 꽈리 잎맥틀 : 꽈리, 도라지, 너도 바람꽃, 팬지, 철쭉 등의 잎을 쉽게 만들 수 있는 틀입니다.

❾ 국화 잎맥틀 : 국화, 마가렛, 양귀비, 뽀삐 등의 잎사귀 모양을 틀로 미리 만들어놓아 점토를 틀안에 넣었다가 빼면 잎이 간단하게 만들어지는 틀입니다.

❿ 얼굴 몰드 : 다양한 인형 얼굴 표정을 만들 때 인형 몰드에 찍어내면 표현하기가 좋습니다.

⓫ 야채 몰드 : 아주 작은 크기의 야채를 찍어주는 몰드로 미니어처 작업에 주로 사용합니다.

⓬ 원형 케이크 틀 : 미니어처 케이크를 만들 때 사용하는 기본 원형 틀로 여러 가지 모양의 틀이 있습니다.

⓭ 푸쉬 몰드 : 돌하우스 인형을 만들 때 적합하며 연습이 필요한 애니메이션 클레이 점토 또는 수퍼 스컬피 점토 등을 처음 사용할 때는 연습 없이 인형을 만들 수 있습니다.

⓮ 줄 : 미니어처 가구나 소품 등을 만들 때 작품의 형태와 홈을 변경하는 데 사용합니다.

⓯ 깨씨 : 지점토 꽃을 만들 때 꽃술로 이용되며 미니어처의 소품으로도 사용이 가능합니다.

⓰ 고추씨 : 지점토 꽃을 만들 때 꽃술로 이용되며 미니어처 소품으로도 사용합니다.

⓱ 왕관씨 : 금빛의 가는 철사로 만들어져 있으며 지점토 꽃을 만들 때 사용합니다.

⓲ 플라워 테이프 : 철사에 감아 꽃의 줄기를 표현하거나 인형의 뼈대를 만들기 위해 철사에 감아줄 때 사용합니다.

⓳ 하트 커터 : 다섯 종류의 하트 모양 틀로 미니어처 케이크, 빵 등의 장식을 만들기에 좋습니다.

⓴ 모양 커터 : 하트, 별, 꽃, 물방울 등의 모양을 만들어주는 틀로 미니어처 쿠키나 케이크를 만들 때 사용하고, 인형이나 장식 등을 붙여줄 수도 있습니다.

㉑ 장식용 스프링 : 스프링 밑면에 양면 테이프가 부착되어 있어 주차 번호판이나 메모용으로도 사용이 가능합니다.

㉒ 브로치 : 스테인리스 스틸의 둥근 브로치로 꽃, 열매, 작은 인형, 문양 등을 만들어 접착제로 붙여 액세서리를 만들 때 사용합니다.

㉓ 갈색 와이어 : 가는 철사에 밤색 테이프가 감겨있으며 작은 인형의 뼈대, 미니어처, 소품, 꽃 등의 심재로 사용합니다.

㉔ 녹색 와이어 : 가는 철사에 녹색 테이프가 감겨있으며 작은 인형의 뼈대, 미니어처, 소품, 꽃 등의 심재로 사용합니다.

㉕ 철사 : 인형의 뼈대, 미니어처, 소품, 꽃 등의 심재로 사용합니다.

# 미니어처를 만들 때 사용하는 다양한 재료들

❶ **나무 몰딩 :** 미니어처 가구를 만들 때 사용하고, 천장 몰딩으로도 사용합니다.

❷ **미니 선반 :** 목공용 접착제(또는 순간 접착제)로 조립하고 아크릴 물감이나 스테인으로 칠해 선반으로 사용합니다.

❸ **컨추리 박스 :** 조립형으로 여러 가지 종류의 박스가 있으며 미니어처 빵, 과일 등을 담을 때 쓰면 좋습니다. 인형의 소품으로도 사용합니다.

❹ **미니 쟁반 :** 조립형으로 미니어처 음식을 담을 때 사용하며 인형의 소품으로도 사용합니다.

❺ **컨트리 창문 :** 조립형으로 천까지 포함되어 있어 만들기 쉬우며 소품과 함께 사용합니다.

❻ **나무 바퀴 :** 미니어처용으로 마차나 각종 바퀴 달린 작품을 만들 때 좋습니다.

❼ **미니 거울 :** 아크릴 거울로 돌하우스를 만들 때 쓰거나 미니어처 가구, 인형의 소품으로 사용합니다.

❽ **나무 봉 :** 돌하우스를 제작하거나 미니어처 가구를 만들 때 쓰이는 다양한 장식용 나무입니다.

❾ **자석 :** 동물 인형, 꽃, 과일, 미니어처 음식 등을 만들어 자석을 붙여주면 메모꽂이로 사용할 수 있습니다.

❿ **프라이팬 :** 플라스틱 재질의 미니 프라이팬으로 뒷면에 자석이 붙어있어 생활용품으로도 활용할 수 있습니다.

⓫ **접시 :** 다양한 모양의 접시가 있으며 미니어처 음식을 담거나 돌하우스에 장식으로 쓰거나 인형의 소품으로 사용하면 됩니다.

⓬ **미니 양동이 :** 철제로 만들어졌으며 돌하우스나 점토 인형의 소품으로 사용됩니다.

⓭ **냄비 세트 :** 스테인리스 느낌의 냄비 세트로 미니어처 음식을 담거나 점토 인형의 소품으로 사용합니다.

⓮ **문 손잡이 :** 열쇠가 포함되어 있으며 돌하우스를 제작할 때 사용합니다.

⓯ **미니 액자 :** 나무 재질로 된 무늬가 있는 미니 액자로 돌하우스를 제작할 때 사용합니다.

⓰ **조리기구 :** 나무 재질로 아크릴 물감 또는 스테인으로 칠한 후 미니어처 부엌이나 음식을 만들 때 활용하면 됩니다.

⓱ **미니 도마 :** 나무 재질로 아크릴 물감 또는 스테인으로 칠한 후 미니어처 음식을 곁들여 놓거나 인형의 소품으로 사용하면 됩니다.

⓲ **장식용 손잡이 :** 곰, 하트 모양의 아주 작은 크기의 장식으로 미니어처 가구의 손잡이나 선반의 고리 등으로 사용합니다.

⓳ **글자 조각 :** 미송 나무로 만들어졌으며 인테리어 꾸미기나 돌하우스 제작 시 또는 소품으로 활용합니다.

⓴ **포크나이프 세트 :** 플라스틱 재질의 은색 포크, 스푼, 나이프 세트로 미니어처 소품으로 사용이 가능합니다.

㉑ **미니 바구니 :** 미니 크기의 대바구니로 미니어처 빵, 과일 등을 담거나 인형의 소품으로 사용할 수 있습니다.

㉒ **룸박스 :** 돌하우스 전용 미니 룸박스로 설명서 첨부가 되어 있어 쉽게 조립할 수 있습니다.

㉓ **천 :** 면 소재로 부드럽고 얇으며 미니어처 커튼, 침대 커버, 이불, 소파 등에 사용됩니다.

점토공예와 미니어처 재료를 구할 수 있는 곳과 배울 수 있는 곳

점토공예와 미니어처 준비물은 어디에서 살 수 있나요?

점토공예와 미니어처를 배우려면 점토, 물감, 작업 도구 등의 기본 재료가 필요하고 만들고자 하는 작품의 종류에 따라 각기 다른 다양한 부재료들이 필요합니다. 점토공예와 미니어처에 필요한 재료는 매우 다양하지만 인터넷 쇼핑몰을 이용하면 손쉽게 구할 수 있습니다. 여러 쇼핑몰을 다녀보면서 가격이나 품질을 꼼꼼히 따져보고 좋은 재료를 저렴하게 구입하세요.

플러스공예	http://www.plusclay.com
미니데코	http://www.minideco.co.kr
돌하우스월드	http://www.dollhouse.or.kr
미니를 사랑하는 사람들	http://www.lovemini.co.kr
미니미니 원더랜드	http://www.mini-shop.co.kr

점토공예와 미니어처는 어디에서 배울 수 있나요?

점토공예와 미니어처는 약간의 센스와 손재주만 있으면 쉽게 할 수 있습니다. 이 책에 부록으로 제공되는 DVD를 참고하면 3시간 이상 되는 생생한 저자 직강 동영상 강의를 볼 수 있어 많은 도움이 됩니다. 좀 더 체계적이고, 전문적으로 배우고 싶은 분들은 개인이 운영하는 홈페이지나 공방에서 직접 배우는 것도 좋습니다.

플러스공예	http://www.plusclay.com
마이돌하우스	http://www.mydollhouse.co.kr
돌하우스 플로라	http://www.dollhouseflora.com
돌하우스월드	http://www.dollhouse.or.kr
돌하우스나라	http://www.dollhousenara.com
미니미니 원더랜드	http://www.mini-shop.co.kr
미니피아	http://www.minipia.co.kr
스위트돌하우스	http://www.sweetdollhouse.com
푸펜하우스	http://www.puppenhaus.co.kr
월드미니	http://www.worldmini.net
미니팩토리	http://www.minifactory.co.kr
큐트하우스	http://www.cutehouse.co.kr
오픈돌하우스	http://www.opendollhouse.com
타이니월드	http://www.tiny-world.co.kr/

점토공예와 미니어처 관련 정보를 얻을 수 있는 카페 및 블로그

점토공예와 미니어처 관련 홈페이지 이외에도 다음이나 네이버에서 운영하는 카페나 블로그를 이용하면 더욱 풍성한 정보를 얻을 수 있습니다. 포털 사이트에 '점토공예'나 '미니어처', '돌하우스' 등의 키워드로 검색하여 카페나 블로그를 찾아 풍부한 정보를 얻어보세요.

플러스공예 네이버 · 다음 카페	http://cafe.naver.com/plusclay http://cafe.daum.net/pluscaly
이정희(행복마녀)님의 블로그 지점토 인형과 꽃	http://blog.naver.com/plusclay111
안복희(보키)님의 지점토 꽃과 토속 인형	http://blog.naver.com/boki55
이은이(안개)님의 블로그 미니 돌빌리지	http://blog.naver.com/ei0020
고무인간 신난다님의 블로그	http://blog.naver.com/shinanda1219
소심공방	http://blog.naver.com/lamb195
돌하우스	http://cafe.daum.net/dollhousejm
작은세상의행복	http://blog.naver.com/szreeart

점토공예와 미니어처에 대해 궁금한 점이나 책에서 궁금한 내용은 다음과 네이버의 플러스 공예 카페나 사이트로 문의하면 도움을 받을 수 있습니다.

http://cafe.naver.com/plusclay
http://cafe.daum.net/pluscaly
http:// www.diytp.com

Part

02

하루 만에 배우는
점토공예 & 미니어처

01. 한 입 먹어보고 싶은 햄버거 미니어처 핸드폰 고리

02. 세상에 둘도 없는 미니어처 오색 김밥

03. 이루어질 수 없는 사랑, 튤립 화분

04. 생화보다 더 예쁜 동글동글 알룸

05. 고민에 빠진 어여쁜 꼬마 요정

06. 책 위에서 그림 그리는 아이들

한 입 먹어보고 싶은 햄버거 미니어처 핸드폰 고리

01 햄버거 미니어처 핸드폰 고리

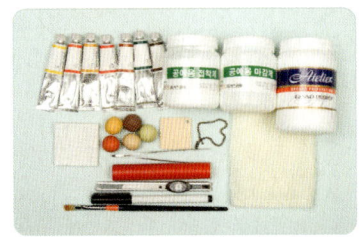

준비물

♠ **점토** : 모데나, 모데나 소프트

♠ **도구** : 야채 몰드, 핀셋, 통밀대, 칼, 타월, 공예용 접착제, 공예용 마감재, 붓, 나무판

♣ **물감** : 황토색, 노란색, 고동색, 녹색, 빨간색

● **예상 재료비** : 1,000원~2,000원 | **예상 제작 시간** : 40분~1시간 | **완제품을 사려면 얼마나 하죠?** : 약 6,000원~7,000원

점토 염색하고 햄버거 빵 만들기

01 모데나 점토와 모데나 소프트 점토를 1:1로 섞어 황토색 물감을 극소량 넣고 염색합니다.

TIP 모데나 점토와 모데나 소프트 점토 섞는 요령

모데나 점토가 반투명한 느낌이 있는 반면, 모데나 소프트 점토는 포실한 질감을 가지고 있습니다. 이 둘을 섞을 경우 적당한 상태의 질감이 되기 때문에 보통 1:1로 섞어 반죽해 사용합니다.

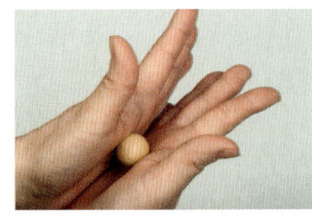

02 염색한 점토를 손으로 동그랗게 말아 햄버거 빵을 준비합니다.

준비해요! 속 재료 만들 점토 준비하기

사진과 동영상을 참고해 각각의 점토를 준비합니다.

• **양상추** : 모데나 점토를 밝은 녹색에 갈색을 소량 섞어 염색
• **치즈** : 모데나 점토에 노란색과 주황색을 섞어 염색
• **토마토** : 모데나 점토에 빨간색과 노란색과 녹색을 섞어 염색
• **고기** : 모데나 점토에 모데나 소프트 점토를 섞어 고동색에 밤색을 약간 섞어 염색

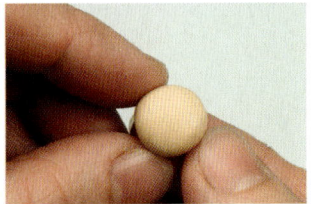

03 햄버거 빵 점토를 동그랗게 만든 후 손가락으로 눌러서 동글 납작하게 만듭니다.

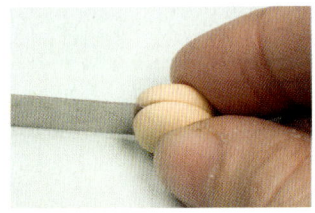

04 4~5시간 이상 지나 어느 정도 굳으면, 칼로 햄버거 빵을 반으로 잘라줍니다.

몰드를 이용해 양상추 만들기

05 여러 가지 야채를 만들 수 있는 몰드를 준비합니다.

06 이 몰드에 녹색으로 염색한 양상추 점토를 조금 떼어내 손으로 눌러줍니다.

07 양상추 모양이 만들어지면 손을 이용해 몰드에서 빼줍니다.

양상추를 잘 만들기

꽃밀대로 양상추 잎의 끝부분을 좌우로 굴려주면 자연스러운 양상추 느낌을 살려줄 수 있습니다.

08 양상추가 잘 굳으면 붓에 녹색 물감을 약간 묻힌 후, 양상추 가장자리를 채색합니다.

09 양상추 느낌이 나도록 채색하여 완성합니다.

치즈, 토마토, 고기 만들기

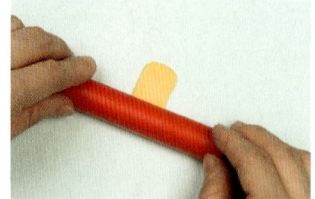

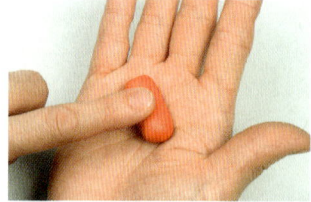

10 모데나 점토에 노란색과 주황색을 섞은 치즈 점토를 통밀대로 밀어준 다음

11 치즈 모양처럼 정사각형으로 잘라 굳혀줍니다.

12 빨간색, 노란색, 녹색을 섞어 염색한 모데나 점토를 손바닥 위에 놓고 굴려줍니다.

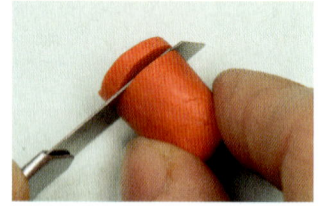

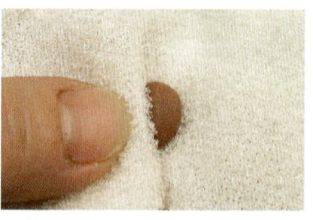

13 굴려 놓은 토마토 점토가 어느 정도 굳어서 단단해지면 1.5mm 간격으로 잘라줍니다.

14 고동색으로 염색한 고기 점토를 동글납작하게 만듭니다.

15 고기의 질감이 나도록 타월에 점토를 감싸서 손으로 살짝 눌러줍니다.

16 햄버거에 넣을 고기가 만들어졌습니다. 고기를 여러 개 만들어 두면 나중에 햄버거를 만들 때 편리합니다.

채색 후 햄버거 속 붙이기

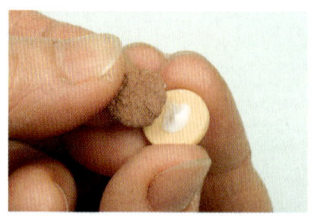

17 잘 구워진 빵의 느낌이 나도록 햄버거 빵에 고동색과 황토색을 연하게 섞은 물감으로 채색해주세요.

18 물감이 마르면 햄버거 빵의 속 부분에 접착제를 바르고 고기를 붙입니다.

19 고기 위에 접착제를 바르고 치즈를 붙여줍니다. 그 위에 다시 접착제를 바른 후 토마토와 양상추를 붙입니다.

20 햄버거 속을 차례로 다 붙여주고 마지막으로 빵을 붙입니다.

깨 만들고 마감재 발라 햄버거 완성하기

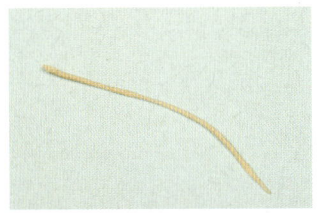

21 햄버거 위에 뿌려줄 깨를 만듭니다. 햄버거 빵을 만들었던 점토를 조금 떼어낸 후 손으로 가늘게 굴려줍니다.

22 점토가 굳은 후 칼로 잘게 다지면 깨가 완성됩니다.

23 햄버거의 빵 윗면에 마감재를 바릅니다. 마감재가 건조되기 전, 만들어 놓은 깨를 붙입니다.

TIP 마감재를 발라주는 이유

마감재를 바르면 빵 윗면에 윤기가 나 빵이 더 맛있어 보이고, 점토를 보호해주는 효과도 있답니다.

핸드폰 고리 만들기

25 나무판에 드릴이나 송곳으로 구멍을 뚫고, 원하는 색상으로 채색합니다. 햄버거에 어울리는 연한 올리브그린색으로 나무판을 칠해보았습니다.

26 채색을 한 후 사포로 갈아서 자연스러운 느낌이 나도록 표면을 정리합니다.

27 네임펜으로 글씨를 써주거나 그림을 그려 나무판을 꾸밉니다.

나무판에 햄버거 연결해 완성하기

28 나무판에 붙이기 쉽게 햄버거의 끝을 1/4이나 1/5 정도 칼로 평평하게 잘라냅니다.

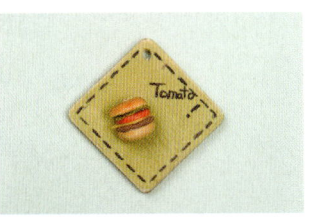

29 자른 면에 접착제를 바르고 나무판에 붙인 후 고리를 끼워주면 완성입니다.

핸드폰 고리를 다양하게 꾸미는 방법

나무판에 다른 미니어처 음식이나 소품 등을 만들어 붙이면 재미있는 액세서리로도 활용할 수 있습니다.

02 세상에 둘도 없는 미니어처 오색 김밥

02 세상에 둘도 없는 미니어처 오색 김밥

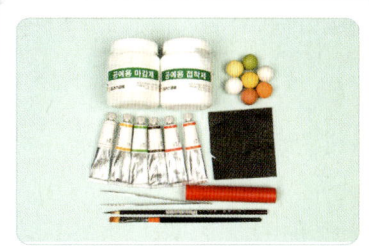

준비물

- 점토 : 모데나, 모데나 소프트
- 도구 : 통밀대, 검은색 한지, 공예용 마감채, 공예용 접착제, 핀셋, 붓, 칼
- 물감 : 흰색, 노란색, 녹색, 밤색, 빨간색, 주황색

● 예상 재료비 : 5,000원~6,000원 | 예상 제작 시간 : 1시간~1시간 30분 | 완제품을 사려면 얼마나 하죠? : 약 10,000원~15,000원

김밥에 들어갈 재료 염색하기

01 밥으로 쓸 점토는 모데나 점토에 흰색 물감을 극소량을 넣고 염색해 준비합니다.

준비해요! 속 재료 만들 점토 준비하기

- **맛살** : 모데나 점토를 흰색으로 염색
- **계란** : 모데나 점토에 모데나 소프트 점토를 섞어 노란색과 흰색으로 염색
- **당근** : 모데나 점토를 주황색과 노란색을 섞어 염색
- **단무지** : 모데나 점토를 진한 노란색으로 염색
- **햄** : 모데나 점토에 모데나 소프트 점토를 섞어 밤색과 주황색, 노란색을 섞어 염색
- **오이** : 모데나 점토를 밝은 녹색으로 염색

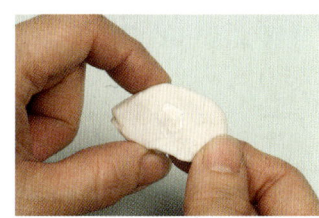

02 모데나 점토와 모데나 소프트 점토를 노란색과 흰색으로 염색한 계란 점토를 통밀대로 길게 밀어줍니다.

03 맛살, 계란, 단무지, 오이, 당근, 햄 등 각각의 점토를 2번과 똑같은 방법으로 밀어서 준비합니다.

04 빨간색 물감에 주황색 물감을 조금 섞고

TIP 물감은 조금씩 섞으며 염색하세요

점토를 염색할 때는 물감을 조금만 넣어도 색이 진하게 변하므로 가능하면 물감을 아주 조금씩 짜 염색하면서 원하는 색이 나오도록 합니다.

05 흰색으로 염색한 맛살 점토의 한쪽 면을 채색합니다.

06 녹색 물감에 밤색 물감을 조금만 섞은 다음

07 건조된 오이 점토의 한쪽 면을 채색해줍니다.

08 김으로 사용할 검은색의 얇은 한지를 가로 28mm, 세로 25mm로 잘라 준비합니다.

09 밥 점토를 올려놓을 부분에 접착제를 바릅니다.

김밥 싸기

10 접착제를 바른 부위에 밥 점 토를 올려 손으로 얇게 펴줍 니다.

11 핀셋으로 콕콕 집어 밥알 느낌 이 나도록 표현해줍니다.

12 김밥에 들어갈 맛살을 크기에 맞게 자릅니다.

13 햄, 단무지, 맛살, 계란, 오이, 당근도 크기에 맞게 가늘게 썰어서 준비합니다.

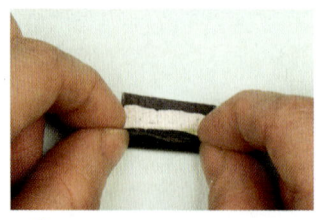

14 썰어 놓은 속 재료를 접착제 를 발라가면서 밥 위에 촘촘 히 붙여줍니다.

15 속 재료를 다 넣으면 접착제를 조금씩 발라가면서 진짜 김밥 을 말듯 돌돌 말아줍니다.

16 점토가 어느 정도 건조되면 마 감재를 바릅니다. 마감재를 칠 해주면 참기름을 바른 것 같은 느낌을 표현할 수 있습니다.

17 약 5~6시간 이상 지나 김밥 이 어느 정도 굳으면 일정한 간격으로 썰어줍니다.

18 세상에 둘도 없는 미니어처 김밥이 완성되었습니다.

다양한 미니어처 도시락을 꾸며보세요!

샌드위치 빵은 흰색 물감에 극소량의 황토색 물감을 넣어 염색한 모데나 소프트 점토를 밀어 식빵 모양으로 잘라줍니다. 식빵 점토를 타월에 누르거나 이쑤시개 등으로 뜯어서 식빵의 질감을 표현한 후, 햄이나 치즈, 양상추 등을 곁들여 붙여주면 맛있는 샌드위치가 완성됩니다.

03 이루어질 수 없는 사랑, 튤립 화분

꽃말 : 고결함, 아름다운 눈동자,
　　　사랑의 고백, 명성이 높음

적색 : 당신을 사랑합니다 정조

백색 : 실연

자색 : 불멸의 애정

황색 : 가망 없는 사랑

흑색 : 나는 사랑에 불탄다

03 이루어질 수 없는 사랑, 튤립 화분

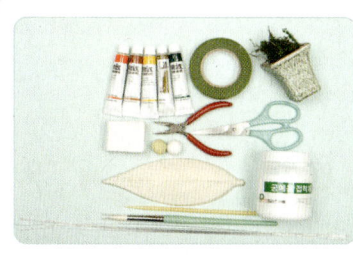

준비물

◆ **점토** : 하티, 일반 점토

◆ **도구** : #22 철사, 녹색 플라워테이프, 꽃밀대, 작은 화분, 인조 이끼, 붓, 공예용 접착제, 잎맥틀, 펜치, 니퍼, 가위

◆ **물감** : 노란색, 진한 녹색, 밤색, 올리브그린색, 오렌지색

● 예상 재료비 : 2,000원~3,000원(화기 별도) ● 예상 제작 시간 : 1시간~1시간 30분 ● 완제품을 사려면 얼마나 하죠? : 약 15,000원~20,000원

꽃대 만들기

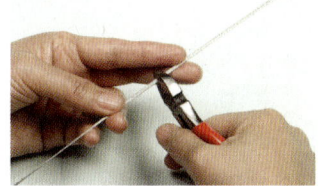

01 펜치를 이용해 #22 철사를 반 (약 20cm)으로 잘라줍니다.

02 녹색 플라워 테이프를 철사에 감기 편하게 1/2로 자릅니다.

03 #22 철사 3개를 잘라놓은 테이프로 감아주세요.

TIP 화기는 어디에서 구할 수 있나요?

이 책에서 사용하는 화기들은 점토로 만들 수 있으며, 만들기가 어렵다면 꽃 상가에서 다양한 모양의 화기를 구해 꽃을 예쁘게 장식할 수 있습니다.

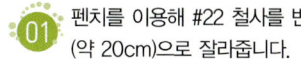

04 튤립 속심을 꽂을 때 점토가 빠지지 않게 하기 위해 펜치로 철사 끝을 구부려줍니다.

준비해요! 철사 굵기에 따라 플라워 테이프 감는 방법

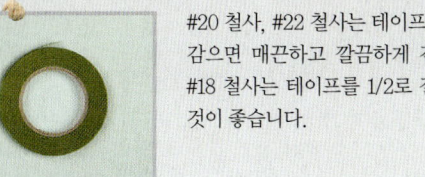

#20 철사, #22 철사는 테이프를 1/3로 잘라 감으면 매끈하고 깔끔하게 감을 수 있고, #18 철사는 테이프를 1/2로 잘라 감아주는 것이 좋습니다.

튤립 꽃 만들기

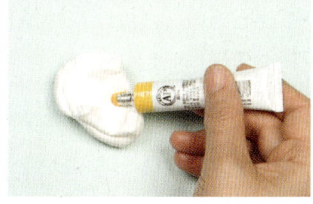

05 하티 점토에 극소량의 노란색 물감을 짠 후

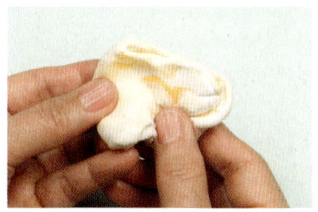

06 노란색 물감이 골고루 섞이도록 반죽을 해줍니다.

07 직경 1cm, 1.5cm, 2cm 크기로 둥글게 굴려 물방울 모양의 튤립 속심 덩어리를 3개 만든 다음

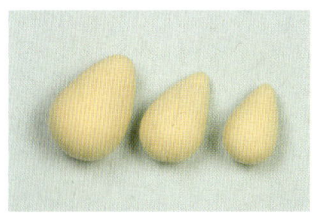

08 물방울 모양으로 대(약 2.5cm), 중(약 2cm), 소(약 1.5cm) 크기별로 속심을 만들어줍니다.

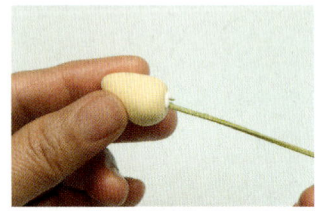

09 펜치로 구부린 부분에 접착제를 묻힌 후 속심을 꽂아줍니다.

10 9번과 똑같은 방법으로 나머지 속심 3개에 철사를 꽂아줍니다.

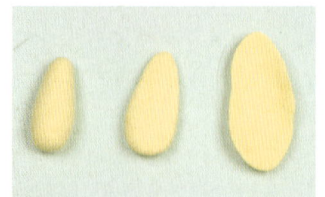

11 노란색으로 염색한 하티 점토를 조금 떼어내 2.5cm 크기 물방울 모양으로 빚은 후 3~4cm 정도 길이가 되도록 손으로 눌러 얇게 펴줍니다.

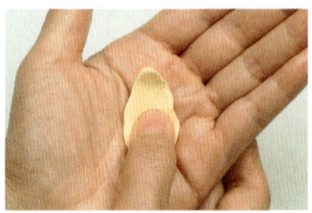

12 꽃잎 가운데를 엄지와 검지로 위에서 아래로 쓸어내리듯이 눌러주면서 꽃잎 3장을 만듭니다.

13 꽃잎 끝에 접착제를 바른 후

14 만들어 놓은 봉오리 속심에 꽃잎 한 장을 붙입니다.

15 붙여준 꽃잎 위에 또 한 장의 꽃잎을 겹쳐 붙여주고

16 남은 꽃잎 1장을 속심을 감싸듯이 살짝 겹쳐 돌려 붙여가며 모아줍니다.

17 손으로 꽃잎 가장자리를 살짝 젖혀주면서 표정을 살려줍니다.

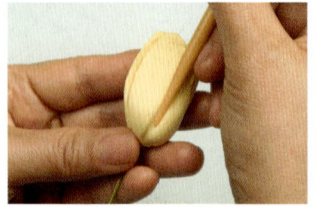

18 꽃밀대를 세워서 꽃 밑동을 누르면서 끌어올려 선을 그어주면 됩니다.

19 큰 꽃은 꽃밀대로 꽃잎 하나하나에 가장자리를 눌러주면서 웨이브를 줍니다.

20 꽃잎을 손바닥에 대고 엄지손가락으로 위에서 아래로 쓸어주듯 눌러주면서 오목하게 만들어줍니다.

21 웨이브를 준 꽃잎 밑부분에 접착제를 바른 다음

22 속심에 꽃잎 1장을 감싸듯이 붙여주고

23 나머지 꽃잎 2장을 사이사이 엇붙여줍니다.

24 밑동은 손으로 매만져서 정리합니다.

25 꽃이 곧 필 것 같은 느낌을 표현하기 위해 손으로 꽃잎을 살짝 젖혀줍니다.

26 꽃밀대로 밑동을 눌러주면서 위로 끌어올려 선을 그어줍니다. 완성된 꽃은 잘 건조시킵니다.

27 같은 방법으로 활짝 핀 꽃과 덜 핀 꽃의 느낌을 잘 살려 크기별로 튤립을 만들어줍니다.

TIP 밑동 깔끔하게 마무리하기

밑동 부분을 좀 더 깔끔하게 하고 싶다면 지저분한 부분을 가위로 자른 다음, 매끄럽게 매만져주면 됩니다.

잎사귀 만들기

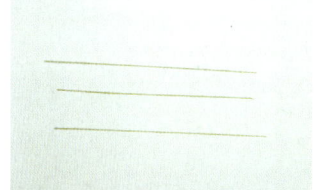

28 녹색 플라워 테이프를 3등분한 후

29 #22 철사에 녹색 플라워 테이프를 사선으로 감아줍니다.

30 하티 점토를 올리브그린색으로 염색한 다음, 직경 3cm 크기로 둥글게 빚어줍니다.

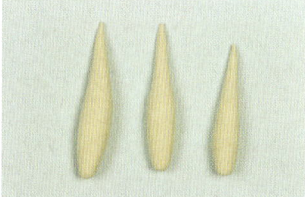

31 약 6.5cm, 6cm, 5.5cm 길이의 긴 물방울 모양을 각각 만들어줍니다.

32 긴 물방울 모양 점토를 잎맥틀에 눌러준 후, 가장자리를 손으로 만져주면서 얇게 펴줍니다.

33 잎맥틀에서 점토를 떼어낸 후 잎사귀 가장자리를 엄지와 검지로 얇게 매만지면서 살짝 오므려 모양을 예쁘게 해줍니다.

TIP 동영상 강의 DVD를 참고하면 꽃만들기가 더욱 쉬워요.

부록으로 제공되는 동영상 강의를 참고하면 튤립의 제작 과정을 더 상세하게 배울 수 있으니 참고하세요.

34 녹색 플라워 테이프를 감은 철사에 물을 묻힌 후, 만들어 놓은 잎사귀에 1/3 정도 길이만큼 꽂아줍니다.

35 잎사귀 가장자리를 살짝 젖혀주면서 표정을 살려줍니다.

36 잎사귀를 대·중·소 크기별로 만든 후 건조시킵니다.

꽃과 잎사귀 채색하기

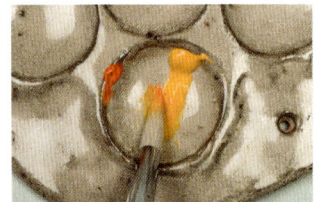

37 꽃과 잎사귀가 잘 건조되면 노란색과, 약간의 오렌지색을 혼합한 다음

38 밑동에서 꽃 잎 위로 2/3 정도 끌어올리듯이 채색을 해줍니다.

39 채색한 튤립입니다. 꽃 크기별로 붓 터치를 넓거나 좁게 조절하면 예쁘게 채색할 수 있습니다.

40 잎사귀를 칠하기 위해 진한 녹색과 밤색을 혼합해 색깔을 만들어두고, 올리브그린색은 따로 준비합니다.

41 진한 녹색과 밤색을 혼합한 후 마감재와 물을 약간 섞어서 칠해줍니다. 마감재를 섞으면 점토에 물감이 잘 흡수되면서 부드럽게 칠해집니다.

42 진한 녹색으로 채색한 부분부터 올리브그린색으로 옅게 채색해 자연스러운 연결감을 줍니다.

43 채색한 잎사귀를 대·중·소 크기별로 만들어 놓습니다.

화분에 꽂아 완성하기

44 일반 점토를 작은 화분에 들어갈 정도로 자른 다음 접착제를 바른 후

45 화분에 넣어 고정합니다.

46 화분에 점토를 넣어주면 꽃을 꽂을 때 쉽게 고정할 수 있습니다.

47 봉오리에 작은 잎사귀의 위치를 잘 잡아주고 연결해서 녹색 플라워 테이프로 감아줍니다.

48 작은 꽃과 중간 잎사귀를 함께 연결해서 테이프로 감아줍니다.

49 큰 꽃과 잎사귀를 연결해서 균형감 있게 한 줄기를 만듭니다.

50 니퍼로 화분에 꽃을 길이에 맞게 잘라줍니다.

51 줄기 끝에 접착제를 바른 다음

52 화분에 고정한 점토에 꽂아주고

53 점토가 보이지 않도록 인조
이끼를 얹어 줍니다.

54 아름다운 튤립 화분이 완성되
었습니다.

튤립을 이용해 멋진 액자를 만들어 보세요.

앞의 튤립 만들기와 같은 방법으로 꽃을 만들어 원하는 색을 칠해준 다음 액자 틀에 꽃을 붙여주면 멋진 액자를 만들
수 있습니다.

04 생화보다 더 예쁜 동글동글 알륨

꽃말 : 끝없는 슬픔

04 생화보다 더 예쁜 동글동글 알룸

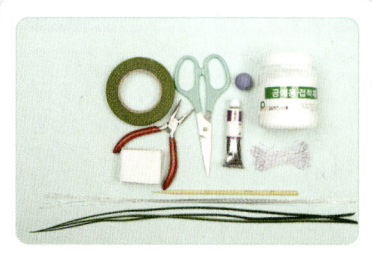

준비물

♣ 점토 : 하티, 일반 점토
♣ 도구 : 가위, 꽃밀대, 녹색 플라워 테이프, 공예용 접착제, #22 철사, 인조 실난, 펜치, 니퍼, 보라색꽃술, 작은 화기
♣ 물감 : 보라색

● 예상 재료비 : 6,000원~7,000원(화기별도) | ● 예상 제작 시간 : 3시간 | ● 완제품을 사려면 얼마나 하죠? : 약 40,000원~45,000원

꽃 만들기

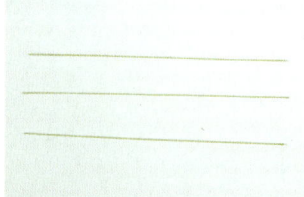

01 #22 철사에 3등분한 녹색 플라워 테이프를 감아줍니다.

02 꽃술 머리를 기준으로 약 1.5cm 정도 잘라준 후

03 꽃술 머리에서 8mm 정도만 남기고 테이프로 감아주면서 #22 철사와 연결합니다.

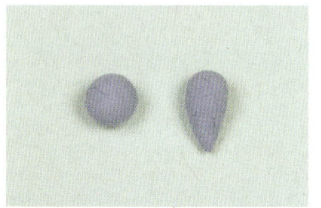

04 보라색으로 염색한 점토를 5mm 정도 작은 물방울 모양으로 빚어서

05 가위로 5등분을 내줍니다.

06 꽃밀대를 이용해 좌우로 살짝 밀어주면서 꽃잎 모양을 만듭니다.

07 수술을 연결해준 #22 철사에 물을 묻힌 후 꽃잎을 끼워주고

08 완성된 꽃을 건조합니다.

09 같은 크기로 약 100개 정도 꽃을 만들어 준비합니다.

10 니퍼로 철사를 약 5mm 정도만 남기고 잘라줍니다.

11 사진과 같이 꽃을 여러 개 만들어 놓으면 나중에 조립할 때 편리합니다.

알륨 꽃 조립해 완성하기

12 #22 철사 5개를 1/2로 자른 녹색 플라워 테이프로 감아줍니다.

13 펜치로 철사 끝을 구부려줍니다.

14 보라색으로 염색한 점토를 직경 2.5cm 정도로 둥글게 빚은 다음, 구부린 철사 끝에 접착제를 바른 후 꽂아줍니다.

15 잘라 놓은 꽃들을 접착제를 발라가며 촘촘하게 꽂아줍니다.

16 알륨 꽃이 완성되었습니다.

17 같은 방법으로 크기별로 세 개의 꽃을 만들어둡니다.

Tip 꽃을 만드는 데 필요한 잘라 놓은 꽃의 수

꽃을 100개 정도 만들어 놓으면 대(직경 2.5cm, 작은 꽃 약 50개), 중(직경 2cm, 작은 꽃 약 30개), 소(직경 1.5cm 작은 꽃 20개) 각각의 3개 덩어리에 충분히 꽂을 수 있는 양이 됩니다.

18 작은 꽃과 중간 꽃을 순서대로 테이프로 감아주면서 연결합니다.

19 이어서 큰 꽃을 균형감 있게 배치한 후 테이프로 감아줍니다.

20 인조 실난을 함께 연결합니다.

Tip 인조 실난을 예쁘게 만들기

꽃밀대나 가위로 인조 실난 한 면을 대고 뒤로 젖혀주면서 곡선을 만들어주면 예쁘게 만들 수 있습니다. 알륨 만들기 동영상을 참고하세요.

21 일반 점토를 일정량 떼어내 접착제를 바른 다음 작은 화기에 고정합니다.

22 줄기 끝에 접착제를 묻혀서 화기에 꽂아줍니다.

23 화분 속의 점토가 보이지 않도록 인조 이끼를 살짝 올려주면 예쁜 알륨이 완성됩니다.

Tip 알륨을 더욱 예쁘게 만드는 방법

보라 계열, 붉은 계열, 노랑 계열 등으로 염색한 점토로 3가지 색의 알륨을 만들어주면 한층 더 예쁜 꽃으로 장식할 수 있습니다. 동영상에서는 '붉은 알륨을 만들기'를 참고하세요.

05 고민에 빠진 어여쁜 꼬마 요정

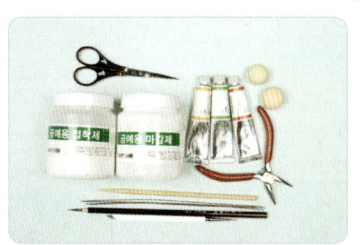

준비물

♣ 점토 : 하티

♣ 도구 : 공예용 접착제, 공예용 마감재, 펜치, 가위, 세필, 꽃밀대, 수정 붓, 갈색 와이어

♣ 물감 : 녹색, 황토색, 밤색

● 예상 재료비 : 500원~1,000원 | 예상 제작 시간 : 20분~30분 | 완제품을 사려면 얼마나 하죠? : 약 4,000원~5,000원

얼굴 만들기

01 갈색 와이어를 1.5cm 길이로 자른 후 한쪽 끝을 9자로 구부려줍니다.

02 요정 얼굴은 황토색을 약간 넣어 염색한 점토를 지름 1cm 정도로 둥글게 굴려 만들어 주세요.

03 녹색으로 염색한 점토를 지름 1cm로 둥글게 굴려준 후 지름 3cm 정도 납작하고 평평하게 눌러준 후

04 얇게 펴진 점토의 밑부분을 가위로 잘라줍니다.

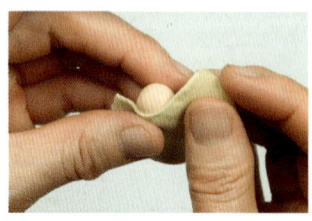

05 얼굴을 중심으로 잘라준 점토를 감싸주고

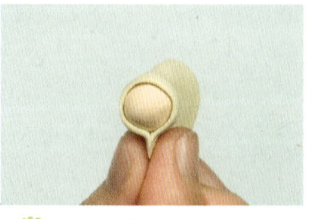

06 손을 이용해 가운데로 모아줍니다.

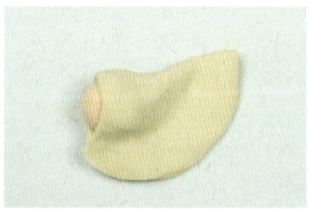

07 고깔을 쓴 모양으로 눌러 모양을 내준 후

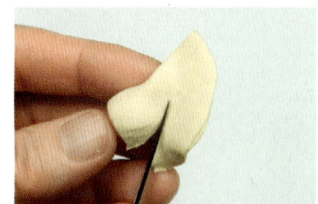

08 눌러준 모양 그대로 가위로 잘라줍니다.

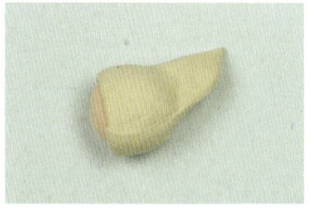

09 잘라진 부분을 손으로 매끄럽게 만져 다듬어줍니다.

10 모자 뒤쪽의 점토를 이용해 원하는 모양의 고깔을 표현합니다.

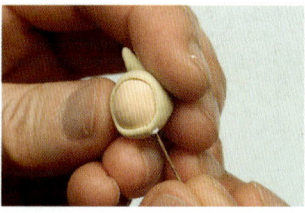

11 미리 준비한 9자로 말은 갈색 와이어를 1cm 정도 남기고 공예용 접착제를 묻혀 끼워줍니다.

다리 만들기

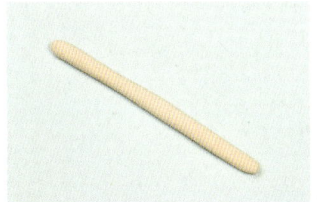

12 다리를 만들기 위해 점토를 길게 굴려서 지름 3mm 정도로 만들어준 다음

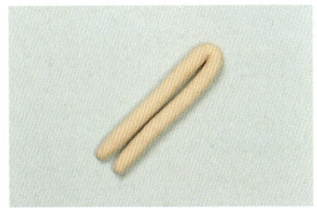

13 반으로 접어줍니다.

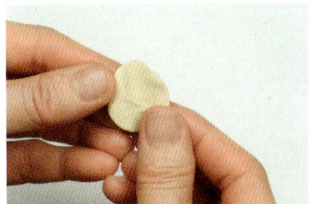

14 녹색으로 염색한 점토를 둥글게 굴려서 납작하게 만든 후

15 가위로 반을 잘라줍니다.

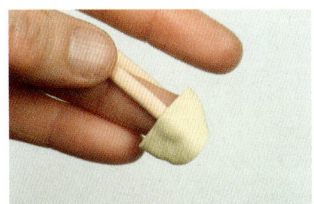

16 1/2로 자른 반원의 점토를 다리에 올려놓고

17 반으로 접어서 신발의 뒷부분이 될 부분을 눌러줍니다.

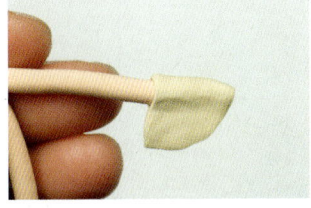

18 다리에 바짝 붙인 상태로 눌러준 후

19 다리 선에 맞게 가위로 깨끗하게 잘라냅니다.

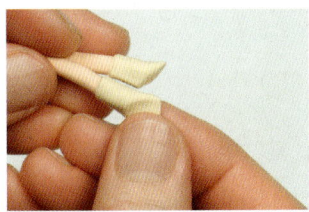

20 발은 밑부분을 사선으로 잡아준 후

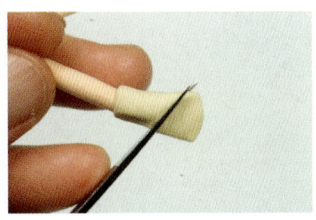

21 가위로 잘라줍니다.

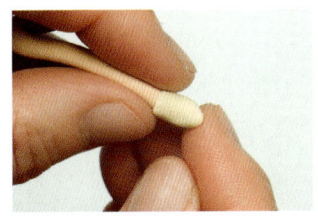

22 잘라준 부분을 둥글게 만져 매끄럽게 해줍니다.

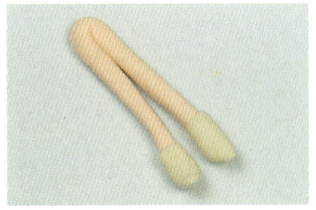

23 같은 방법으로 다른 쪽 발을 완성합니다.

몸통 만들기

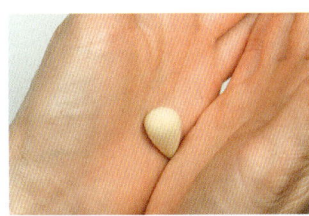

24 녹색으로 염색한 점토를 지름 1cm 정도의 물방울 모양으로 빚어서

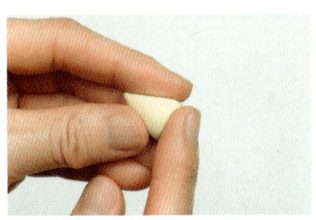

25 밑을 눌러 삼각뿔 모양으로 만듭니다.

26 꽃밀대를 굴려서 밑부분을 넓혀 나팔 모양으로 만들고

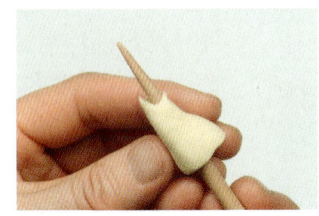

27 위는 다리가 들어 갈 수 있도록 구멍을 뚫어줍니다.

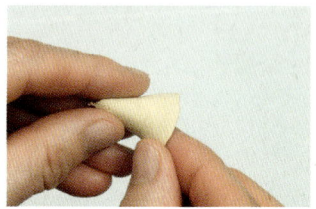

28 치마 아랫부분을 엄지와 검지로 얇게 점토를 늘려 손으로 살짝 위로 끌어올려 준 후

29 다리의 윗부분에 물을 묻혀 밑에서 위로 넣어줍니다.

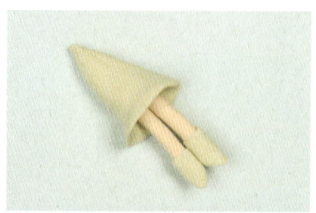

30 다리를 끼워준 후에는 어깨 부분을 폭이 좁고 둥근 모양으로 매끄럽게 손질합니다.

TIP 요정 다리를 쉽게 넣는 방법

물방울 모양으로 치마를 만든 후 윗부분에 구멍을 크게 내주고 반드시 다리에 물을 묻혀 밑에서 위로 한 번에 넣어야 쉽게 넣을 수 있어요.

팔 만들기

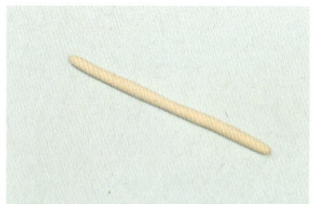

31 팔은 다리를 만들었던 두께보다 3mm 정도로 조금 가늘게 굴려주고

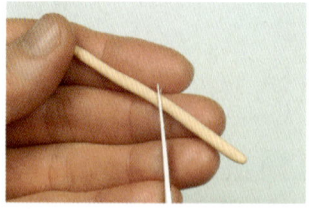

32 가운데 부분을 사선으로 잘라줍니다.

33 녹색으로 염색한 점토를 둥글게 굴린 다음 납작하게 누릅니다.

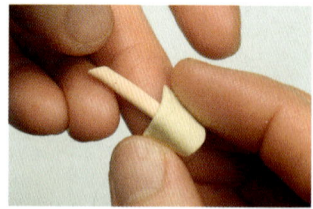

34 납작하게 누른 점토를 1/2로 잘라 팔에 감싸면서

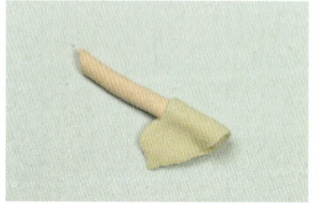

35 옆 부분을 눌러준 후

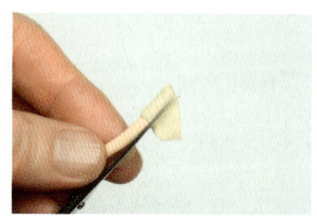

36 가위로 잘라줍니다.

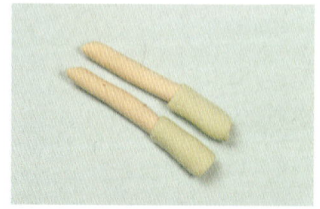

37 같은 방법으로 한쪽 팔을 하나 더 만들어 준비합니다.

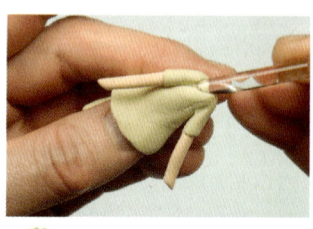

38 공예용 접착제 소량을 어깨에 묻혀 팔을 붙입니다.

39 팔의 연결 부분을 조심스럽게 만지면서 매끄럽게 해줍니다.

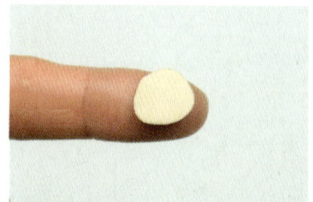

40 녹색으로 염색한 점토를 지름 1cm 정도로 둥글납작하게 만든 후

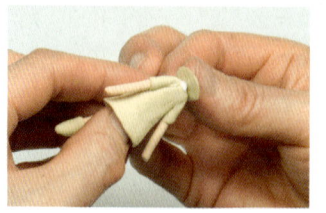

41 공예용 접착제를 묻혀 어깨에 붙입니다.

42 옷깃 부분이 아래를 향하도록 눌러줍니다.

형태 잡아 채색하고 인형 완성하기

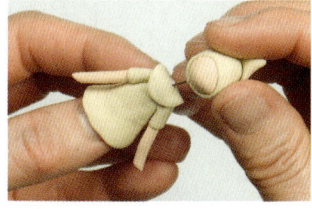

43 몸통에 만들어 두었던 얼굴을 끼웁니다.

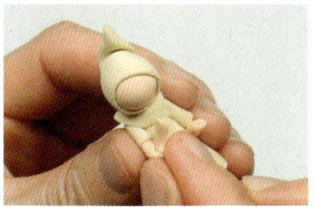

44 기도하는 것처럼 두 팔을 45도로 구부리면서 모아주세요.

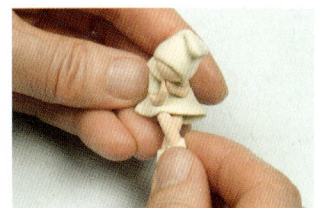

45 양쪽 다리를 1/2로 접어 겹쳐주며, 편안하게 앉은 자세로 고정해줍니다.

46 완성한 인형을 건조합니다.

47 모자는 세필에 연한 녹색 물감을 묻힌 후 선을 그어줍니다.

48 이어서 치마, 신발 등에 선을 긋고

49 밤색으로 머리카락을 그려줍니다.

50 살포시 감은 눈을 그려주면

51 요정이 완성됩니다.

요정의 집

다양한 자세와 색상으로 구성된 요정의 집을 만들어봅시다. 녹색으로 염색한 점토를 잎맥틀에 눌러 잎사귀를 만들어 다양한 크기의 넝쿨을 꾸며보세요.

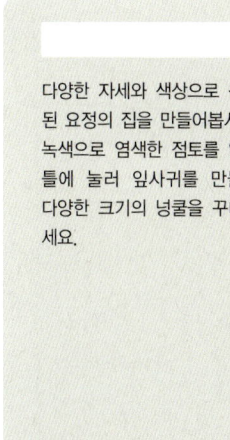

06 책 위에서 그림 그리는 아이들

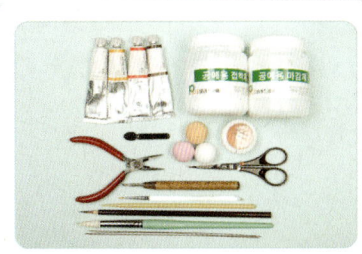

준비물

- **점토** : 하티
- **도구** : 펜치, 꽃밀대, 가위, 통밀대, 공예용 접착제, 도트, 수정 붓, 세필, 갈색 와이어
- **물감** : 황토색, 밤색, 하늘색, 흰색

● **예상 재료비** : 500원~1,000원 | **예상 제작 시간** : 30분~40분 | **완제품을 시려면 얼마나 하죠?** : 약 4,000원~5,000원

얼굴과 몸통 만들기

01 하티 점토에 황토색 물감으로 염색한 후, 지름 1.3cm 정도로 둥글게 만들어 줍니다.

02 꽃밀대로 가운데 부분을 가볍게 눌러주고

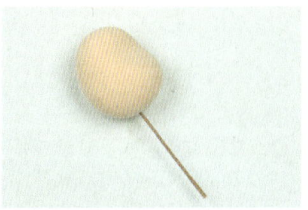

03 갈색 와이어에 공예용 접착제를 묻혀 얼굴 밑부분에 끼워 줍니다.

04 하늘색으로 염색한 하티 점토를 지름 2.5cm 정도로 둥글고 갸름하게 굴린 후

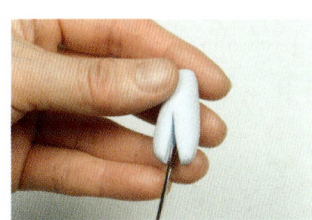

05 가위로 반으로 잘라줍니다.

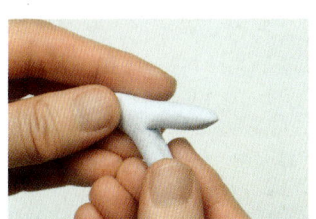

06 잘라진 부분을 손으로 둥글게 굴리면서 발의 모양을 만듭니다.

07 90도 각도로 양쪽 발을 구부려줍니다.

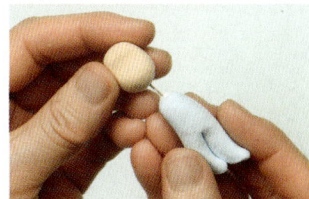

08 만들어둔 얼굴을 몸과 연결한 후

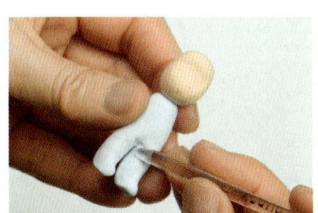

09 몸통에서 다리가 시작되는 부분을 수정 붓으로 가볍게 눌러주면서 주름을 잡아줍니다.

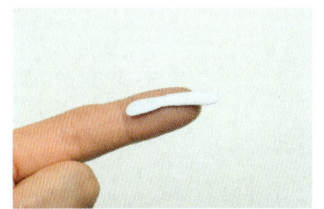

10 4mm 정도의 폭으로 점토를 얇게 밀어 준비합니다.

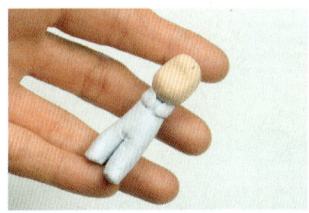

11 목을 감싸듯이 붙여 옷깃을 만들어주고

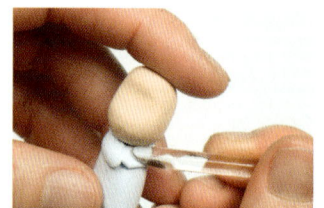

12 수정 붓으로 목 밑부분의 옷깃을 눌러 깔끔하게 정리합니다.

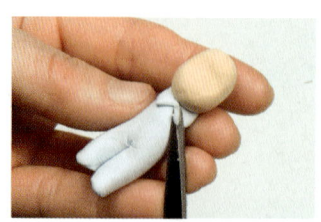

13 뒤집어진 V자 형태로 필요 없는 부분을 자르면

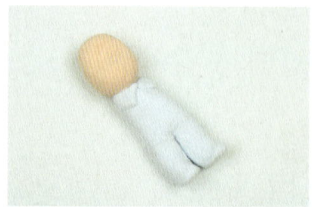

14 얼굴과 몸이 완성됩니다.

팔 만들기

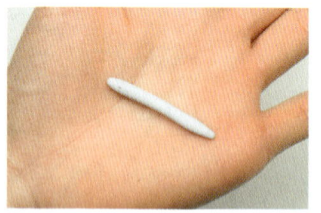

15 팔은 다리의 1/3 정도의 굵기로 점토를 굴려서 만듭니다.

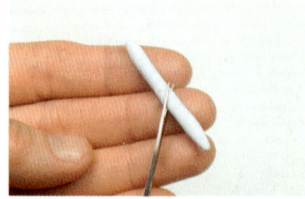

16 가운데 부분을 사선으로 잘라준 후

17 잘라진 부분의 끝을 매끄럽게 만져줍니다.

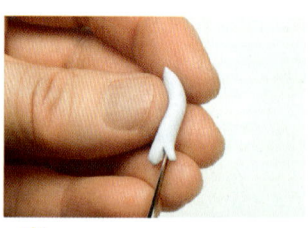

18 엄지가 되는 부분만 따로 잘라서 벙어리 장갑 모양으로 형태를 만들어줍니다.

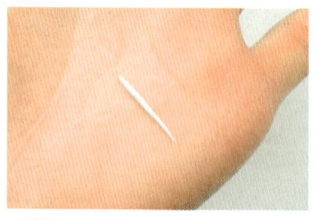

19 소매는 점토를 가늘게 굴려서

20 가볍게 눌러 손목에 한 바퀴 감아 연결되는 부분을 눌러주고

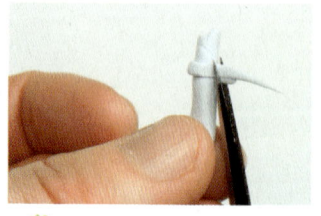

21 필요 없는 부분은 가위로 잘라냅니다.

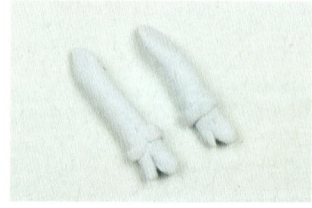

22 같은 방법으로 하나 더 손을 만들어 오른손과 왼손을 준비하고

형태 잡기

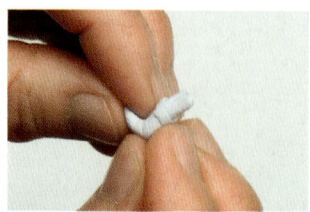

23 팔을 직각으로 구부려줍니다.

24 팔 끝에 공예용 접착제를 약간 묻혀 어깨에 붙여주고

25 수정 붓으로 문질러주면서 매끄럽게 마무리합니다.

26 물건을 들고 있는 것 같이 양쪽 팔의 자세를 잡아줍니다.

머리카락
만들기

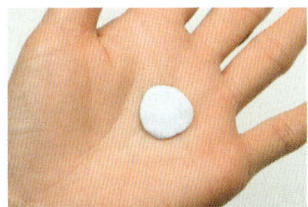

27 하늘색으로 염색한 점토를 소량만 떼어내 지름 1.5cm 정도의 크기로 둥근 모양을 만들고

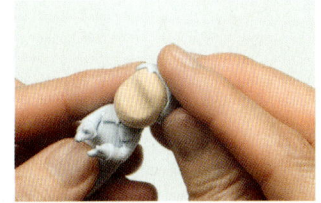

28 공예용 접착제를 묻혀 머리에 붙입니다.

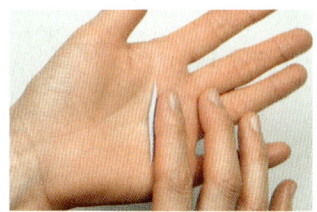

29 머리카락은 점토를 손바닥으로 가늘게 굴려

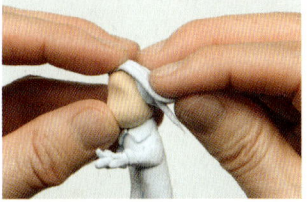

30 둥글게 붙여준 점토 위에 바람에 날리는 머리카락 모양으로 붙여줍니다.

31 여러 가닥의 길이로 머리카락을 붙여줍니다.

채색하기

32 인형이 건조되면 연필로 눈을 그립니다.

33 흰색 물감으로 흰 눈동자를 표현해줍니다.

34 세필을 사용해 밤색 물감으로 눈썹을 그려줍니다.

35 마찬가지로 밤색 물감으로 사용해 웃는 모양으로 입을 둥글고 길게 그립니다.

36 도트를 사용해 눈동자를 찍어주면

37 꼬마 인형이 완성됩니다.

공예용 마감재를 이용해 맑은 느낌의 컬러 내기

채색을 할 때 공예용 마감재와 수채화 물감을 혼합해 칠해보세요. 맑은 느낌의 컬러를 만들 수 있으며 마감재를 처리할 때 번지지 않습니다.

여러 개의 인형을 만들어 이야기를 꾸며 보세요

책은 가로 20cm, 세로 12cm, 두께 1.5cm의 점토를 반으로 접어 가운데 부분에 선을 그은 다음, 책 모양을 잡아줍니다. 책의 옆 부분은 7핀으로 촘촘하게 선을 그어줍니다. 책을 건조할 때는 책의 밑부분에 휴지를 받쳐 책이 볼록하게 펼쳐진 모양으로 건조합니다. 책에서 설명하지 않은 나머지 작품의 제작 방법은 다음 플러스공예 카페(http://cafe.daum/plusclay)나 네이버 플러스공예 카페(http://cafe.naver.com/plusclay)를 참고하세요.

Part 03

너무나 깜찍해서 한 입
먹고 싶은 미니어처 음식

07. 국물 맛이 끝내주는 미니어처 우동

08. 치즈가 쭉 늘어나는 미니어처 콤비네이션 피자

09. 맛있는 냄새가 솔솔나는 고소한 미니어처 빵

10. 정글에서 금방 따온 듯한 달콤한 미니어처 바나나

11. 음식을 더 맛깔나게 해주는 미니어처 접시

1. 미니어처 우동 그릇 만들기

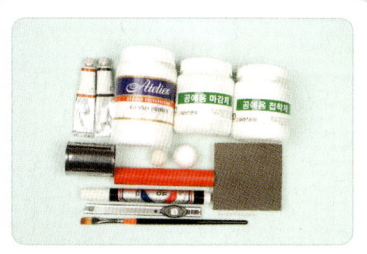

 **준비물**

♣ **점토** : 환도소프트

♣ **도구** : 젯소, 공예용 마감재, 공예용 접착제, 36mm 원형케이크틀(大), 스티로폼 볼, 통밀대, 매직, 칼, 붓, 사포

♣ **물감** : 밤색, 검은색

● 예상 재료비 : 1,000원~2,000원 | 예상 제작 시간 : 30분 | 완제품을 사려면 얼마나 하죠? : 약 3,000원

우동 그릇 만들기

01 환도소프트 점토를 조금 떼어내 통밀대로 밀어준 후, 36mm 원형케이크틀(大)로 찍어줍니다.

02 틀로 찍어낸 점토를 스티로폼 볼에 잘 덮어줍니다.

03 점토의 가장자리를 칼로 잘라서 깔끔하게 정리합니다.

04 점토가 건조되면 스티로폼 볼을 조심스럽게 빼준 다음, 사포에 곱게 갈아줍니다.

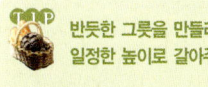 **반듯한 그릇을 만들려면 일정한 높이로 갈아주세요.**

어느 한쪽이 더 갈아지지 않도록 일정한 높이로 갈아줘야 반듯한 그릇이 만들어집니다.

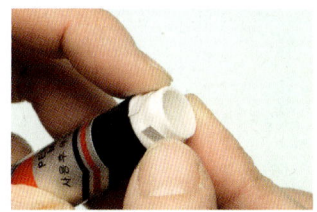

05 가로 45mm, 세로 2mm로 자른 마분지를 매직의 아래쪽에 감아 놓습니다.

06 매직에 감았던 마분지를 빼줍니다.

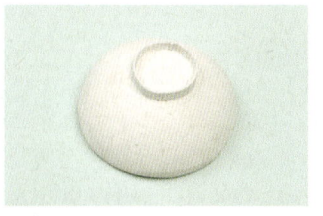

07 그릇의 밑면에 만들어 놓은 마분지를 접착제로 붙입니다.

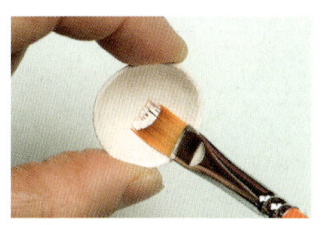

08 젯소를 그릇의 안쪽과 바깥쪽에 골고루 발라줍니다.

 젯소를 바르는 이유

젯소를 바르면 착색이 잘되고 그릇이 단단해지는 효과도 있습니다.

채색하기

09 젯소가 건조되면 검은색 물감으로 그릇 바깥쪽을 채색합니다.

10 내용물을 담을 안쪽은 밤색 물감으로 채색합니다.

11 채색을 마친 우동 그릇입니다.

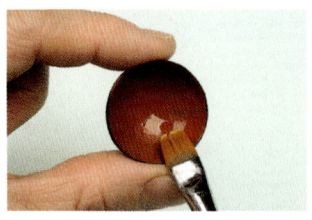

12 마감재를 칠해주면 우동 그릇이 완성됩니다.

TIP 그릇을 만들 때 석분 점토를 사용하는 이유가 뭔가요?

보통 그릇을 만들 때 석분 점토(환도 소프트, 라돌, 프리미어)를 많이 사용하는 이유는 사포로 다듬어 주기가 편리하기 때문입니다.

2. 미니어처 어묵 우동 만들기

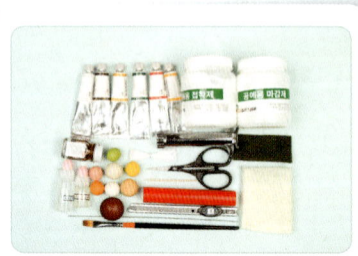

준비물

🍂 **점토** : 모데나, 모데나 소프트, 레직스

🍂 **도구** : 미니 루퍼(클레이건), 와이어, 통밀대, 타월, 붓, 레진(물표현제), 밤색 에나멜, 가위, 녹색 한지, 극세사 꽂씨, 이쑤시개, 칼

🍂 **물감** : 황토색, 밤색, 흰색, 녹색, 빨간색, 노란색

● 예상 재료비 : 3,000원~5,000원 | 예상 제작 시간 : 3시간 | 완제품을 사려면 얼마나 하죠? : 약 8,000원~10,000원

긴 어묵 만들기

01 어묵을 만들 점토는 모데나 점토와 모데나 소프트 점토에 황토색 물감을 반죽한 다음 통밀대로 밀어줍니다.

02 밀어 놓은 점토를 타월에 감싸 눌러주면서 어묵의 질감을 표현합니다.

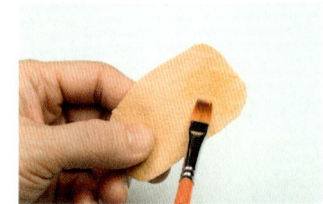

03 어느 정도 점토가 건조되면 밤색과 황토색을 섞어 채색합니다.

구멍 뚫린
어묵 만들기

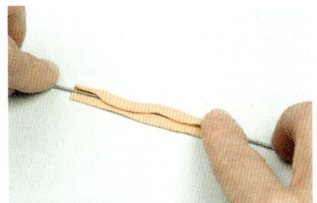

04 구멍 뚫린 어묵을 만들 수 있도록 와이어에 어묵 점토를 말아줍니다.

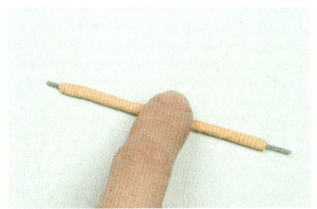

05 어묵 점토를 말아준 와이어를 굴려서 일정한 굵기로 만들어 주세요.

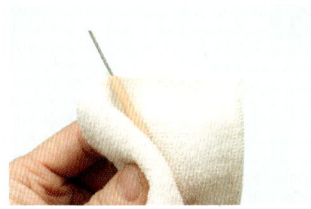

06 더 건조되기 전에 타월에 눌러서 다시 한 번 어묵의 질감을 표현합니다.

둥근 어묵
만들기

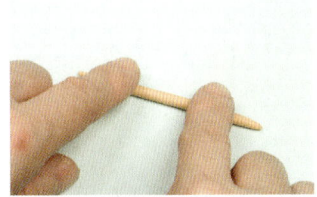

07 둥근 어묵을 만들 점토를 길게 굴려줍니다.

08 점토를 타월에 눌러서 어묵의 질감을 내줍니다.

채색하고 어묵
꼬치 만들기

09 밤색과 황토색 물감을 섞어서 너무 진하지 않게 조절하며 6번과 8번의 어묵을 채색합니다.

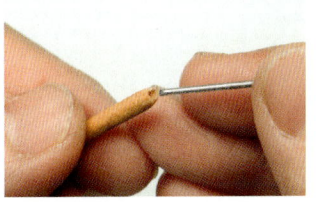

10 점토가 마른 후 속의 와이어를 빼줍니다.

11 적당한 크기로 잘라주세요.

12 이쑤시개를 칼로 가늘게 깎아서 만들어 잘라 놓은 긴 어묵을 꽂아 어묵 꼬치를 만듭니다.

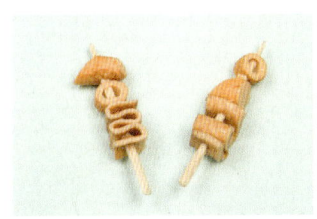

13 썰어 놓은 어묵을 먹음직스럽게 골고루 꽂아주세요.

파 만들기

14 와이어에 흰색과 녹색으로 각 각 염색한 두 개의 점토를 말 아준 후 건조해주세요.

15 녹색 점토를 말아준 와이어에 녹색과 밤색을 조금 섞어 채 색을 해줍니다.

16 와이어를 뺀 후 칼로 가늘게 썰어 통에 담아 놓으면 필요할 때마다 꺼내쓰기 편리합니다.

분홍 어묵 만들기

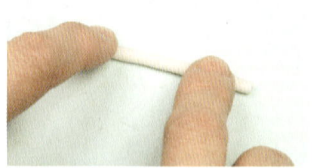

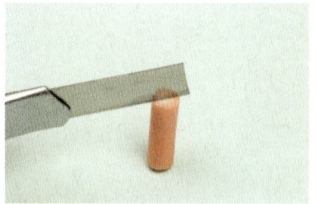

17 흰색 물감을 넣고 염색한 레직 스 점토를 길게 굴려 줍니다.

18 레직스 점토에 빨간색 물감을 조금 넣어 염색한 후 통밀대로 밀어줍니다. 길게 굴린 흰 점 토를 감싸서 다시 굴려줍니다.

19 점토가 건조되면 칼을 이용해 반으로 잘라줍니다.

20 반을 자른 상태에서 다시 얇 게 썰어 분홍 어묵을 만들어 통에 담아둡니다.

삶은 계란 만들기

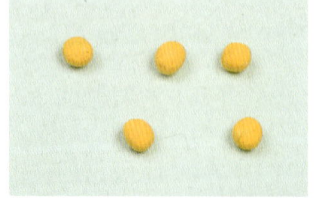
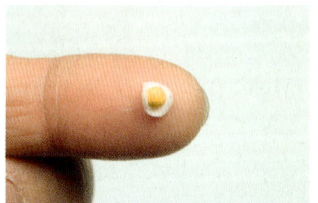

21 모데나 소프트 점토를 노란색 으로 염색한 후 동그랗게 굴 려 놓습니다.

22 노른자 점토를 흰색으로 염색 한 레직스 점토로 감싸서 계 란 모양으로 굴립니다.

23 잘 건조한 계란 점토를 반으 로 자릅니다.

다시마와 우동 면발 만들기

24 녹색 한지를 적당한 간격으로 잘라서 다시마로 사용합니다.

25 모데나 점토에 황토색 물감을 조금 넣고 염색한 후에 미니 루퍼에 넣고 힘껏 짜줍니다.

26 준비해 놓은 우동 그릇에 면 을 동글게 말아 예쁘게 담아 줍니다.

27 국수 국물로 사용할 레진을 국물이 굳도록 주제 2, 경화제 1의 비율로 따라줍니다.

28 밤색 에나멜을 이쑤시개로 조금만 찍은 후, 레진과 같이 섞어 국물 색을 만듭니다.

29 우동 국물을 면이 잠길 정도로 부어주고 7~8시간이 지나면 굳어집니다.

팽이버섯 만들고 고명 얹어 완성하기

30 극세사 꽃씨를 필요한 만큼 가위로 자르면 팽이버섯이 준비됩니다.

31 어묵꼬치와 썰어놓은 분홍 어묵, 그리고 팽이버섯, 다시마, 삶은 계란, 파를 준비합니다.

32 먹음직스럽게 고명을 얹어준 후 파를 맨 위에 올려주면 맛있는 우동이 완성됩니다.

다양한 면 요리 만들기

자장면 만들기
자장면은 건조된 야채 점토를 잘게 썰어준 후, 공예용 접착제에 고동색 물감을 넣고 섞어서 썰어놓은 야채와 함께 버무려 면 위에 얹으면 완성됩니다.

쫄면 만들기
쫄면 소스는 공예용 접착제에 빨간색과 밤색을 약간 넣어 섞어서 소스를 만들어 준 후, 면 위에 얹어줍니다. 이어서 오이, 당근 등의 야채를 얹어 장식해주면 쫄면이 완성됩니다.

이밖에도 고명을 다르게 하면 여러 가지 다양한 면 요리를 만들 수 있습니다.

1. 미니어처 콤비네이션 피자

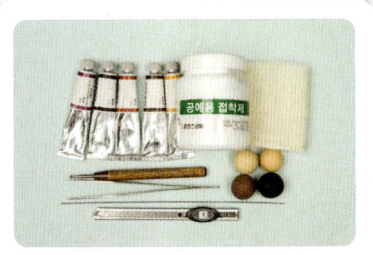

 준비물

- 점토 : 모데나, 모데나 소프트, 레직스
- 도구 : 공예용 접착제, 타월, 볼스타일러스, 와이어, 칼, 핀셋, 공예용 마감재, 꽃밀대, 붓
- 물감 : 보라색, 검은색, 밤색, 고동색, 황토색

● 예상 재료비 : 3,000원~5,000원 | 예상 제작 시간 : 3시간 | 완제품을 사려면 얼마나 하죠? : 약 12,000원

피자 도우, 버섯, 고기 만들기

01 모데나와 모데나 소프트 점토를 1:1로 혼합해 황토색으로 염색한 후, 점토를 동그랗게 굴려 납작하게 눌러줍니다.

02 손으로 가장자리를 돌려가며 만져 피자 도우 모양을 만듭니다.

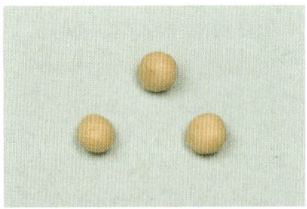

03 모데나 점토와 모데나 소프트 점토를 1:1로 혼합해 황토색과 고동색을 아주 조금 넣고 염색해 동그랗게 만듭니다.

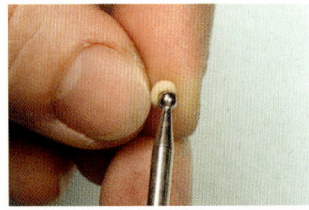

04 볼스타일러스로 한 가운데를 눌러

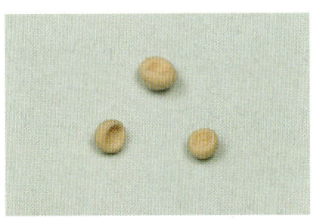

05 버섯에 구멍을 만들어줍니다.

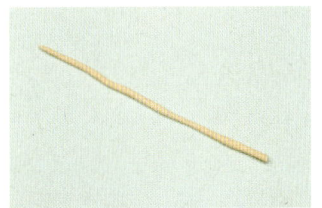

06 남은 점토는 가늘고 길게 굴려주고

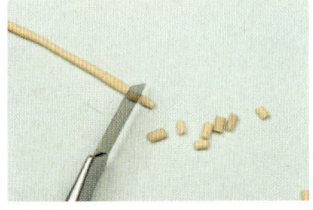

07 약 2~3mm 간격으로 짤막하게 잘라줍니다.

08 구멍이 있는 점토에 짤막하게 잘라준 점토를 접착제로 발라 붙여줍니다.

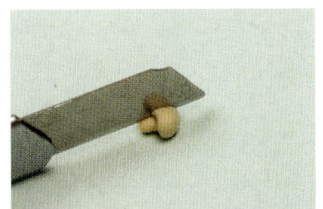

09 잘 건조한 점토를 반으로 잘라주면 버섯이 완성됩니다.

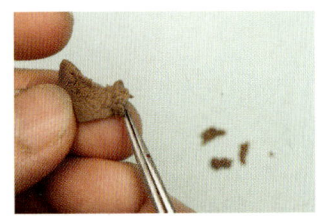

10 모데나와 모데나 소프트 점토를 1:1로 섞고 밤색과 고동색을 넣어 염색한 점토를 타월에 눌러 고기 질감을 살려준 후 핀셋으로 잘게 뜯어줍니다.

블랙 올리브,
푸른 피망,
양파와 붉은
피망 만들기

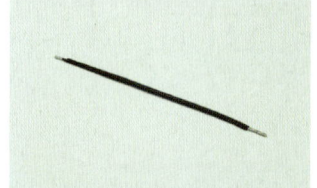

11 레직스 점토에 2:1로 보라색과 고동색을 혼합한 후, 검은색 물감을 약간 넣고 염색한 점토를 와이어에 감아서 길게 굴린 다음 건조합니다.

12 레직스 점토에 녹색을 조금 넣어 염색한 다음 통밀대로 얇게 밀어줍니다. 밀어준 점토를 꽃밀대에 감아 2~3시간 건조합니다.

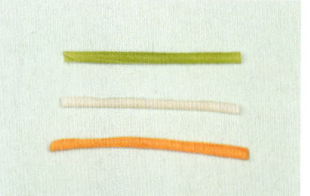

13 양파(레직스 점토+흰색 조금)와 붉은 피망(레직스 점토+주황색)을 만들 점토를 각각 통밀대로 민 후, 꽃밀대에 감아서 건조합니다.

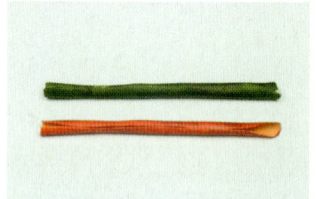

14 건조한 푸른 피망에 녹색과 밤색을 약간 섞어서 윗면을 채색합니다. 붉은 피망 윗면에는 주황색에 약간의 밤색을 섞어서 채색합니다.

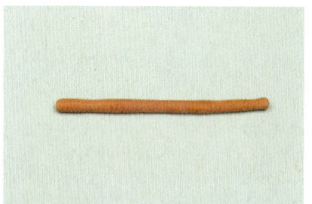

15 페페로니(레직스 점토에 밤색과 주황색 물감 조금, 노란색 물감을 조금 섞음)를 만들 점토를 준비합니다.

 페페로니를 만들 때

흰색 모데나 소프트 점토를 조금 뜯어 염색한 레직스 점토에 군데군데 섞어줍니다. 이 때 완전히 섞지 말고 썰었을 때 흰색이 부분적으로 보일 수 있을 정도로 해서 굴려 건조해야 합니다.

16 푸른 피망, 붉은 피망, 블랙 올리브, 쇠고기, 양송이버섯, 페페로니, 양파를 썰어서 통에 담아 놓습니다.

17 공예용 접착제에 크림색 물감을 조금 넣고 섞어줍니다.

18 피자 도우에 크림색 물감을 섞은 접착제를 바릅니다.

19 준비한 토핑을 핀셋으로 먹음직스럽게 골고루 얹어줍니다.

20 토핑을 얹은 후 건조한 피자입니다.

21 잘 구워진 느낌이 들도록 밤색과 황토색으로 채색한 후

22 공예용 마감재를 발라 윤기를 내줍니다.

23 피자가 완성되었습니다.

2. 치즈가 늘어나 떠 있는 피자

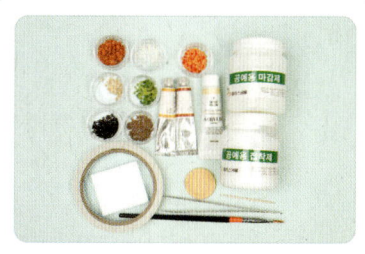

 준비물

♣ 점토 : 모데나, 모데나 소프트, 레직스

♣ 도구 : 썰어 놓은 토핑 재료, 피자 도우, 공예용 접착제, 공예용 마감재, 붓, 양면테이프, 우드락, 칼, 핀셋, 이쑤시개

♣ 물감 : 밤색, 황토색, 크림색

● 예상 재료비 : 3,000원~5,000원 | 예상 제작 시간 : 3시간 | 완제품을 사려면 얼마나 하죠? : 약 12,000원

피자 도우 조각 잘라 고정하고 손잡이 만들기

01 피자 도우의 한 조각을 칼로 미리 잘라 놓고 크림색 물감을 섞은 접착제를 바른 후, 토핑을 보기 좋게 올려줍니다.

02 피자를 올릴 정도의 크기로 우드락을 잘라 양면테이프로 고정합니다.

> **Tip** 쉽게 고정하는 법
>
> 피자 조각을 올릴 모서리 부분에도 양면테이프를 잘라서 붙여주면 좋습니다.

03 양면테이프를 붙여 놓은 우드락 모서리에 피자 조각을 붙여 고정합니다.

04 접착제로 만든 피자 치즈를 이쑤시개에 묻혀 피자 조각과 바닥의 피자 치즈를 이어주면서 늘어나는 느낌을 표현합니다.

05 접착제가 굳으면 우드락을 뺍니다.

06 잘 구워진 피자 느낌이 나도록 밤색과 황토색을 섞어 채색합니다.

07 손잡이는 발사나무로 만든 후, 손잡이 끝에 칼집을 냅니다. 철판 부분은 마분지로 만들어 칼집을 내준 부분에 끼워 피자를 뜨는 도구를 완성합니다.

08 맛있는 피자가 완성되었습니다.

상큼한 피클을 만들어보세요

피클은 레직스 점토에 밝은 녹색과 황토색을 넣고 염색하여 길게 굴립니다. 점토가 건조되면 표면에 녹색과 황갈색을 섞어 채색을 더 한 후에 썰어줍니다. 레진에 노랑과 녹색 에나멜을 소량을 넣고 조색합니다. 그 후 종지에 피클을 담고 국물을 부어주면 됩니다.

1. 미니어처 도넛 만들기

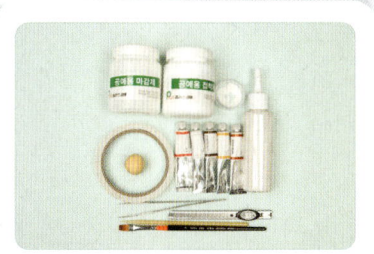

 **준비물**

♣ **점토** : 모데나, 모데나 소프트

♣ **도구** : 공예용 접착제, 공예용 마감재, 베이비파우더, 양면테이프, 색모래(흰색), 붓, 핀셋, 칼, 꽃밀대

♣ **물감** : 황토색, 빨간색, 흰색, 밤색, 고동색

● **예상 재료비** : 2,000원~4,000원 | **예상 제작 시간** : 2시간 | **완제품을 사려면 얼마나 하조?** : 약 7,000원

도넛 만들기

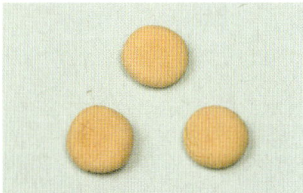

01 모데나 점토와 모데나 소프트 점토를 1:1로 섞은 후, 황토색 물감을 넣고 염색합니다. 염색 한 점토를 둥글게 굴려서 납 작하게 만들어줍니다.

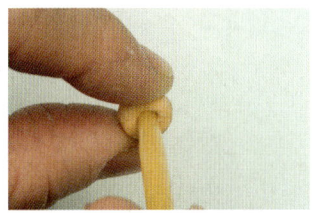

02 동글납작하게 만들어 놓은 점 토 가운데를 꽃밀대로 뚫어줍 니다.

03 구멍을 뚫은 링 도넛이 만들 어졌습니다. 원하는 개수만큼 만드세요.

04 만들어 놓은 도넛이 건조되면 채색하기 편하게 양면테이프 에 붙여줍니다.

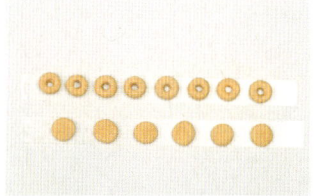

05 링 도넛과 구멍이 없는 도넛을 양면테이프에 붙여 놓습니다.

06 밤색과 황토색을 섞어 도넛이 맛있어 보이도록 채색을 해줍 니다.

초코 크림,
설탕 만들어
완성하기

07 공예용 접착제에 밤색과 고동 색 물감을 잘 섞어 초코크림 을 만듭니다.

08 공예용 접착제에 빨간색 물감 과 흰색 물감을 조금 섞은 후 분홍색 크림을 만들어줍니다.

09 초코크림을 도넛 위에 예쁘게 발라줍니다.

10 분홍색 크림도 도넛 위에 발라서 먹음직스럽게 표현합니다.

01 공예용 접착제에 물을 조금 섞어 묽게 만든 후, 도넛에 발라주고 흰색 모래를 뿌려주면 설탕을 뿌린 도넛이 됩니다.

12 물을 조금 섞은 접착제를 붓으로 살짝 바른 후, 베이비파우더를 뿌려주면 슈가파우더가 뿌려진 도넛이 완성됩니다.

T.I.P 도넛을 더 맛있게 보이려면?

초코크림과 분홍색 크림을 바른 도넛이 건조된 후 마감재를 발라주면 코팅이 되어 더 맛있어 보인답니다.

2. 부시맨빵과 초코빵 만들기

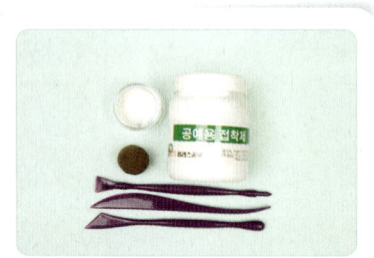

준비물

🌸 **점토** : 우드 휘모, 밤색 하티

🌸 **도구** : 공예용 접착제, 3조 도구, 베이비파우더

● 예상 재료비 : 1개 가격 500원~1,000원 | 예상 제작 시간 : 30분 | 완제품을 사려면 얼마나 하죠? : 약 5,000원~6,000원

부시맨빵 만들기

01 우드 휘모 점토에 밤색 하티 점토를 1:1로 반죽해 손으로 굴려 부시맨빵 모양을 만듭니다.

02 빵 위에 물을 섞어 묽게 만든 공예용 접착제를 붓으로 살짝 발라줍니다.

03 베이비파우더를 뿌려줍니다. 이렇게 하면 베이비 파우더가 날아가지 않습니다.

04 베이비파우더를 뿌려 슈가파우더를 뿌린 느낌을 표현해 보았습니다.

05 만들어 놓은 빵을 사선으로 잘라줍니다.

06 잘린 빵의 단면을 사각헤라로 긁어주면서 빵의 질감을 표현합니다.

07 부시맨빵이 완성되었습니다.

초코빵 만들기

01 부시맨빵을 만들었던 점토를 둥글게 굴려주세요.

02 빵이 굳기 전에 둥근칼로 칼집을 내줍니다.

03 칼집을 내준 부분을 사각헤라를 사용해서 바삭바삭한 느낌이 나도록 벌려줍니다.

04 물을 섞어 묽게 만든 접착제를 빵의 윗면에 바르고 베이비파우더를 뿌려줍니다.

05 초코빵이 완성되었습니다.

3. 오븐에 굽는 빵 만들기

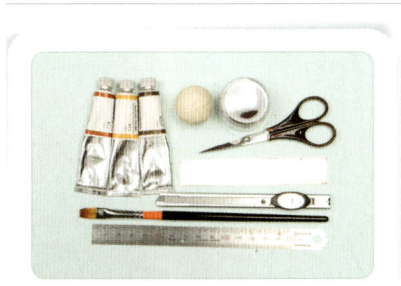

준비물

♠ **점토 :** 파리네타(빵 점토)

♣ **도구 :** 가위, 동판, 칼, 쇠자, 원두커피 가루, 붓, 오븐 토스터기

♠ **물감 :** 황토색, 밤색, 고동색

● 예상 재료비 : 1,000원~2,000원 | 예상 제작 시간 : 40분~1시간 | 완제품을 사려면 얼마나 하죠? : 약 8,000원~10,000원

잡곡빵 만들기

01 굽는 점토인 파리네타 점토에 원두커피 가루와 황토색, 고동색 물감을 같이 넣어 반죽을 해줍니다.

02 염색한 빵 점토입니다.

03 갸름한 타원 모양으로 잡곡빵을 만들어줍니다.

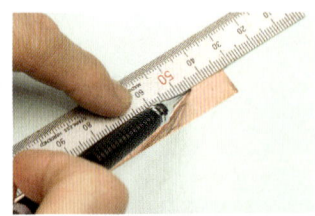

04 동판으로 식빵 틀을 만듭니다. 79쪽 도안을 참고하여 연필로 표시합니다.

식빵 틀 만들어 오븐에 굽기

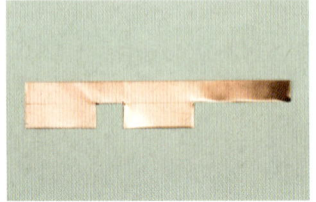

05 동판을 가위로 자릅니다.

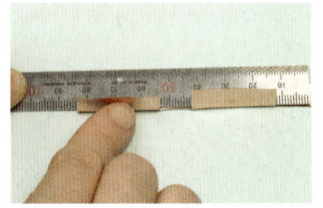

06 동판을 접어주세요. 동판을 접을 때는 쇠자를 이용하면 편리합니다.

07 식빵틀이 완성되었습니다.

08 파리네타 점토를 동그랗게 굴려서 네 덩어리로 만들어 놓습니다.

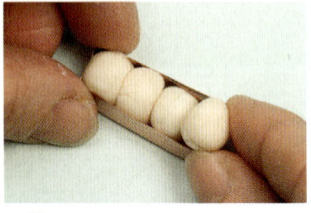

09 식빵틀 안에 동그랗게 빚어 놓은 점토를 차곡차곡 넣어줍니다.

10 오븐 토스터기에 잡곡빵과 식빵을 넣고 5분 정도 구워줍니다. 수시로 안을 확인하면서 더 구워야 할지를 결정합니다.

11 맛있는 빵이 구워졌습니다.

12 빵을 맛깔스럽게 표현하기 위해 밤색, 고동색, 황토색을 적당히 섞어

13 구워진 식빵 위에 채색을 시작합니다. 맛있게 구워진 색감을 내기 위해 황토색과 밤색을 섞어서 윗면에 칠해줍니다.

14 잡곡빵에도 채색을 합니다.

15 식빵이 완성되었습니다.

16 잡곡빵을 잘라보면 자연스럽게 빵의 입자가 표현된 것을 볼 수 있습니다.

17 한 입에 쏙 들어가게끔 적당한 간격으로 칼로 썰어줍니다.

18 고소한 냄새가 솔솔 날 것 같은 맛있는 빵이 완성되었습니다.

통판슈빵틀 실물 도안

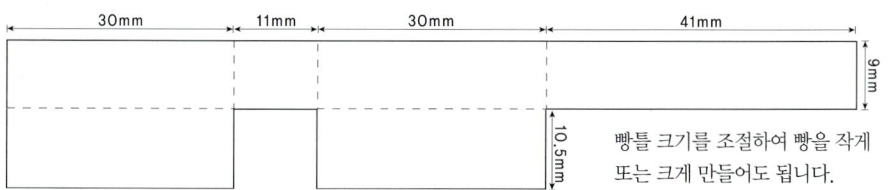

| 30mm | 11mm | 30mm | 41mm | 9mm |

10.5mm

빵틀 크기를 조절하여 빵을 작게 또는 크게 만들어도 됩니다.

다양한 종류의 빵을 만들어 미니어처 빵집을 열어보세요

1. 바나나 한 송이 만들기

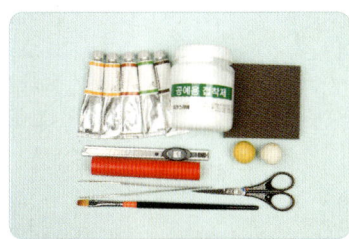

 준비물

♣ 점토 : 모데나, 하티
♣ 도구 : 공예용 접착제, 사포, 칼, 가위, 통밀대, 붓
♣ 물감 : 노란색, 황토색, 연두색, 밤색, 고동색

● 예상 재료비 : 2,000원~3,000원 | 예상 제작 시간 : 1시간~2시간 | 완제품을 사려면 얼마나 하죠? : 약 8,000원(벗긴 바나나 포함)

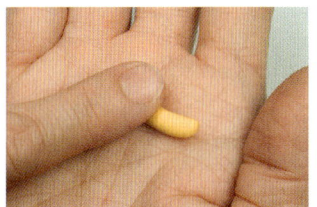

01 모데나 점토에 노란색과 황토색을 넣고 염색한 후, 바나나 모양으로 길게 굴려줍니다.

02 굴려놓은 바나나 점토를 살짝 구부려주고 꼭지는 몸통보다 가늘게 만듭니다. 바나나의 4면이 살짝 각이 지도록 만져주세요.

03 연두색 물감을 붓에 엷게 묻힌 후, 바나나의 꼭지와 아래쪽을 칠해 갓 딴 느낌을 표현합니다.

04 바나나가 익었을 때 생기는 반점을 표현하기 위해 밤색 물감이 묻은 납작붓을 세워서 칠해줍니다. 세필로 섬세하게 표현해도 됩니다.

05 바나나의 끝 부분은 진한 고동색으로 채색해줍니다. 낱개의 바나나가 완성됐습니다.

06 꼭지에 바나나를 만들던 점토를 붙여가며 낱개의 바나나를 연결합니다.

07 꼭지 부분도 고동색으로 자연스럽게 채색하면 바나나 한 송이가 완성됩니다.

 TIP 바나나를 쉽게 채색하는 법!

바나나 한 송이를 채색할 때는 낱개로 만들어 다 붙여준 후에 채색하면 편합니다.

2. 껍질 벗긴 바나나 만들기

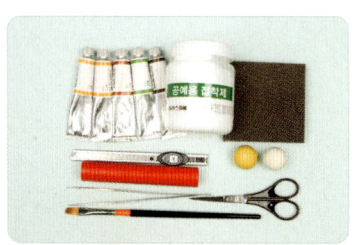

 **준비물**

♠ 점토 : 모데나, 하티

♠ 도구 : 공예용 접착제, 사포, 칼, 가위, 통밀대, 붓

♠ 물감 : 노란색, 황토색, 연두색, 밤색, 고동색

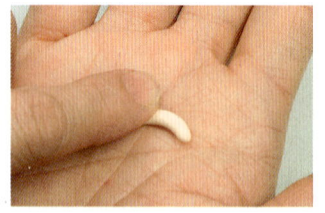

01 하티 점토에 황토색 물감을 아주 조금 넣고 염색한 후, 길게 굴려서 살짝 구부려줍니다.

02 바나나 속 점토가 건조되길 기다립니다.

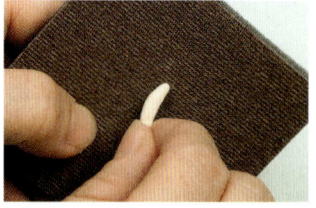

03 건조된 바나나 점토를 포슬포슬한 느낌이 나도록 사포로 갈아줍니다.

04 노란색으로 염색한 바나나 점토를 얇게 통밀대로 밀어주고 흰색의 점토도 통밀대로 얇게 밀어줍니다.

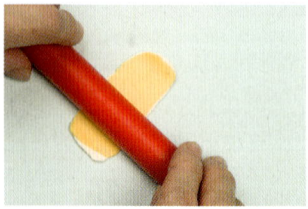

05 4번에서 밀어 놓은 두 점토를 한 겹으로 겹친 후 다시 통밀대로 밀어줍니다.

06 휘어진 바나나를 감싸줄 껍질의 모양으로 잘라줍니다.

07 3번의 바나나 속 점토를 6번의 오려놓은 바나나 껍질에 접착제를 바르고 잘 붙여줍니다. 점토가 남을 경우 가위로 깔끔하게 정리해주세요.

08 바나나 껍질이 건조되기 전에 살짝 뒤로 젖혀서 껍질을 까는 것처럼 표현해줍니다.

09 바나나 한 송이를 채색할 때와 같은 방법으로 벗긴 바나나도 채색해주세요.

10 껍질을 벗긴 바나나가 완성되었습니다.

여러 가지 과일과 채소를 만들어 보세요

여러 가지 과일과 채소입니다. 귤은 모데나 점토에 주황색과 노란색으로 염색한 후, 작고 동그랗게 만들어 살짝 납작하게 눌러줍니다.
바나나 껍질의 질감은 타월로 눌러 표현해줍니다.

11 음식을 더 맛깔나게 해주는 미니어처 접시

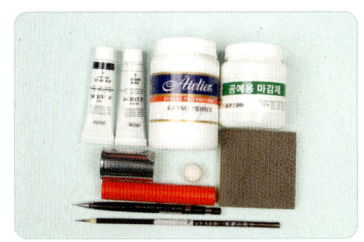

 준비물

♣ 점토 : 환도소프트

♣ 도구 : 젯소, 공예용 마감재, 스펀지 사포, 원형틀, 통밀대, 연필, 세필, 붓

♣ 물감 : 흰색, 푸른색 계열

● 예상 재료비 : 1,000원~2,000원 | 예상 제작 시간 : 1시간 | 완제품을 사려면 얼마나 하죠? : 약 5,000원~6,000원

01 환도소프트 점토를 통밀대로 밀어준 후

02 원형틀로 찍어줍니다.

03 스펀지 사포에 점토를 올려놓고 손으로 만져주거나 용기 뚜껑으로 눌러 접시 형태를 만들어줍니다.

04 건조된 점토를 사포에 갈아서 곱게 다듬은 다음

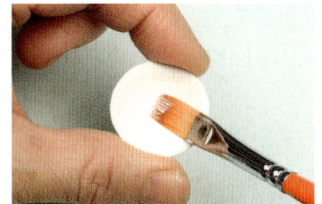

05 젯소를 칠한 후, 바탕색을 흰색으로 칠합니다.

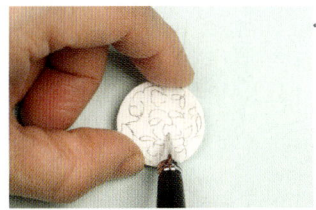

06 연필로 밑그림을 그린 후

07 세필로 푸른색 계열의 물감으로 얇게 채색해줍니다

08 좀 더 진한 색깔로 선을 그려 변화를 주고

09 마감재를 칠해줍니다.

10 반짝반짝 빛나는 접시가 완성되었습니다.

11 취향에 따라 여러 가지 그림을 그려 예쁜 접시를 만들어 보세요.

 TIP 접시가 예쁜 모양이 나오도록 건조하는 방법

접시를 만든 후 건조할 때는 가끔씩 뒤집어주면서 뒤틀린 부분을 수정하면 예쁜 모양의 접시를 만들 수 있습니다.

미니어처 가구로
꾸며보는 예쁜 나의 방

12. 세상에서 가장 편한 미니어처 패브릭 소파

13. 나만의 편안한 휴식처 미니어처 컨트리풍 플라워 침대

14. 읽고 싶은 책이 가득한 미니어처 화이트 장식장

15. 차 한 잔 마시고 싶은 미니어처 컨트리풍 탁자

16. 여자라면 꼭 갖고 싶은 미니어처 화장대

12 세상에서 가장 편한 미니어처 패브릭 소파

12 미니어처 패브릭 소파

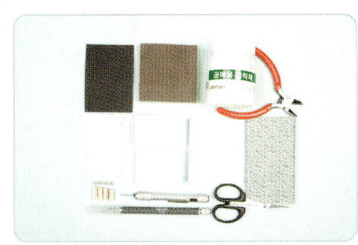

준비물

🔧 **도구** : 10mm 우드락, 천, 공예용 접착제, 강력접착제, 가위, 사선칼, 마분지, 종이 사포, 스펀지 사포,
6mm 원형 봉, 핀바이스, 침핀 4개, 니퍼

● 예상 재료비 : 4,000원~5,000원 | 예상 제작 시간 : 1시간 30분~2시간 | 완제품을 사려면 얼마나 하죠? : 약 15,000원~20,000원

도안대로 우드락 자르기

01 우드락의 등판 부분을 91쪽의 도안을 참고해 잘라줍니다.

02 도안대로 자른 후 사포로 갈아준 등판(1), 팔걸이(2), 방석(2)입니다.

 곡선 처리하기

등판은 곡선 처리를 예쁘게 하기 위해 위쪽 면을 사포로 부드럽게 문질러주고, 팔걸이도 위쪽 부분을 살짝 갈아줍니다. 방석은 2개 중에 윗면만 갈아서 정리합니다.

03 팔걸이의 윗부분에 사포를 감싸준 후 등판과 팔걸이가 붙게 될 부분을 갈아줍니다.

천 붙이기

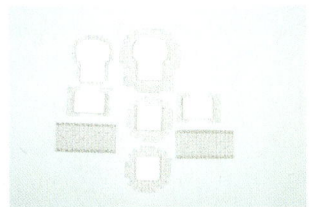

04 우드락을 감쌀 천은 우드락보다 약 15mm 정도 여유를 주어 재단합니다.

05 팔걸이(2장)의 앞 · 뒷면에 천을 붙여줄 때 가윗밥을 주면 투박하지 않게 붙일 수 있습니다.

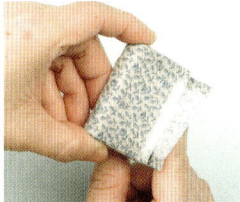

06 우드락에 시접을 준 천을 접착제를 바르고 붙여줍니다. 이때 마무리는 사진처럼 아래쪽으로 해야 소파가 완성됐을 때 시접이 감춰집니다.

07 등판(1), 팔걸이(2), 방석(2)을 천으로 감싸놓습니다. 등판의 뒷면은 등판 우드락보다 약 2mm 정도 작게 마분지에 그려 재단한 후, 천을 감싸줍니다.

 다양한 느낌의 소파 만들기

소파를 만들 때 사포로 갈아주지 않고 각이 지게 하여 만들면 현대적인 심플한 느낌의 소파를 만들 수 있습니다. 또한 등받이 가장자리와 양쪽 팔걸이 앞부분에 나무로 조각해 붙여주면 고급스런 느낌의 소파를 만들 수 있습니다.

소파 다리 만들기

08 다리는 원형 봉을 사선칼로 깎아서 모양을 내준 후

09 사포로 다듬어줍니다. 같은 방법으로 모두 4개를 만듭니다.

10 다리 위쪽의 가운데 부분에 핀바이스로 침핀이 들어갈 구멍을 뚫어줍니다.

11 구멍에 접착제를 바른 침핀을 꽂아줍니다. 약 7mm~10mm 정도의 길이를 남겨두고 나머지는 니퍼로 자릅니다.

T.i.p 소파 다리 쉽게 만드는 법

소파의 다리를 깎아주려면 원형 봉이 짧기 때문에 작업하기가 불편합니다. 이럴 때는 6mm 봉을 자르지 말고 연필로 선을 그어 조각한 후 사포로 부드럽게 갈아줍니다. 그 후 톱으로 자르고 다시 다리를 만드는 방법으로 소파 다리를 만들면 작업하기가 쉬워요.

소파 조립하기

12 방석 두 개를 접착제로 붙여줍니다.

13 등판과 방석을 붙인 후 양쪽 팔걸이를 붙여줍니다.

14 마분지에 천을 붙여놓은 천을 등판 뒷면에 붙입니다.

15 소파 다리를 붙여 줄 부분에 핀바이스로 구멍을 뚫어줍니다.

16 다리에 강력접착제를 바른 후 뚫어 놓은 구멍에 꽂아 잘 접착시킵니다.

17 폭신한 소파가 완성되었습니다.

2~3인용 소파도 만들어 보세요

위와 같은 방법으로 등판의 가로 길이만 다르게 하면 2~3인용 소파도 만들 수 있습니다. 사진처럼 소파 아랫부분의 천에 주름을 잡아 붙여 색다른 느낌의 소파를 만들어보세요.

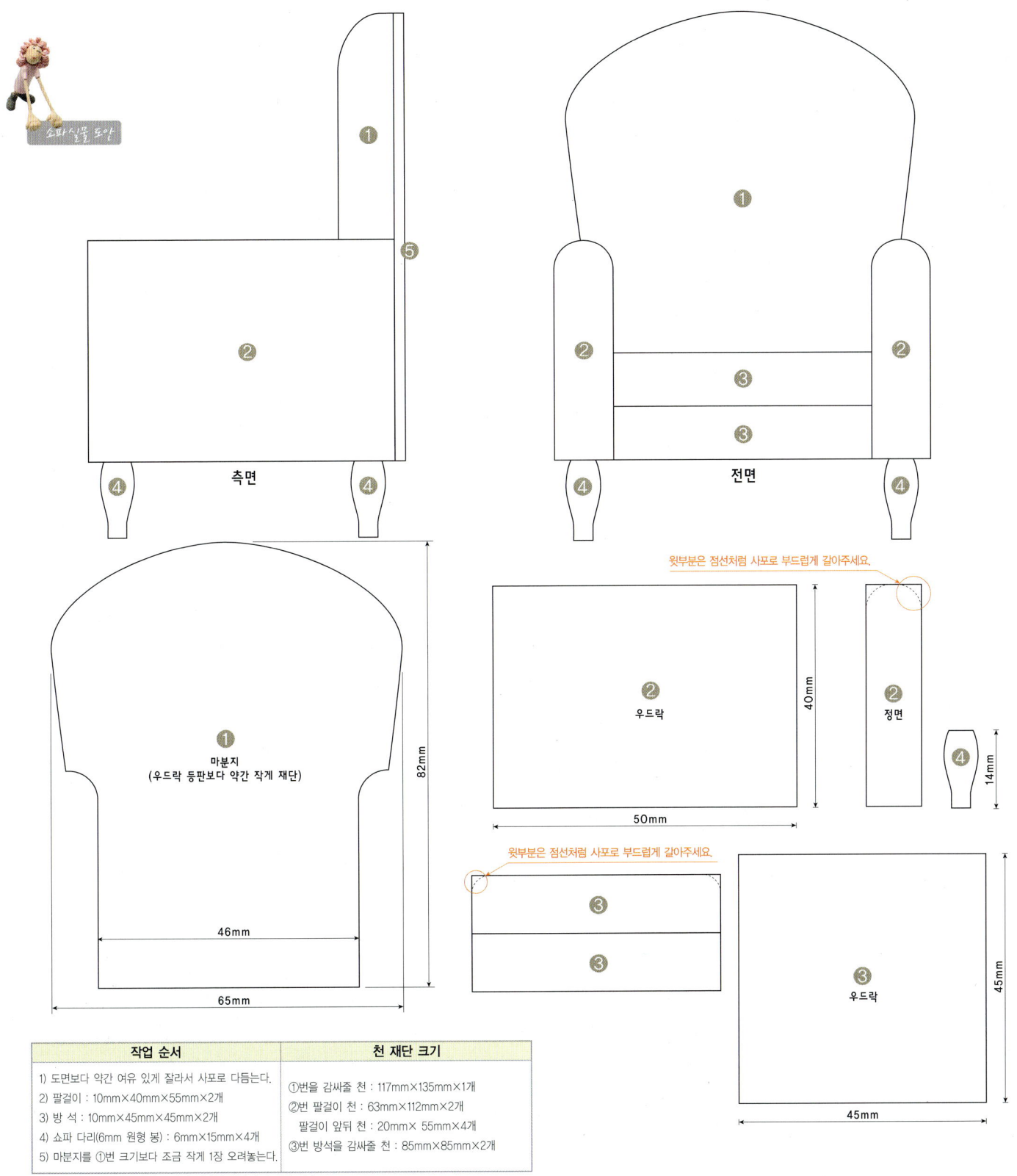

소파실물 도안

① ⑤

② 측면

④ ④

① 전면

② ③ ③ ④ ②

④ ④

윗부분은 점선처럼 사포로 부드럽게 갈아주세요.

① 마분지
(우드락 등판보다 약간 작게 재단)

82mm

46mm

65mm

② 우드락

50mm

40mm

② 정면

④ 14mm

윗부분은 점선처럼 사포로 부드럽게 갈아주세요.

③ ③

③ 우드락

45mm

45mm

작업 순서	천 재단 크기
1) 도면보다 약간 여유 있게 잘라서 사포로 다듬는다.	①번을 감싸줄 천 : 117mm×135mm×1개
2) 팔걸이 : 10mm×40mm×55mm×2개	②번 팔걸이 천 : 63mm×112mm×2개
3) 방 석 : 10mm×45mm×45mm×2개	팔걸이 앞뒤 천 : 20mm× 55mm×4개
4) 쇼파 다리(6mm 원형 봉) : 6mm×15mm×4개	③번 방석을 감싸줄 천 : 85mm×85mm×2개
5) 마분지를 ①번 크기보다 조금 작게 1장 오려놓는다.	

※ 우드락은 사포질에 따라 크기가 약간씩 달라질 수 있습니다.

13 나만의 편안한 휴식처 미니어처 컨트리풍 플라워 침대

13 컨트리풍 플라워 침대

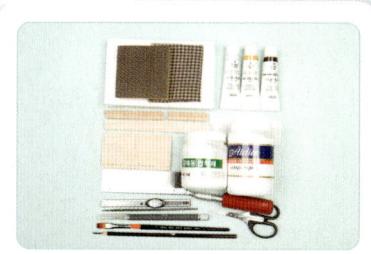

 준비물

♣ 도구 : 6mm 각재, 3mm 발사나무, 10mm 우드락, 천, 사포, 사선칼, 칼, 가위, 직각판, 공예용 접착제, 마분지, 미니톱, 줄, 젯소, 붓, 세필

♠ 물감 : 흰색, 황토색, 고동색

● 예상 재료비 : 8,000원~9,000원 | 예상 제작 시간 : 2시간 30분~3시간 | 완제품을 사려면 얼마나 하죠? : 약 35,000원~40,000원

도안대로 자르고 조각하기

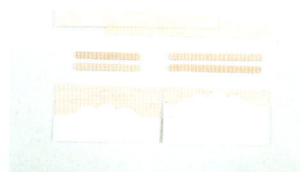

01 발사나무를 도안에 맞게 재단합니다. (95쪽 도안 참고)

02 침대 바닥이 될 부분에 쓰일 우드락을 2장 준비한 후, 한 장은 가장자리를 사포로 둥그렇게 갈아주세요.

03 침대 다리에 조각할 부분을 연필로 표시한 후

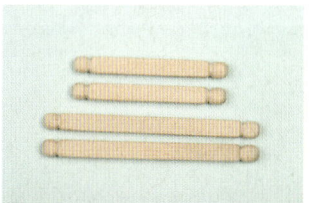

04 다리에 표시한 부분을 사선칼로 깎아준 다음, 줄로 홈이 파인 부분을 갈아준 후 사포로 부드럽게 다듬어줍니다.

침대 조립하기

05 침대의 머리 부분과 아래 부분에 다리를 접착제로 붙여줍니다. 직각판을 이용하면 편리하게 조립할 수 있습니다.

06 침대의 머리 부분에 옆면을 붙입니다. 바닥이 될 부분은 가장자리를 갈지 않은 우드락으로 붙이면 됩니다.

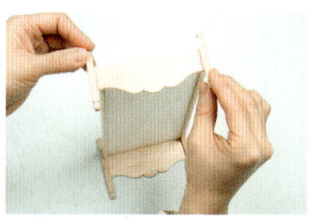

07 침대의 아래 부분도 접착제로 붙여줍니다.

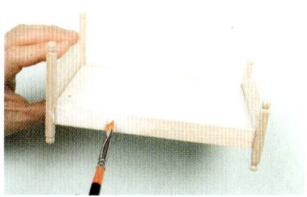

08 젯소를 골고루 발라주세요.

침대 채색하기

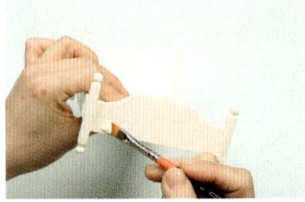

09 흰색 물감에 황토색 물감을 아주 조금 넣고 섞은 다음 채색합니다.

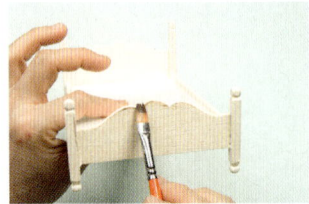

10 고가구 느낌이 나도록 가장자리에 고동색 물감을 살짝 터치합니다.

11 터치한 부분을 손으로 문질러 자연스런 분위기를 연출합니다.

12 연필로 꽃 모양의 밑그림을 그립니다.

13 꽃은 흰색으로 채색하고

14 꽃 주변의 잎과 선은 고동색으로 채색해줍니다.

15 채색이 끝났습니다.

16 사포로 가장자리를 갈아준 우드락에 접착제를 발라 천을 감싸준 후

17 침대에 깔아주면 엔틱 플라워 침대가 완성됩니다.

다양한 디자인의 침대를 만들어보세요.

침대의 머리부분과 아랫부분의 디자인을 다르게 변형하거나 다리를 조각할 때 변화를 주면 또 다른 분위기의 침대를 만들 수 있습니다.

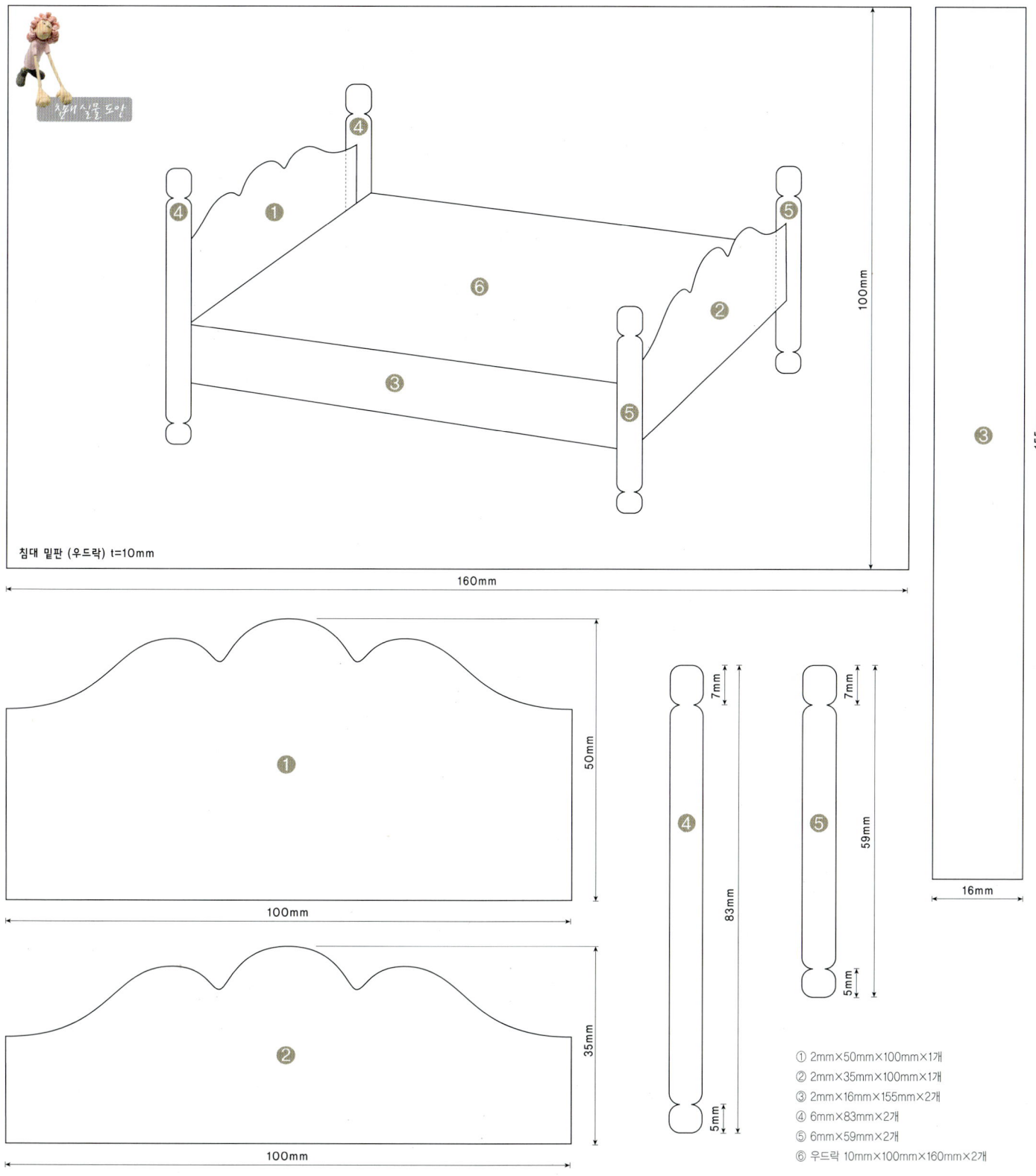

침대 밑판 (우드락) t=10mm

100mm

160mm

155mm

16mm

50mm

100mm

35mm

100mm

7mm

7mm

83mm

59mm

5mm

5mm

5mm

① 2mm×50mm×100mm×1개
② 2mm×35mm×100mm×1개
③ 2mm×16mm×155mm×2개
④ 6mm×83mm×2개
⑤ 6mm×59mm×2개
⑥ 우드락 10mm×100mm×160mm×2개

14 읽고 싶은 책이 가득한 미니어처 화이트 장식장

14 미니어처 화이트 장식장

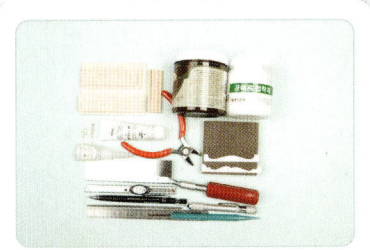

준비물

♣ 도구 : 3mm 발사나무, 5mm 각재, 미니톱, 사포, 줄, 연필, 자, 마분지, 칼, 직각판, 공예용 접착제, 강
력접착제, 스테인, 송곳, 가구 손잡이, 핀바이스, 침핀 4개, 니퍼

♣ 물감 : 흰색

● 예상 재료비 : 12,000원~13,000원 | 예상 제작 시간 : 3시간 | 완제품을 사려면 얼마나 하죠? : 약 60,000원

장식장의 위쪽 장 만들기

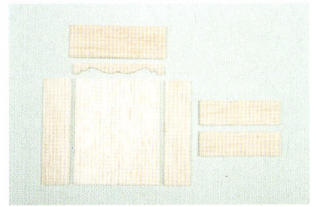

01 99쪽의 도안을 참고해 나무를 재단한 후, 나무판 전체를 사포로 갈아줍니다. 크기가 줄지 않게 가장자리는 갈지 않습니다.

02 책장의 뒤판이 될 부분을 연필로 8등분으로 그어줍니다. 등분은 원하는 대로 더 나눠줘도 됩니다.

03 연필로 표시한 선을 따라 송곳으로 홈이 살짝 파이도록 그어줍니다.

04 장식장의 안쪽은 스테인으로, 바깥쪽은 흰색 물감으로 칠해줍니다.

05 책장 뒤판의 왼쪽 측면을 먼저 붙인 후, 두 장의 선반도 붙이고 오른쪽 측면도 붙여줍니다.

06 가구 맨 위의 상판을 붙여줍니다.

07 상판 밑의 장식 부분을 붙이면 위쪽 장이 완성됩니다.

아래쪽 장 만들기

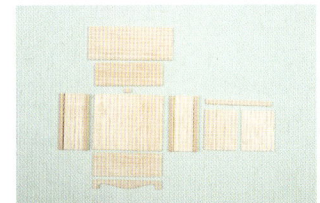

08 나무를 도안대로 재단한 후 사포로 갈아줍니다.

09 아래쪽 장은 다 흰색으로 칠합니다.

10 아래쪽 장의 양쪽 측면(그림의 7번)이 될 부분(2개)을 발사나무 양쪽에 5mm 각재를 붙여줍니다.

11 먼저 뒤판 왼쪽 측면에 나무를 붙이고 문짝의 바로 윗면(그림의 9번)을 마저 붙입니다.

12 나무판(그림의 11번)을 아래쪽에 붙여줍니다.

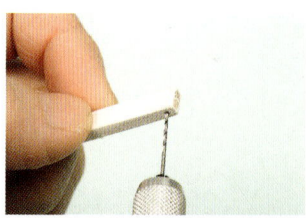

13 문짝의 윗부분(그림의 9번)에 핀바이스로 구멍을 뚫어줍니다.

14 뚫어 놓은 구멍에 침핀을 꽂아준 후, 약 5mm만 남기고 니퍼로 정리합니다.

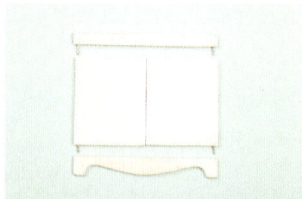

15 사진처럼 침핀 4개를 꽂아줍니다. 이때 문짝의 위아래와 문짝의 아래쪽 문양(그림의 14번) 부분에도 침핀을 꽂을 자리를 핀바이스로 뚫어주세요.

16 핀바이스로 뚫어준 구멍에 침핀을 꽂을 때는 문이 열리고 닫혀야 하므로 접착제를 바르지 않습니다.

17 만들어 놓은 문짝을 붙여줍니다.

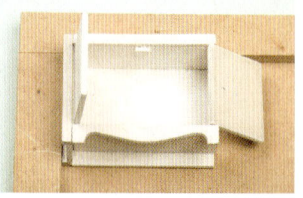

18 문 지지대(그림의 12번)를 안쪽 중앙(그림의 11번 끝부분)에 붙여줍니다.

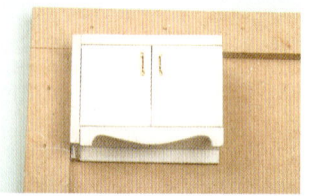

19 문짝의 손잡이는 강력접착제로 붙입니다.

20 오른쪽 측면(그림의 7번)을 붙여줍니다.

21 상판을 붙여주면 아래쪽 장이 완성됩니다.

22 위쪽 장과 아래쪽 장을 공예용 접착제로 붙여줍니다.

23 소품을 채워 완성한 장식장입니다.

다양한 장식장을 만들어 보세요

장식 문양에 변화를 주거나 서랍 등을 넣어주면 또 다른 분위기를 연출할 수 있습니다.

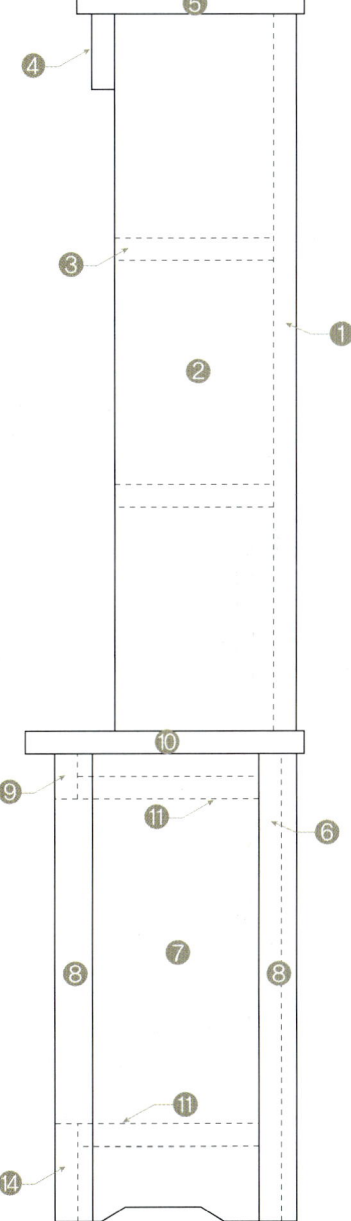

① 뒤판

② 뒤판

④

측면

⑥ 뒤판

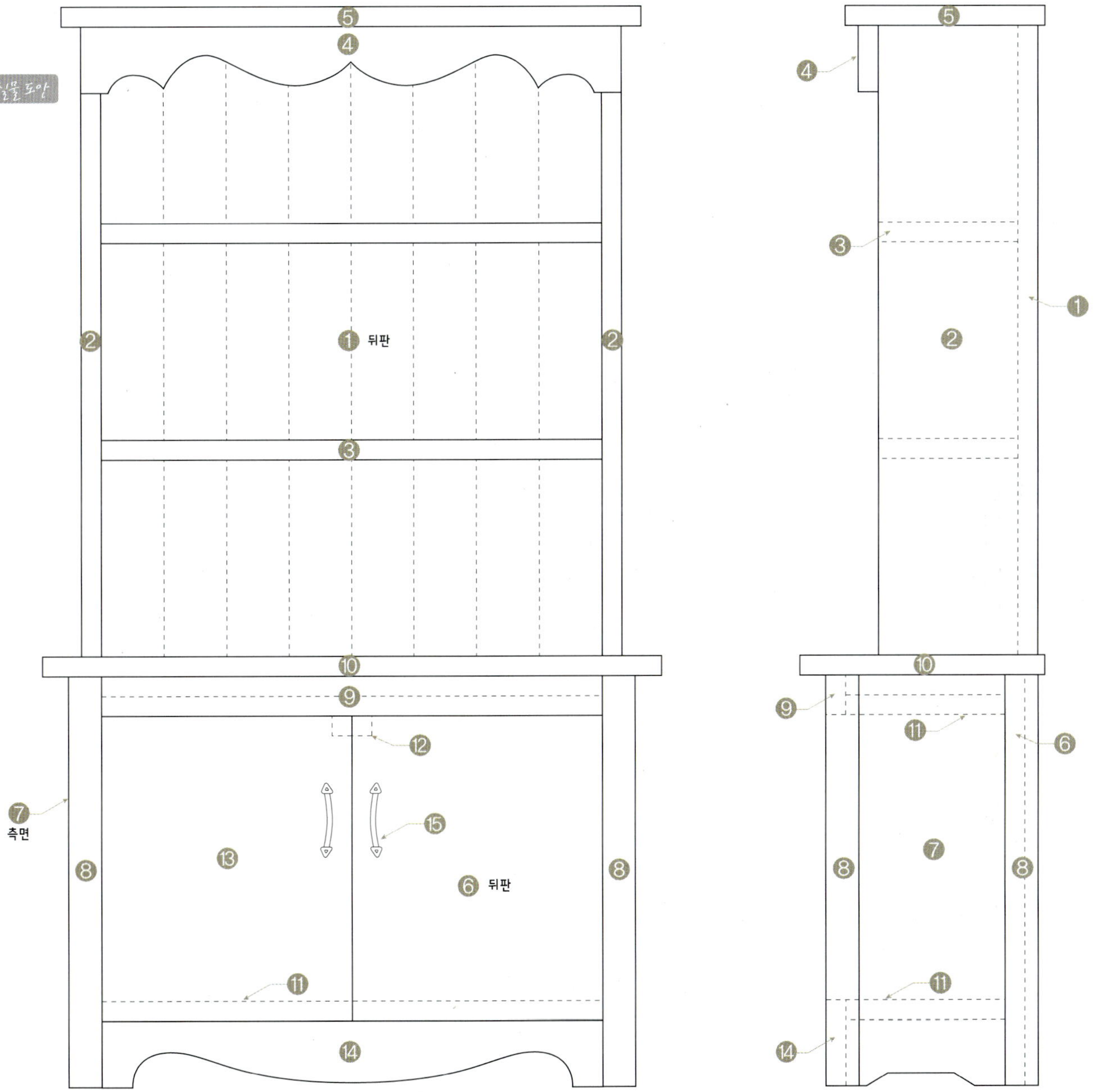

① 뒤판 3mm×76mm×95mm×1개
　　8등분으로 선을 나누어 도구로 홈을 파주세요.
② 위 측면 3mm×24mm×95mm×2개
③ 선반 3mm×22mm×76mm×2개
④ 전면 위 무늬 3mm×10mm×82mm×1개
⑤ 윗판 3mm×30mm×88mm×1개
⑥ 아래 뒤판 3mm×62mm×76mm×1개
⑦ 아래 측면 3mm×22mm×62mm×2개

⑧ 다리 5mm×62mm×4개
⑨ 아래 문짝 위 3mm×6mm×76mm×1개
⑩ 아래쪽 상판 3mm×37mm×94mm×1개
⑪ 아래쪽 속판 3mm×26mm×76mm×2개
⑫ 문 지지대 3mm×3mm×6mm×1개
⑬ 문 3mm×38mm×46mm×2개
⑭ 아래 곡선 문양 3mm×10mm×76mm×1개

15 미니어처 컨트리풍 탁자

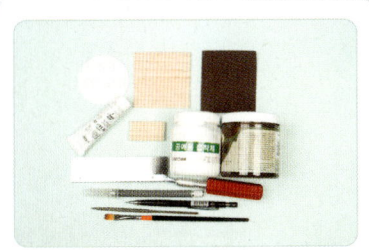

 준비물

♣ 도구 : 3mm 발사나무, 6mm 각재, 사선칼, 사포, 줄, 스테인, 붓, 공예용 접착제, 연필, 마분지, 미니톱
♣ 물감 : 흰색

● 예상 재료비 : 6,000원~7,000원 | 예상 제작 시간 : 2시간 | 완제품을 사려면 얼마나 하죠? : 약 20,000원

도안대로 나무 자르기

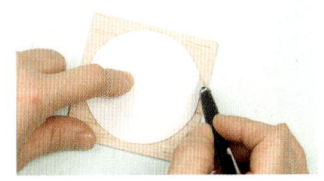

01 마분지에 지름 67mm 원형(103 쪽 도안 참고)을 그린 후 오려서 발사나무에 대고 그립니다.

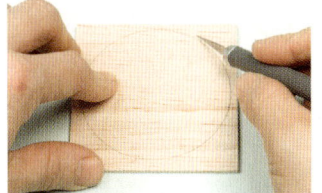

02 사선칼로 발사나무 원형보다 조금 크게 잘라줍니다.

03 잘라준 원형 발사나무를 세워서 끝 부분을 사포로 갈아줍니다.

04 다리가 될 6mm 각재 4개를 미니톱으로 45mm의 길이로 잘라줍니다.

05 깎아 줄 부분을 연필로 표시한 후 사선칼로 깎아줍니다.

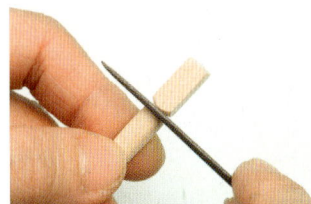

06 줄로 다듬어주세요.

07 사포로 곱게 정리합니다.

08 이렇게 탁자 다리를 모두 4개 준비합니다.

조립하기

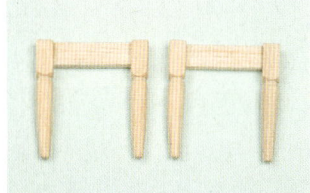

09 다리를 이어줄 나무 조각(2번 그림)을 준비해 다리와 나무 조각을 사진처럼 붙입니다.

10 나무 조각(그림의 2번)을 마저 붙여 연결해줍니다.

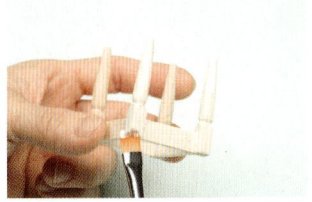

11 붙여 놓은 다리 부분 전체를 흰색 물감으로 칠해줍니다.

12 탁자의 상판을 스테인으로 칠 해주세요.

13 만들어 놓은 다리를 상판에 붙여줍니다.

14 원형 탁자가 완성되었습니다.

15 완성한 탁자에 과일이나 그릇을 만들어 올려 놓아 멋진 분위기를 연출해보세요.

다양한 모양의 탁자를 만들어 보세요

상판을 직사각형으로 하거나 타원형으로 변형해 개성 넘치는 탁자를
만들어보세요. 다리는 시중에서 미니어처용으로 판매하는 것을 이용
하면 좀 더 쉽고 편하게 만들 수 있습니다.

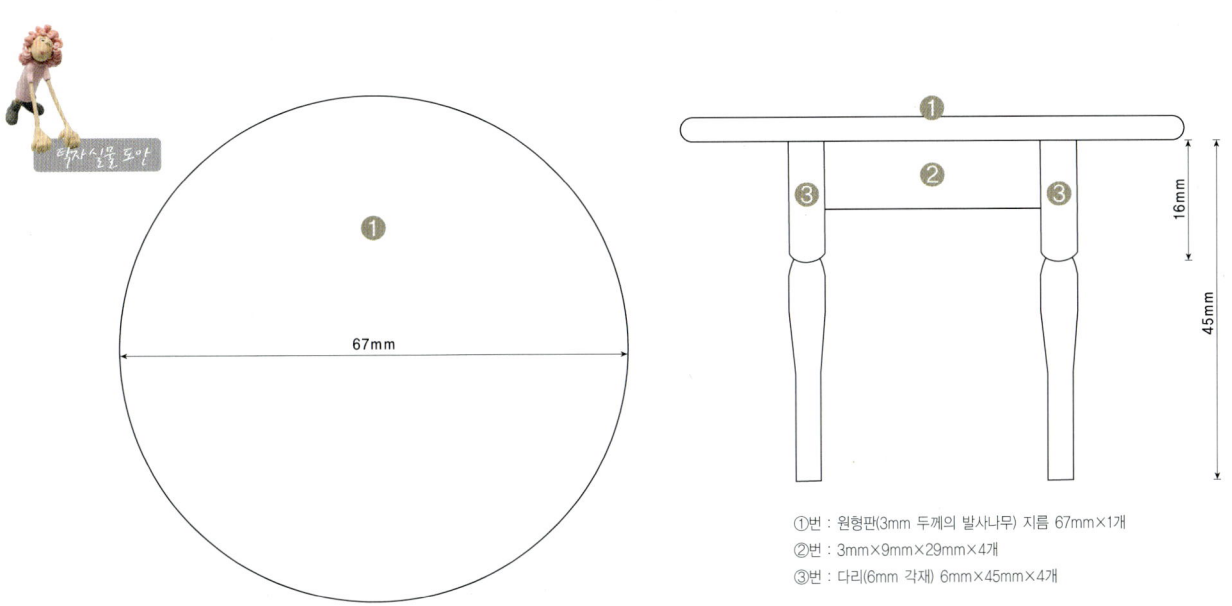

①번 : 원형판(3mm 두께의 발사나무) 지름 67mm×1개

②번 : 3mm×9mm×29mm×4개

③번 : 다리(6mm 각재) 6mm×45mm×4개

16 여자라면 꼭 갖고 싶은 미니어처 화장대

1. 화장대 탁자 만들기

♣ 도구: 사포, 공예용 접착제, 2mm 바스우드, 6mm 각재, 거울, 톱과 미터박스, 자, 연필, 붓, 사선칼, 줄, 서랍 손잡이, 강력접착제, 우드락, 천, 마분지

♣ 물감: 흰색, 황토색, 고동색

● 예상 재료비 : 12,000원~13,000원 | 예상 제작 시간 : 3시간~4시간 | 완제품을 사려면 얼마나 하죠? : 약 50,000원

도안대로 재단하기

01 6mm 각재를 톱으로 자른 후, 조각할 부분을 연필로 표시합니다. 같은 방법으로 다리를 4개 준비합니다.

02 연필로 표시한 부분을 사선칼로 깎아준 후 홈이 파인 부분은 줄로 갈아줍니다. 이어서 사포로 곡선 부분을 부드럽게 갈아줍니다.

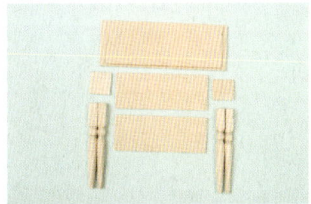

03 화장대 탁자를 만들 나무를 도안대로(109쪽 참고) 재단합니다.

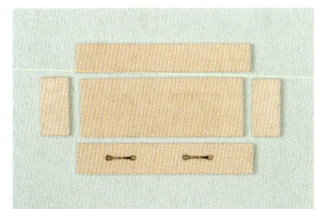

04 서랍도 도안대로(109쪽 참고) 재단합니다.

조립하기

05 직각판을 이용해 화장대의 다리를 접착제로 붙여줍니다. 같은 방법으로 하나 더 만들어 둡니다.

06 접착제로 서랍도 붙여줍니다.

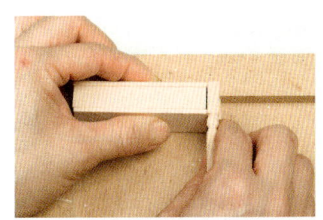

07 서랍의 위(그림의 3번)와 아래판(그림의 3번)을 끼우고, 5번 과정에서 만들어 놓은 다리를 오른쪽에 붙입니다.

08 왼쪽 다리도 붙입니다.

09 상판 두 장을 붙여주고

10 붙인 상판의 끝을 사포로 부드럽게 갈아주세요.

11 8번 위에 10번의 상판을 붙여줍니다.

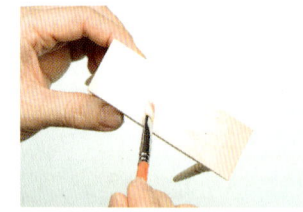

12 흰색 물감에 황토색 물감을 조금 넣어 색을 만든 후, 채색을 시작합니다.

13 서랍 손잡이에 강력접착제를 바르고

14 손잡이를 적당한 간격으로 붙여줍니다.

화장대 거울 만들기

15 거울은 도안대로 마분지에 본을(109쪽 참고) 그린 다음 바스우드에 대고 옮겨 그립니다.

16 화장대 거울 만들 재료를 준비합니다.

17 마분지에 재단해 놓은 나무를 붙입니다.

18 나무를 다 붙여주면

19 흰색 물감에 황토색 물감을 아주 조금 넣고 색을 만들어 칠해줍니다.

20 채색이 끝나면 사포로 다시 갈아준 후

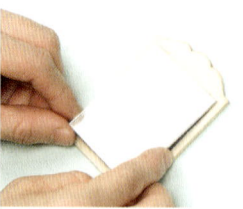

21 접착제로 거울을 붙이면

22 화장대 거울이 완성됩니다.

2. 화장대 의자 만들기

 준비물

♣ 도구 : 5mm 우드락, 천, 6mm 각재, 2mm 바스우드, 공예용 접착제, 사선칼, 연필, 미니톱, 사포, 붓

♣ 물감 : 흰색, 황토색

● 예상 재료비 : 3,000원~4,000원 │ 예상 제작 시간 : 1시간 30분~2시간 │ 완제품을 사려면 얼마나 하죠? : 약 10,000원~15,000원

화장대 의자 다리 조립하기

01 다리는 조각할 부분을 연필로 표시합니다.

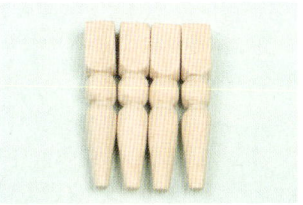

02 먼저 사선칼로 둥글게 깎아주고, 둥근 면은 사포로 갈아줍니다. 홈이 파인 부분은 줄로 갈아줍니다. 같은 방법으로 다리 4개를 준비합니다.

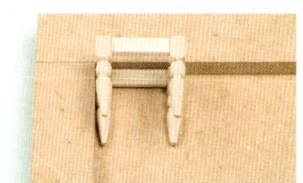

03 접착제로 다리를 붙여줍니다.

04 접착제로 잘라놓은 우드락과 바스우드를 붙입니다.

의자에 천 붙이기

05 사포로 가장자리를 갈아서 부드럽게 다듬은 후

06 접착제를 바르고 천을 붙여줍니다.

07 천을 뒤로 넘긴 후

08 두껍게 겹치는 부분은 가위로 제거해 깔끔하게 마무리합니다.

채색하여
완성하기

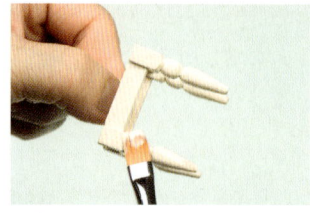

09 다리를 화장대를 칠한 색과 같은 색으로 칠해줍니다.

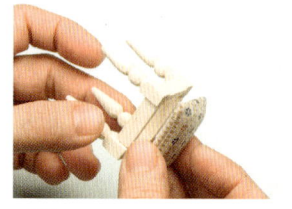

10 다리와 방석을 접착제로 붙여 주면

11 화장대 의자가 완성됩니다.

12 앞서 만든 탁자와 거울, 의자 를 배치해 화장대 세트를 완 성하세요.

다양한 디자인의 화장대 만들기

문양이나 도안을 다르게 해서 더 예 쁜 화장대를 만들어 보세요.

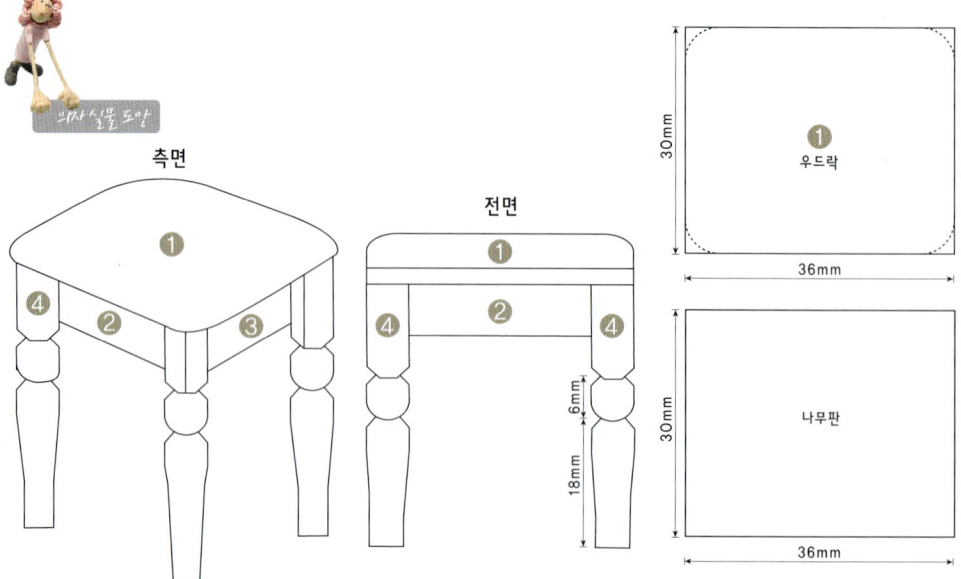

의자 실물 도안

측면

전면

6mm
18mm

우드락을 사포로 부드럽게 갈아주세요

우드락과 바스우드를 함께 붙여줍니다.

30mm
① 우드락
36mm

30mm
나무판
36mm

탁 자	① 2mm×35mm×97mm×1개
	② 2mm×31mm×87mm×1개
	③ 2mm×27mm×70mm×2개
	④ 다리(6mm 각재) (6mm×64mm×4개)
	⑤ 옆면 2mm×16mm×16mm×2개
서 랍	⑥ 앞판 2mm×12mm×70mm×1개
	⑦ 뒷판 2mm×11mm×70mm×1개
	⑧ 밑판 2mm×22mm×66mm×1개
	⑨ 옆면 2mm×11mm×22mm×2개
	⑩ 손잡이
거 울	⑪ 거울 49mm×53mm×1개
	⑫ 2mm×14mm×59mm×1개
	⑬ 2mm× 5mm×65mm×2개
	⑭ 2mm× 5mm×59mm×1개
	⑮ 마분지 59mm×84mm×1개

정면

측면

⑫

⑬ ⑪ ⑬
거울

⑭
① ①
② ②
③
⑩ ⑥ ⑩
④ ④ ④ ⑤ ④

③

20mm
7mm
64mm

84mm

⑮
마분지

59mm

서랍

⑦
⑨ ⑧ ⑨
⑥

손님을 부르는
미니어처 앞마당

17. 물을 가득 담아도 튼튼한 미니어처 양동이

18. 정원을 촉촉하게 해주는 물뿌리개

19. 날카로운 가시가 살아있는 미니어처 선인장

20. 말끔하게 청소해요. 미니어처 빗자루와 쓰레받기

21. 요정이 앉아 쉴 것 같은 미니어처 벤치

17 물을 가득 담아도 튼튼한 미니어처 양동이

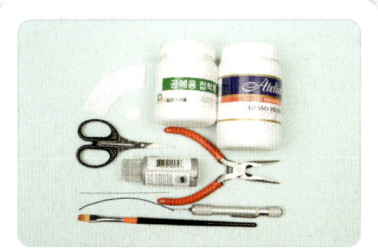

준비물

♣ **도구** : 마분지, 공예용 접착제, 젯소, 가위, 펜치, 와이어, 왁스 끈, 핀바이스, 붓
♣ **물감** : 은색 에나멜

● 예상 재료비 : 500원~1,000원 | 예상 제작 시간 : 30분 | 완제품을 사려면 얼마나 하죠? : 약 3,000원~4,000원

양동이 몸체 만들기

01 114쪽의 도안대로 재단한 마분지를 붓을 이용해 둥글게 굴려준 후

02 양동이의 바닥이 될 원형과 옆면을 공예용 접착제로 동시에 붙여줍니다.

03 바닥과 옆면을 붙여준 양동이입니다.

04 양동이의 윗부분에 접착제로 왁스 끈을 붙입니다.

TIP 다양한 양동이 만들기

원통형으로 마분지를 붙이고 마분지 뚜껑에 점토로 살을 붙입니다. 채색 후 글씨 등을 넣어주면 멋진 컨추리 스타일의 용기를 만들 수 있습니다.

채색하기

05 착색이 잘되고 작품이 튼튼해지도록 하기 위해 젯소를 발라줍니다.

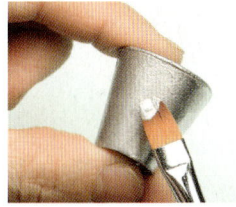

06 젯소가 건조되면 은색 에나멜로 칠해주세요.

07 손잡이를 넣을 부분에 핀바이스로 구멍을 뚫어줍니다.

손잡이 만들어 완성하기

08 손잡이는 에나멜통을 이용해 와이어를 구부린 후

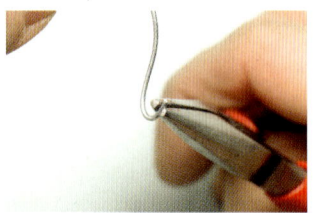

09 펜치로 와이어의 끝 부분을 바깥쪽으로 구부려 줍니다.

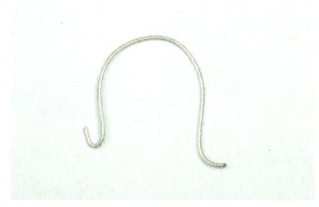

10 한 쪽은 구부려 놓고 한 쪽은 반만 구부려 놓습니다.

Tip 손잡이를 쉽게 끼우는 방법

양쪽을 다 구부려 놓으면 구멍에 끼워 넣기가 어려우므로 한쪽 먼저 끼우고 나머지는 구멍에 넣은 후에 펜치로 구부려주는 것이 편합니다.

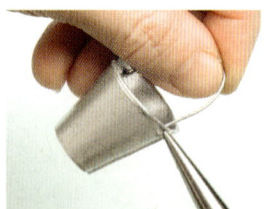

11 뚫어 놓은 구멍에 구부려 놓은 와이어의 한 쪽을 먼저 끼워주고

12 나머지 한 쪽을 반대편 구멍에 끼워 와이어가 빠져나오지 않도록 마저 구부려 양동이를 완성합니다.

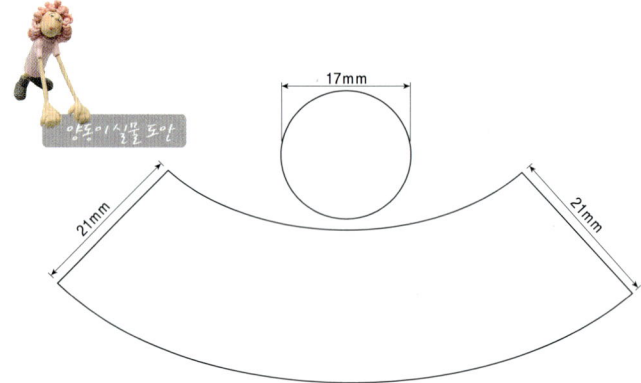

양동이실물도안

17mm

21mm   21mm

다양한 디자인의 양동이를 만들어 보세요

앞에서 만들어본 양동이의 기본형에서 크기를 바꿔주거나 채색을 달리하면 다양한 느낌의 양동이를 만들 수 있습니다.

18 정원을 촉촉하게 해주는 물뿌리개

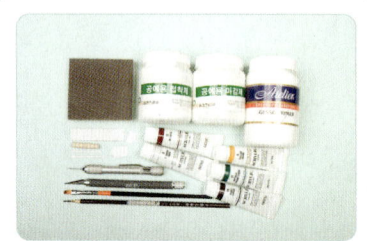

준비물

♣ 도구 : 마분지, 6mm 원형 봉, 공예용 접착제, 공예용 마감재, 붓, 세필, 사포, 핀바이스, 사선칼, 젯소
♣ 물감 : 흰색, 빨간색, 황토색, 녹색, 고동색

● 예상 재료비 : 1,000원~2,000원 | 예상 제작 시간 : 1시간 | 완제품을 사려면 얼마나 하죠? : 약 6,000원~7,000원

도안대로 자른 후 조립하기

01 물뿌리개 몸통 부분은 117쪽의 도안을 참고해 잘라놓은 마분지를 둥글게 말아준 후 접착제로 붙여 만듭니다.

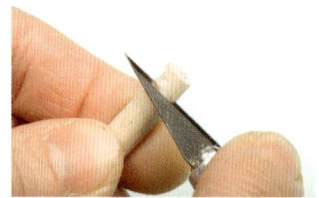

02 6mm 원형 봉은 사선칼을 사용해 수구 모양으로 끝에서 안쪽으로 조심스럽게 깎아주고, 중간 부분은 연필을 깎을 때처럼 깎아줍니다.

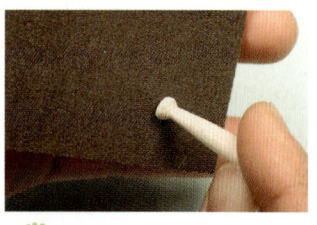

03 깎아준 원형 봉을 사포로 부드럽게 다듬어 줍니다.

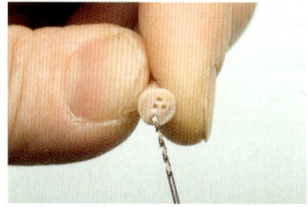

04 물뿌리개의 수구 부분에 핀바이스로 구멍을 5~6개 뚫어줍니다.

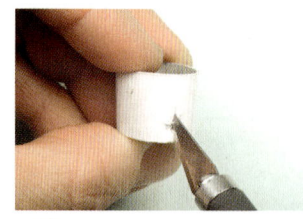

05 원형 봉을 끼울 부분에 칼집을 내고

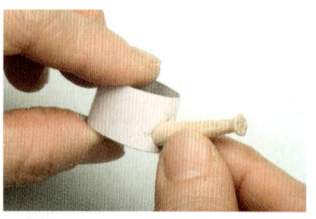

06 원형 봉에 접착제를 바른 다음 칼집을 내준 곳에 꽂아 고정합니다.

tip 수구는 점토로 만들어도 좋아요!

나무를 깎아서 물뿌리개의 수구를 만드는 것이 번거롭고 어렵다면 수지 점토나 석분 점토로 살을 붙여서 만들어도 좋습니다.

07 도안을 참고해 잘라놓은 마분지 뚜껑을 물뿌리개 위쪽에 붙여 덮어줍니다.

08 뒤쪽의 손잡이를 공예용 접착제로 붙이고

09 위쪽의 손잡이도 접착제로 붙여주세요.

채색하여 완성하기

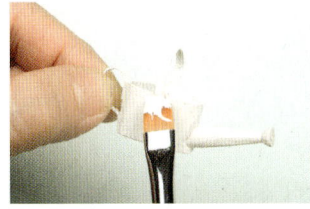

10 완성한 물뿌리개 전체를 젯소로 발라줍니다.

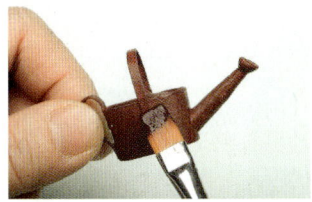

11 젯소가 마르면 빨간색과 밤색을 섞어 채색을 시작합니다.

12 흰색에 황토색을 조금 섞은 물감으로 직사각형을 그려줍니다.

13 세필로 꽃과 잎을 그립니다. 취향에 따라 다르게 그려도 됩니다.

14 마감재를 칠해 광택을 줍니다.

15 물뿌리개를 완성하였습니다.

물조리개

바닥
12mm
21.5mm

뚜껑
15mm
10mm

원형 봉
26mm
6mm

손잡이
2.5mm
36mm
44mm

몸통
15mm
65mm

다양한 디자인의 물뿌리개를 만들어 보세요

물뿌리개를 다른 색상으로 칠하거나 크기를 달리해서 약간의 변화를 주어도 예쁜 물뿌리개를 만들 수 있습니다.

19 날카로운 가시가 살아있는 미니어처 선인장

19 미니어처 선인장

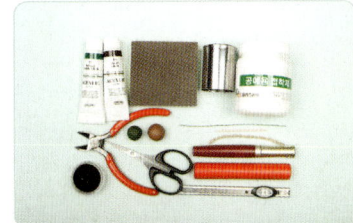

 준비물

♠ **점토** : 모데나, 밤색 플러스 점토
♠ **도구** : 원형틀, 공예용 접착제, 와이어, 마끈, 가위, 니퍼, 원두커피 가루, 통밀대, 칼, 스틱형 화장품 용기, 이쑤시개, 사포
♠ **물감** : 녹색, 밤색

● 예상 재료비 : 1,500원~2,000원 │ 예상 제작 시간 : 1시간 │ 완제품을 사려면 얼마나 하죠? : 약 5,000원~7,000원

화분 만들기

01 밤색 플러스 점토를 통밀대로 밀어준 후, 원형틀로 찍어주세요.

02 화분 모양을 쉽게 만들 수 있도록 긴 스틱형 화장품 용기에 원형 틀로 찍어낸 점토를 덮어서 주름이 잡히는 부분을 문질러 평평하게 해줍니다.

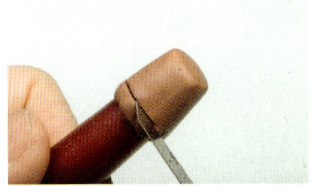

03 칼로 가장자리를 잘라 화분 모양으로 정리한 후, 점토를 건조합니다.

04 점토가 완전히 건조되면 살살 돌리면서 빼주세요.

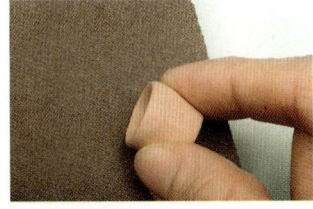

05 몸통이나 가장자리 부분을 사포로 부드럽게 갈아 화분 느낌을 표현합니다.

06 선인장 꽂을 화분이 완성되었습니다.

07 화분에 접착제를 듬뿍 넣어준 후

08 흙의 느낌을 살려주기 위해 원두커피 가루를 담아줍니다.

선인장 만들기

09 녹색과 밤색 물감을 조금 넣고 염색한 모데나 점토를 약 5mm 정도 크기의 물방울 모양으로 만들어줍니다.

10 물방울 모양 점토를 손가락으로 납작하게 눌러줍니다. 와이어를 약 3~4mm 길이로 자른 다음, 끝에 접착제를 바르고 점토에 꽂아줍니다.

11 작은 물방울 모양 점토를 길게 늘이거나 구부리는 등 다양하게 변형해 여러 개를 만듭니다. 와이어에 접착제를 발라 점토에 꽂아준 후 끝을 조금만 남기고 니퍼로 잘라줍니다.

12 선인장 모양을 잡아 균형감 있게 꽂아줍니다.

13 선인장의 가시를 표현하기 위해 마끈을 가위로 곱게 잘라주세요.

14 선인장의 표면에 접착제를 이쑤시개로 콕콕 찍어주면서 바릅니다.

15 마끈 가루를 선인장에 전체적으로 뿌려줍니다. 자연스러운 분위기를 연출하려면 한 곳에 뭉쳐진 부분은 살살 털어냅니다.

16 와이어 끝부분에 접착제를 바르고 화분에 꽂아서 고정합니다.

17 완성된 선인장 화분입니다.

다양한 모양의 선인장 만들기

위와 같은 방법으로 다른 모양의 선인장을 만들 경우에는 점토로 먼저 원하는 선인장 형태를 만들고 마끈 가루를 뿌리면 됩니다.

꽃 달린 선인장
꽃 달린 선인장은 빨간색 물감과 주황색 물감을 넣고 염색한 점토를 물방울 모양으로 만듭니다. 그 후 꽃밀대로 입체감을 표현한 후 접착제를 군데군데 발라 마끈 가루를 뿌려주면 됩니다. 그런 다음 녹색 선인장 위에 작게 만든 꽃 선인장을 올려주면 예쁜 선인장을 만들 수 있습니다.

1. 빗자루 만들기

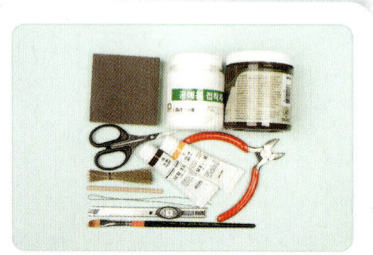

준비물

♣ 도구 : 싸리나무, 와이어, 니퍼, 원형 나무 봉, 가위, 사포, 공예용 접착제, 스테인, 칼, 붓
♣ 물감 : 황토색, 고동색

● 예상 재료비 : 500원~1,000원 | 예상 제작 시간 : 1시간 | 완제품을 사려면 얼마나 하죠? : 약 4,000원~5,000원

01 싸리나무를 손으로 잡았을 때 약 지름이 7~8mm 정도 되도록 한 다음 갈색 와이어를 3~4번 감아줍니다.

tip 못 쓰는 빗자루도 좋아요.

싸리나무를 구하기 힘든 경우에는 못 쓰는 빗자루의 끝을 잘라서 만들어도 됩니다.

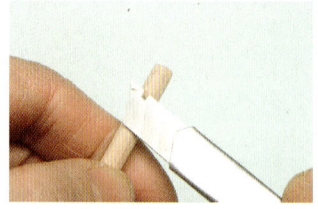

02 손잡이 부분은 5mm 나무 봉을 칼로 깎아 동그랗게 만들고

03 사포로 부드럽게 갈아주세요.

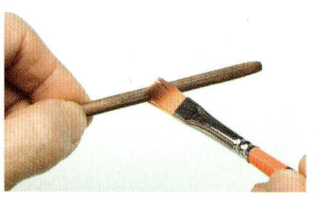

04 스테인으로 원형 봉을 칠한 후

05 깎아 놓은 나무 봉에 접착제를 바르고 싸리나무 사이로 잘 끼워서 고정합니다.

06 감겨있던 와이어를 풀었다가 다시 한 번 꼼꼼하게 묶어줍니다.

07 남는 와이어의 끝은 니퍼로 잘라냅니다.

08 빗자루의 끝 부분을 가위로 정리하면서 모양을 내줍니다.

09 고동색 물감에 황토색 물감을 섞어 와이어에 칠해주면

10 빗자루가 완성됩니다.

2. 쓰레받기 만들기

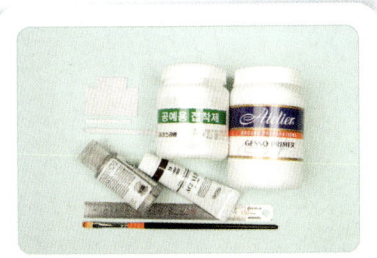

도구 : 마분지, 공예용 접착제, 젯소, 쇠자, 붓
물감 : 은색, 고동색

예상 재료비 : 500원~1,000원 | 예상 제작 시간 : 1시간 | 완제품을 사려면 얼마나 하죠? : 약 4,000원~5,000원

01 도안을 참고해 마분지에 쓰레받기를 그린 후, 칼이나 가위로 잘라줍니다. 쇠자를 이용해 각이 지도록 접어줍니다.

02 이음새 부분에 접착제를 발라가면서 붙여준 후

03 긴 끈을 붙여줍니다. 사선 부분으로 잘라진 끈 부분이 쓰레받기에 평행이 되도록 붙이면 자연스러운 각도가 나옵니다.

04 짧은 끈도 마저 붙입니다.

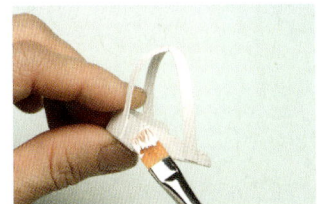

05 젯소를 바른 후 건조가 되면

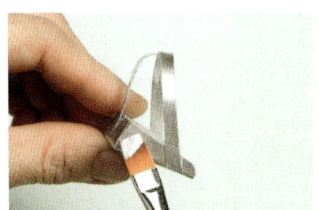

06 은색 물감으로 칠해줍니다.

07 고동색 물감을 살짝 묻혀서 쓰레받기의 가장자리에 터치해 오래된 느낌을 표현합니다.

08 쓰레받기가 완성되었습니다.

여러 가지 청소 도구를 만들어 보세요

옆의 사진을 참고해서 여러 가지 청소 도구를 만들어보세요. 과자 봉지는 스캔을 받아 축소 인쇄해서 사용하면 좀 더 생생하게 표현할 수 있습니다.

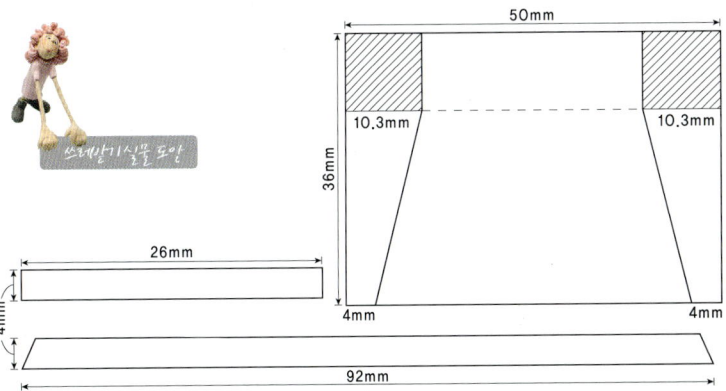
쓰레받기실물 도안

21 요정이 앉아 쉴 것 같은 미니어처 벤치

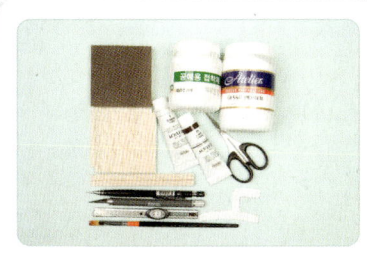

준비물

♣ 도구 : 3mm 발사나무, 공예용 접착제, 젯소, 가위, 사포, 연필, 사선칼, 칼, 붓, 마분지
♣ 물감 : 흰색, 고동색

● 예상 재료비 : 4,000원~5,000원 | 예상 제작 시간 : 1시간 30분~2시간 | 완제품을 사려면 얼마나 하죠? : 약 20,000원~25,000원

의자 다리 만들기

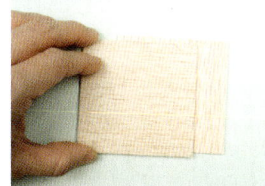

01 결이 반대가 되도록 발사나무를 겹쳐 접착제로 붙여줍니다. 같은 방법으로 하나 더 만듭니다.

TIP 발사나무 결을 반대로 하면 강도가 튼튼!
발사나무가 약하기 때문에 결을 반대로 해서 붙이면 강도가 좋아집니다.

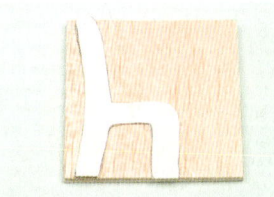

02 마분지에 126쪽 도안대로 벤치의 옆면을 그려서 오린 후, 붙여놓은 발사나무에 대고 그립니다.

03 마분지를 반대로 뒤집은 후한 장 더 그려줍니다.

04 사선칼로 그려놓은 연필 선을 따라 잘라줍니다.

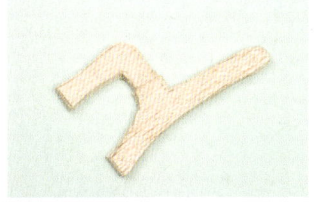

05 사선칼로 벤치 모양을 잘라낸 후에

06 사포로 거친 부분을 다듬어줍니다.

07 서로 마주 보도록 두 개를 준비한 후에

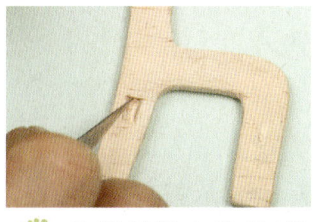

08 의자를 연결할 수 있도록 사선칼로 다리 아래에서 약 17mm 정도 되는 부분에 양쪽 같은 높이로 홈을 파줍니다.

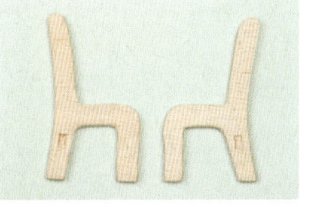

09 앞에서 한 것과 같은 방법으로 오른쪽도 홈을 파줍니다.

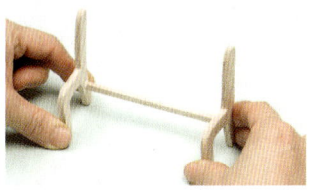

10 홈을 파놓은 곳에 잘라놓은 1번 나무를 붙여서 연결합니다.

벤치 완성하기

11 등 쪽은 약 1.5mm 간격으로 붙여주고, 바닥 쪽은 1mm 정도 간격으로 한 장 한 장 붙여줍니다.

12 나무를 다 붙이면

13 젯소를 칠해주세요.

14 젯소가 마르면 흰색 물감으로 다시 칠합니다.

11 붓 끝에 고동색 물감을 살짝 묻혀서 벤치의 가장자리가 고풍스러운 느낌이 나도록 터치해줍니다.

12 멋진 벤치가 완성되었습니다.

TIP 간격이 맞지 않을 경우

2번의 나무 조각 8개를 다 붙여줄 때 경우에 따라 벤치의 다리보다 더 앞으로 돌출될 수 있으므로 간격이 맞지 않을 경우에는 나무 조각을 깎거나 조절해도 됩니다.

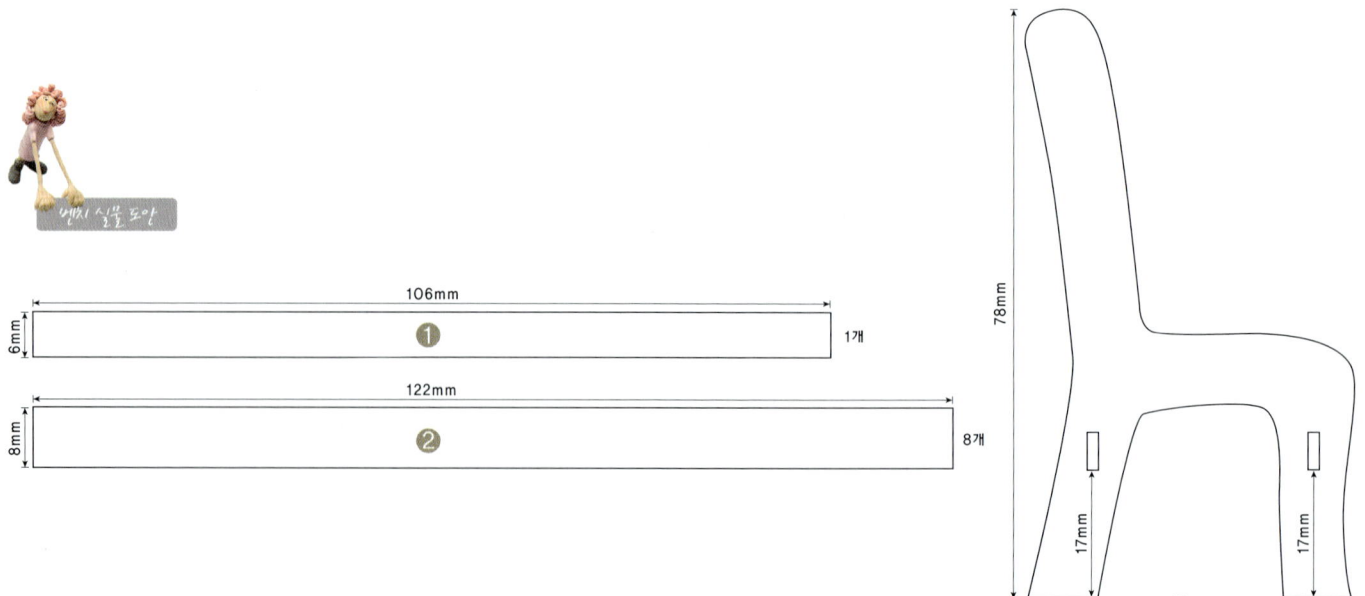

벤치 실물 도안

106mm
6mm
1
1개

122mm
8mm
2
8개

78mm
17mm
17mm
43mm

벤치를 응용한 탁자 만들기

왼쪽에 있는 사진처럼 벤치의 등 부분을 없애고 폭을 줄여주면 탁자로 변형하여 만들 수도 있습니다. 또한, 색을 다르게 칠해 다른 분위기로 연출해도 됩니다.

특별한 날, 내 손으로
만드는 미니어처 선물

22. 행복한 생일에 선물하고 싶은 생크림 케이크와
   장미 꽃다발

23. 사랑을 전하는 밸런타인 초콜릿

24. 신혼부부에게 선물하면 좋은 원앙과 등잔

25. 새집 장만한 사람에게 딱 좋은 집들이 선물

26. 가슴이 훈훈해지는 감사의 선물 미니어처 난로

1. 장미 꽃다발 만들기

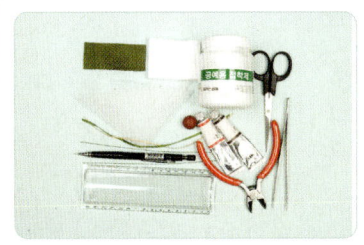

 준비물

♣ 점토 : 모데나

♣ 도구 : 리본, 녹색 와이어, 연필, 핀셋, 니퍼, 투명 자, 녹색 한지(가로 10mm 세로 5mm), 우드락, 공예용 접착제, 망사 천, 가위

♣ 물감 : 빨간색, 밤색

● 예상 재료비 : 3,000원~4,000원 | 예상 제작 시간 : 3시간~4시간 | 완제품을 사려면 얼마나 하죠? : 약 15,000원~20,000원

장미 꽃잎 만들기

01 모데나 점토에 빨간색 물감과 밤색 물감을 8:2로 넣어 염색한 후, 약 2mm 크기로 굴려줍니다.

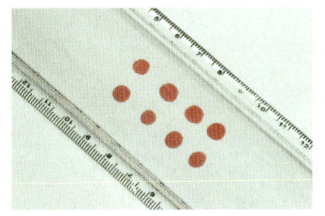

02 투명 자로 점토를 눌러줍니다. 투명 자의 둥근 부분으로 눌러줘도 됩니다.

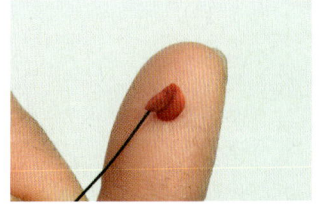

03 눌러준 점토에 접착제를 바른 후, 녹색 와이어에 감아주세요.

 T.I.P
수지 점토로 잎 만들기

잎을 만들 때 수지 점토에 염색을 하여 꽃받침이나 잎을 만들어주어도 좋습니다.

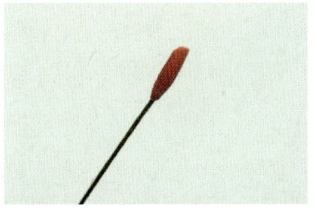

04 두 번째부터는 처음 감아준 점토 주변에 돌려가며 한 장 한 장 붙여줍니다.

05 다음 장을 마주 보는 쪽에서 접착제로 붙여줍니다. 꽃잎을 붙인 후, 뒤로 살짝 젖혀주면 꽃이 핀 것 같은 느낌이 납니다.

06 갓 피어난 듯한 모양으로 한 장 한 장 덧붙여준 후 꽃잎을 뒤로 조금씩 젖혀주세요. 여러 장 붙이면 큰 꽃이 됩니다.

잎 만들기

07 녹색 한지를 두세 번 접은 후 연필로 장미 잎 모양을 그리고 오려 여러 장을 만듭니다.

08 받침 부분도 사진처럼 오려둡니다.

09 앞에서 만든 꽃의 아래쪽에 꽃받침을 붙여줍니다.

⑩ 꽃받침을 살짝 뒤로 말리도록 젖힌 후

⑪ 녹색 한지로 만든 잎에 접착제를 발라 와이어 중간에 풍성하게 붙여줍니다.

⑫ 같은 방법으로 여러 송이의 장미꽃을 만들어 주세요.

장미 조립하기

⑬ 만들어둔 꽃을 한 묶음으로 모은 다음, 녹색 와이어로 묶어준 후 남은 부분은 니퍼로 잘라냅니다.

⑭ 사각으로 잘라놓은 망사 천을 사선으로 접어 삼각형으로 만든 후 장미 꽃다발을 감쌉니다.

⑮ 망사 천을 보기 좋게 주름을 잡아준 후에 와이어로 고정해줍니다.

⑯ 녹색과 아이보리색 리본을 손가락에 감아주고

⑰ 와이어로 흐트러지지 않게 가운데를 묶어줍니다.

⑱ 리본을 예쁘게 만져준 후 꽃다발에 다시 묶어줍니다.

⑲ 장미 꽃다발이 완성되었습니다.

2. 생크림 케이크 만들기

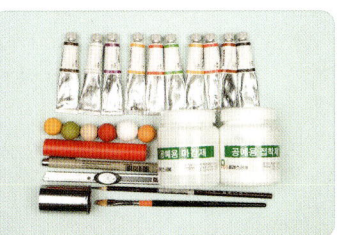

 준비물

♠ 점토 : 모데나, 레직스, 하티

♣ 도구 : 통밀대, 칼, 원형 틀, 공예용 접착제, 공예용 마감재, 붓, 세필, 피그마펜

♠ 물감 : 흰색, 보라색, 노란색, 주황색, 빨간색, 녹색, 황토색, 밤색, 고동색

● 예상 재료비 : 3,000원~4,000원 | 예상 제작 시간 : 3시간 30분~4시간 | 완제품을 사려면 얼마나 하죠? : 약 15,000원~20,000원

체리, 포도, 황도, 만들기

01 체리는 모데나 점토에 빨간색과 밤색 물감을 조금 넣고 염색한 후 지름 약 2.5mm 크기로 동그랗게 굴려줍니다.

02 모데나 점토에 보라색 물감과 고동색 물감을 넣고 염색한 점토를 지름 약 3mm 크기로 동그랗게 굴려 포도를 만듭니다.

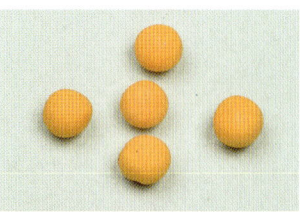

03 황도는 레직스 점토에 노란색과 주황색을 조금 넣고 동그랗게 굴려서 건조합니다.

04 건조된 황도는 칼로 반을 자르고

05 반을 자른 점토를 다시 한 번 반을 자릅니다.

06 가운데 부분을 V 형태로 파주세요.

키위, 귤, 과자 만들기

07 키위는 레직스 점토에 밝은 녹색 물감을 섞어 염색한 다음 길게 굴려 건조한 후

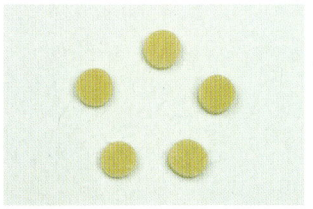

08 칼로 약 1.5mm 간격으로 잘라줍니다.

09 키위의 가운데 부분은 세필로 흰색 물감을 칠한 후

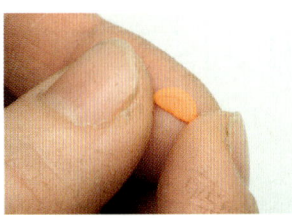

10 흰색 주변을 피그마펜으로 콕 콕 찍어주면서 키위 씨를 표현합니다.

11 귤은 모데나 점토에 주황색 물감과 노란색 물감을 섞어 염색해 반달 모양으로 만든 후, 양쪽 가장자리를 둥글려주고 가운데는 조금 안으로 들어도록 모양을 만져줍니다.

12 같은 방법으로 귤을 여러 개 만들어주세요.

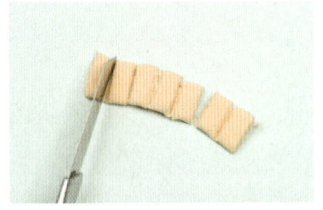

13 케이크 옆면에 붙여줄 과자는 하티 점토에 황토색 물감을 조금 넣어 염색한 후 통밀대로 길게 밀어줍니다.

14 칼로 약 4mm 간격으로 일정하게 자른 후

15 윗부분을 손으로 둥글게 굴려줍니다.

케이크 만들기

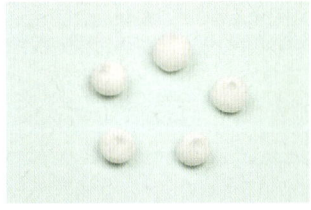

16 케이크의 몸통은 하티 점토를 통밀대로 약 7mm~8mm 두께로 밀어

17 원형틀로 찍어줍니다.

18 하티 점토로 작은 물방울 모양의 생크림도 만듭니다.

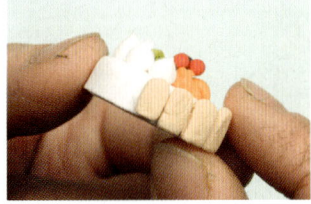

19 케이크 위에 접착제를 발라가며 황도를 붙여줍니다.

20 이어서 키위와 귤도 보기 좋게 얹어줍니다.

21 가장자리엔 물방울 모양의 생크림을 붙이고 가운데에 체리와 포도로 포인트를 줍니다.

22 케이크의 둘레에 과자를 붙여줍니다.

23 과일과 과자를 붙여 케이크의 모양을 완성하였습니다.

24 과자가 잘 구워진 느낌이 들도록 황토색 물감과 밤색 물감을 섞어 채색을 해줍니다.

25 과일에만 마감재를 듬뿍 칠해 윤기가 나도록 합니다.

26 과일 생크림 케이크가 완성되었습니다.

T.I.P

1. 리본 끈으로 마무리하세요
과자를 붙인 케이크의 가장자리에 가느다란 리본 끈으로 묶어 마무리해주면 더욱 예쁩니다.

2. 크기는 자유자재로
케이크 위주의 작품이라 케이크가 조금 클 수도 있습니다. 돌하우스 작품 안에 케이크를 넣을 때는 크기를 줄여도 좋습니다.

다양한 모양의 케이크를 만들어 보세요

같은 방법으로 만든 여러 가지 모양의 케이크입니다. 케이크 위에 얹어주는 토핑을 다르게 하거나 과일의 배열을 다르게 장식하면 색다른 느낌의 케이크를 만들 수 있습니다.

액자에 소품을 만들어 추가로 붙여보세요

액자에 미니어처 와인병이나 미니 카드 등 여러 가지 소품을 곁들여주면 더욱 멋진 생일 선물이 완성됩니다.

23 사랑을 전하는 밸런타인 초콜릿

23 사랑을 전하는 밸런타인 초콜릿

 준비물

♣ 점토 : 모데나
♣ 도구 : 금색 상자, 공단 천, 공예용 접착제, 공예용 마감재, 모양틀, 통밀대, 가위, 칼, 이쑤시개, 세필, 연필
♣ 물감 : 흰색, 황토색, 밤색, 고동색, 금색

● 예상 재료비 : 2,000원~3,000원 | 예상 제작 시간 : 1시간 30분~2시간 | 완제품을 사려면 얼마나 하죠? : 약 15,000원~20,000원(액자 별도)

초콜릿 만들고 채색하기

01 모데나 점토에 밤색과 고동색 물감을 넣어 염색합니다. 염색한 점토를 통밀대로 밀고 모양틀로 찍어줍니다.

02 화이트 초콜릿은 모데나 점토에 흰색 물감을 넣고 황토색 물감을 소량 넣어 염색한 다음 같은 방법으로 만들면 됩니다.

03 여러 가지 모양틀을 이용해 다양한 모양의 초콜릿을 만들어보세요.

Tip 화이트 초코 크림 만드는 방법

공예용 접착제에 흰색 물감과 황토색 물감을 조금 섞어주면 화이트 초코 크림이 만들어집니다.

04 초콜릿 점토에 화이트 초코 크림을 만들어 이쑤시개로 발라줍니다.

05 초코 크림(고동색+공예용 접착제)로 만들어 화이트 초콜릿에 무늬를 그려줍니다.

06 동그란 초콜릿에 금색 물감을 칠합니다.

07 초콜릿 점토를 손으로 굴려주거나 칼로 잘라주면

08 달콤한 초콜릿이 완성되었습니다.

Tip 초콜릿을 만드는 다른 방법

초콜릿을 만들 때 수지 점토가 없으면 저렴한 일반 점토로 만든 후에 초코 크림으로 코팅을 해도 초콜릿 느낌을 낼 수 있습니다.

초콜릿 상자 만들기

09 마분지에 도안을 참고해 하트를 그려 오려주고 금색 띠를 길게 잘라 둘레에 붙여줍니다.

10 같은 방법으로 아래 상자보다 조금 크게 뚜껑을 만듭니다.

11 상자 바닥에 접착제를 바르고 공단 천의 끝을 접어서 시접이 보이지 않게 잘 붙입니다.

12 상자 바닥에 천을 고정해줍니다.

13 만든 초콜릿을 보기 좋게 장식합니다.

14 초콜릿이 들어 있는 상자와 열어 놓은 상자 뚜껑입니다.

15 사랑이 가득한 초콜릿 상자가 완성되었습니다.

하트케이스 실물 도안

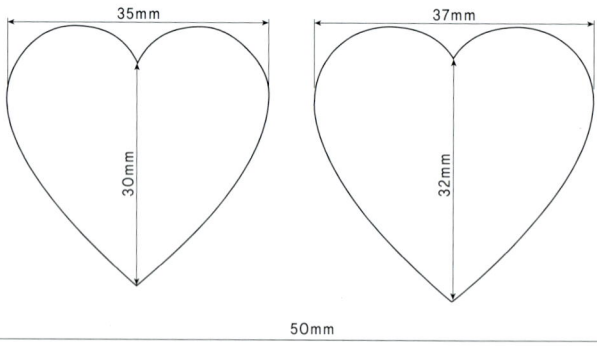

35mm
30mm

37mm
32mm

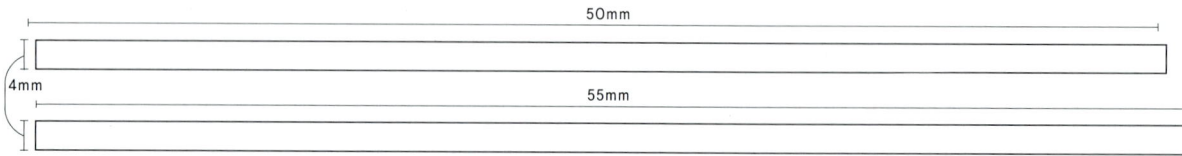

50mm

4mm

55mm

*하트 모양이 달라지면 둘레의 길이도 차이가 나므로 붙이고 남는 부분을 잘라주세요.

다른 방법으로 초콜릿 상자를 장식하기

장미꽃다발에서 배운 꽃 만들기(130쪽)를 응용해 초콜릿 색깔의 장미를 만들거나 초코 케이크를 만들어 액자로 꾸며 벽에 걸어주면 멋진 초콜릿 액자가 완성됩니다.

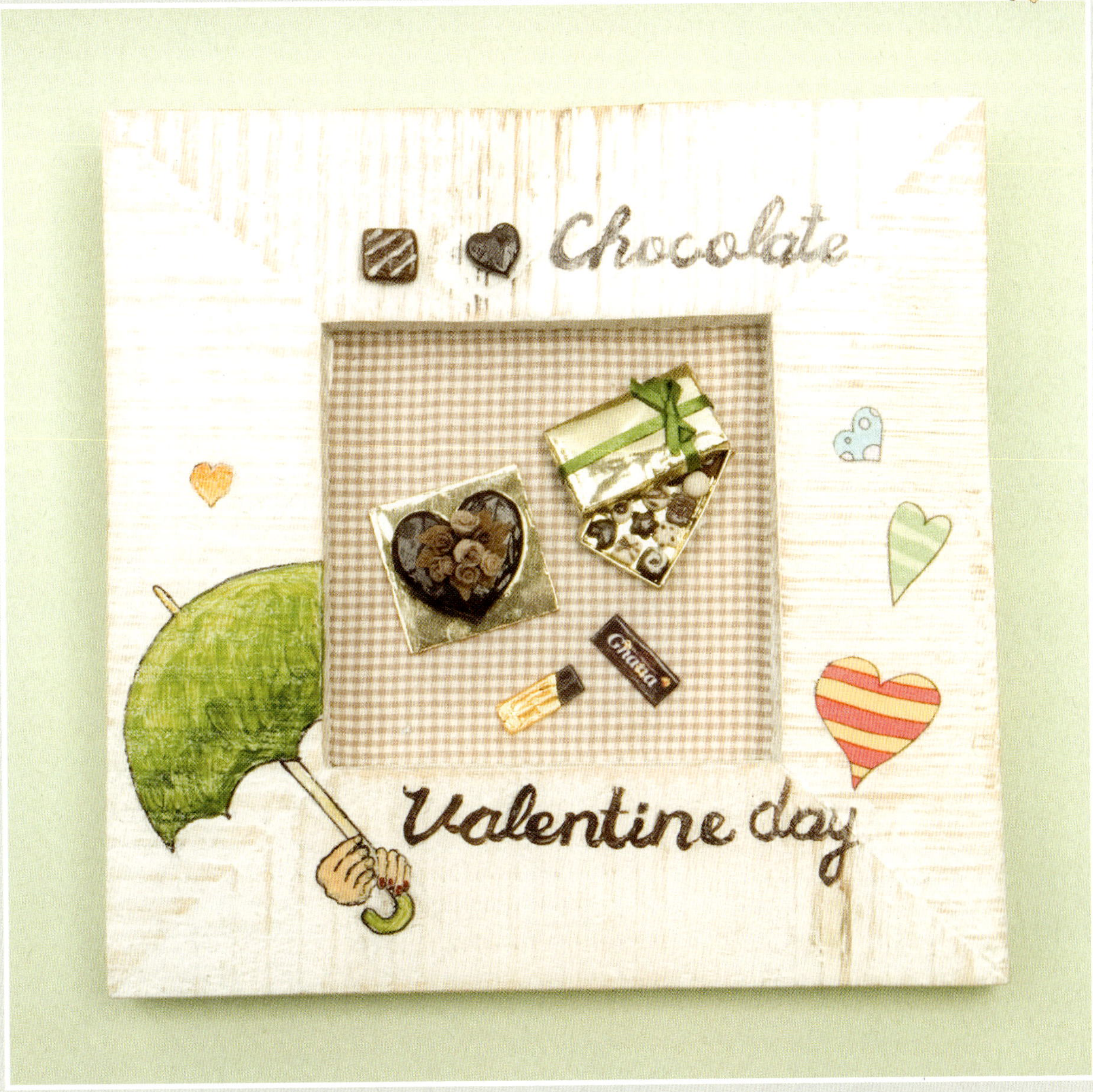

1. 원앙 만들기

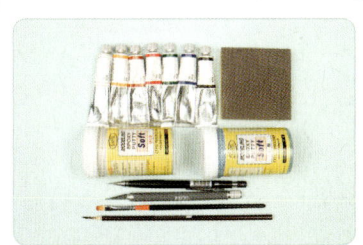

 준비물

♣ 도구 : 에폭시퍼티 소프트, 사포, 연필, 사선칼, 붓, 세필, 물감
♣ 물감 : 흰색, 노란색, 빨간색, 녹색, 파란색, 밤색, 검은색

● 예상 재료비 : 2,000원~3,000원 | 예상 제작 시간 : 2시간 | 완제품을 사려면 얼마나 하죠? : 약 15,000원~20,000원

원앙 조각하기

01 에폭시퍼티 소프트를 1:1 비율로 주제와 경화제를 섞어

02 잘 섞이도록 반죽합니다.

 주제와 경화제를 섞어주는 이유

에폭시퍼티 소프트를 주제와 경화제를 섞어주면 경화가 진행되기 때문에 모양이 쉽게 만들어집니다.

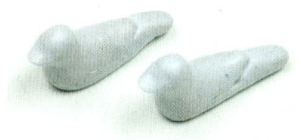

03 원앙의 몸통을 먼저 만들고 목을 길게 해준 후, 얼굴에서 부리를 만들어줍니다.

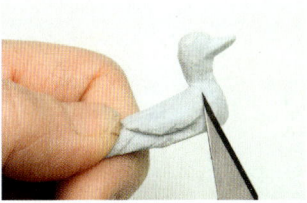

04 원앙이 굳으면 사선칼로 조각을 해주세요.

 원앙을 조각하는 방법

목은 곧게 깎고 부리는 다듬어, 날개의 전체 형태를 잡아준 다음 꼬리 부분에 층을 줍니다.
날개 부분의 무늬는 그림으로 그려주는 것이 깔끔하므로 자세히 조각하지 않아도 됩니다.

05 목각 느낌이 나도록 칼의 결을 살려서 섬세하게 조각해주세요.

원앙 채색해 완성하기

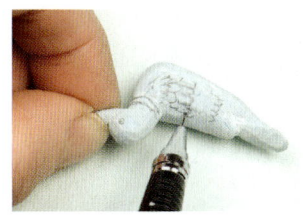

06 연필로 채색할 부분의 밑그림을 그린 후

07 세필을 이용해 채색을 시작합니다.

08 흰색으로 라인까지 그려줍니다.

09 단란한 원앙 한 쌍이 완성되었습니다.

2. 등잔 만들기

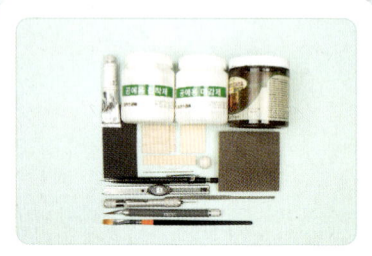

준비물

- 점토 : 환도소프트
- 도구 : 공예용 접착제, 공예용 마감재, 스테인, 사포, 발사나무, 바스우드, 갈색 와이어, 연필, 칼, 줄, 핀바이스, 사선칼, 붓
- 물감 : 흰색

● 예상 재료비 : 3,500원~4,000원 | 예상 제작 시간 : 2시간 30분~3시간 | 완제품을 사려면 얼마나 하죠? : 약 15,000원~20,000원

도안대로 재단하기

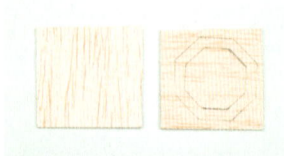

01 발사나무 두 장을 준비한 후, 한 장 위에 팔각 모양(145쪽 도안 참고)을 그려줍니다.

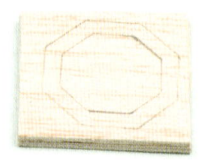

02 발사나무에 접착제를 바른 다음 두 장의 나무가 각각 결이 반대가 되도록 붙입니다.

03 그려 놓은 선을 따라 사선칼로 잘라주세요.

04 사포로 가장자리를 깔끔하게 다듬어준 후

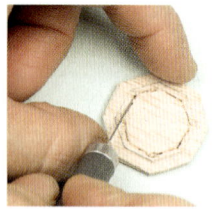

05 가운데의 작은 팔각형을 사선칼로 파냅니다.

06 줄로 팔각 부분의 안쪽을 다듬고, 바깥쪽은 사포로 갈아줍니다.

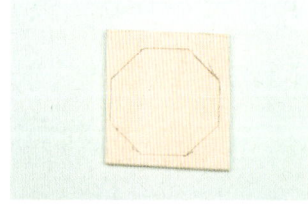

07 등잔대 바닥이 될 바스우드에 팔각 모양을 그려줍니다.

08 가장자리를 잘라냅니다.

09 팔각 모양의 나무를 등잔대의 바닥과 함께 접착제로 붙여준 후 건조되면 사포로 갈아줍니다.

10 등잔대의 기둥(145쪽 도안 참고)을 바스우드에 그려줍니다.

11 그려놓은 선을 따라 칼로 자른 후 사포로 갈아줍니다.

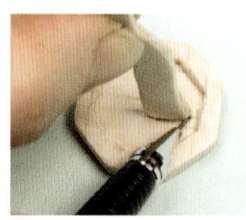

12 등잔대 바닥에 기둥을 세운 후 그 자리를 연필로 표시합니다.

13 사선칼로 약 1mm~1.5mm 정도 홈을 파줍니다.

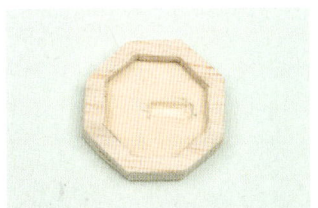

14 홈을 파 놓은 등잔의 바닥입니다.

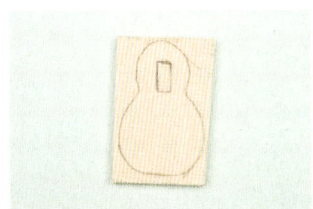

15 바스우드에 145쪽의 도안대로 등잔 받침대를 그린 후

16 가장자리를 재단한 다음 가운데는 핀바이스로 구멍을 두 개 뚫어주세요.

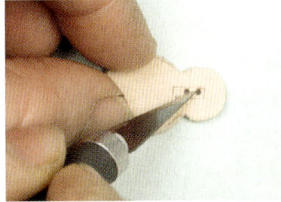

17 핀바이스로 뚫어 놓았던 두 개의 구멍을 사선칼로 구멍을 연결해서 잘라낸 다음

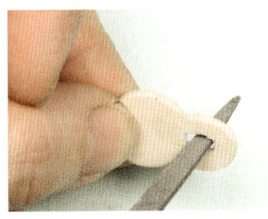

18 줄을 좌우로 움직이면서 구멍을 더 크게 뚫어줍니다.

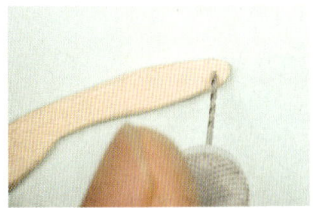

19 핀바이스로 등잔대의 기둥 윗부분에도 구멍을 내줍니다.

등잔 조립하고 채색하기

20 등잔 바닥의 홈에 등잔대의 기둥 부분을 접착제로 단단하게 고정해줍니다.

21 등잔 받침대의 뚫어놓은 구멍에 앞에서 만든 것을 끼워서 등잔대의 형태를 만드세요.

22 스테인으로 채색을 합니다.

23 채색을 마친 받침대입니다.

24 핀바이스로 뚫어 놓았던 등잔대 기둥 구멍에 갈색 와이어를 끼워 붙여줍니다.

등잔 만들기

25 환도소프트 점토를 둥글게 굴려서 등잔의 몸통 모양을 만듭니다.

26 등잔의 심지가 들어갈 꼭지 부분의 형태를 만들어주세요.

다양한 등잔을 만들어보세요

등잔은 1876년(고종 13년)에 석유가 들어오면서 사용하기 시작하여 각자 만들어서 썼기 때문에 다양한 재료와 다양한 모양으로 발전했답니다. 나만의 개성을 살려 독특한 등잔을 직접 만들어보세요.

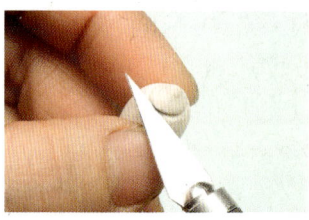

27 사선칼의 뒷부분을 이용해 등잔의 심지를 꽂을 입구의 형태를 표현합니다.

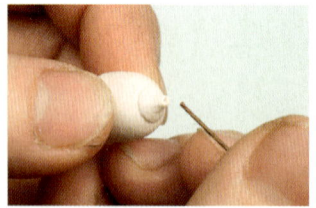

28 가운데 심지가 들어갈 자리는 와이어로 구멍을 뚫어줍니다.

29 면실을 자릅니다. 면실이 두꺼우면 반을 갈라서 접착제를 발라 건조한 후 사용하세요.

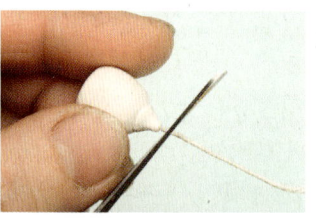

30 건조된 면실 끝에 접착제를 바르고 등잔의 구멍에 끼워서 붙여준 후 남는 부분을 가위로 잘라냅니다.

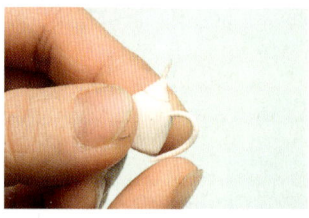

31 환도소프트 점토를 가늘게 굴려서 손잡이를 만들어 붙입니다.

32 등잔이 건조되면

33 등잔대에 붙인 후 흰색으로 채색을 해줍니다. 채색을 먼저하고 붙여도 됩니다.

34 마감재를 바르고 건조되면

더 생생하게 표현하려면?

하얗게 칠한 등잔에 마감재를 바르기 전 심지나 등잔에 그을음 느낌이 나도록 고동색이나 검은색 물감으로 채색을 해주면 더 생생한 느낌을 살려줄 수 있습니다.

35 등잔이 완성됩니다.

36 보기 좋게 등잔과 원앙을 배치해줍니다.

원앙과 등잔에 어울리는 소품 세트

옛날 결혼 소품들을 만들어 신혼부부에게 선물해보세요.

족두리

족두리는 점토로 형태를 만들고 구슬을 꿰어서 장식해주면
됩니다.

댕기

댕기는 빨간 한복 천으로 양면테이프 등을 이용해 붙이면 쉽
게 만들 수 있습니다.

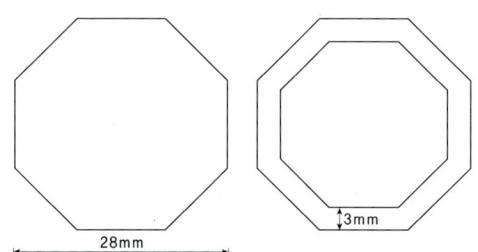

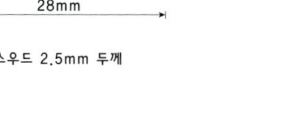

28mm

바스우드 2.5mm 두께

3mm

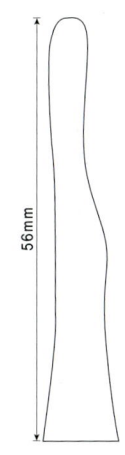

56mm

10mm

14mm

KITCHEN

25 새집 장만한 사람에게 딱 좋은 집들이 선물

25 새집 장만한 사람에게 딱 좋은 집들이 선물

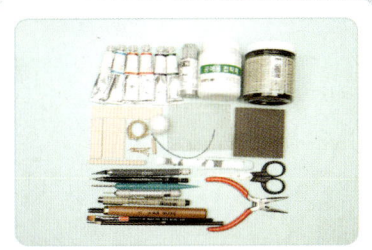

 준비물

♣ **도구**: 바스우드, 미송조각나무, 6mm 각재, 5mm 원형 봉, 사선칼, 연필, 와이어, 철망, 가위, 왁스끈, 마끈, 알루미늄 판, 스티로폼 볼,
마분지, 갈색T핀, 사포, 세필, 붓, 5초 도구(송곳 모양), 둥근 초각도, 펜치, 핀바이스, 스테인, 피그마펜, 젯소

♣ **물감**: 흰색, 밝은 파란색, 주황색, 고동색, 남색, 녹색, 은색

● 예상 재료비 : 토탈 4,000원~5,000원 | 예상 제작 시간 : 3시간 | 완제품을 사려면 얼마나 하죠? : 약 30,000원~40,000원

주걱 만들기

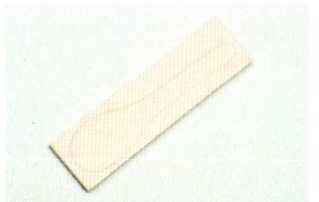

01 바스우드에 주걱 모양(151쪽 도안 참고)을 연필로 그려준 후

02 사선칼로 연필선을 따라 잘라 줍니다.

03 사포로 가장자리를 부드럽게 갈아줍니다.

04 주걱의 가운데를 둥근 조각칼로 파주고

05 사포로 깎아준 부분을 곱게 갈아줍니다.

06 핀바이스로 구멍을 뚫어줍니다.

07 스테인으로 채색하면

08 주걱이 완성됩니다.

 스테인을 발라주는 이유

나무색이 나는 대부분의 가구들은 스테인을 칠해줍니다. 이처럼 스테인을 칠해주면 나무 표면을 보호하고 수명도 길어집니다.

도마 만들기

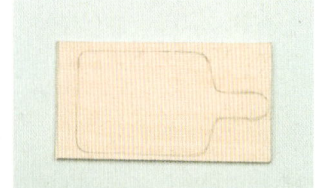

01 바스우드에 도마 모양(151쪽 도안 참고)을 그려준 후

02 칼로 조금씩 깎아가며 도마 모양으로 잘라주세요.

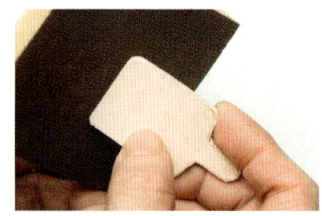

03 사포로 거친 면을 다듬은 다음

04 핀바이스로 구멍을 뚫어줍니다.

05 양면을 스테인으로 채색해주세요.

06 연필로 밑그림을 그려줍니다.

07 세필로 채색을 해주세요.

08 피그마펜으로 글씨도 써줍니다.

09 도마가 완성되었습니다.

거품기 만들기

01 펜대를 이용해 와이어를 구부립니다.

02 구부려 놓은 와이어 3개를 엇갈리게 배치한 후 손으로 밑을 잡고

03 와이어로 단단하게 감아 고정합니다.

04 원형 봉에 핀바이스로 구멍을 뚫어줍니다.

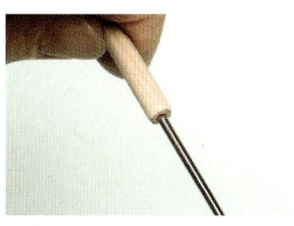

05 5조 도구(송곳 모양)로 구멍을 더 크게 해줍니다.

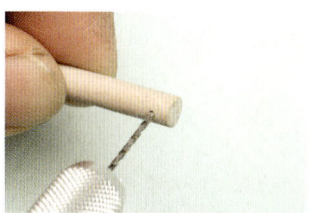

06 손잡이에도 핀바이스로 구멍을 뚫어준 후

07 스테인으로 채색을 해줍니다.

08 묶어 놓은 와이어 손잡이에 접착제를 바른 후 구멍에 잘 끼워서 고정하면

09 거품기가 완성됩니다.

집게 만들기

01 151쪽의 도안을 참고해 알루미늄 판을 잘라주세요.

02 가느다란 마끈에 접착제를 발라서 건조한 후, 접히는 부분을 남기고 양쪽에 꼼꼼하게 감아줍니다.

03 집게의 양쪽에 마로 된 끈을 감아줍니다.

04 집게의 가운데에 붓을 끼우고 접어주세요.

05 접힌 부분에 5조 도구(송곳 모양)로 구멍을 내주고

06 구멍에 마끈을 끼워 묶어주거나 와이어를 동그랗게 구부려 고리를 달아주면 집게가 완성됩니다.

체바구니 만들기

01 마분지를 가로 55mm, 세로 2mm로 자른 후 동그랗게 붙입니다.

02 젯소를 발라주고 은색으로 채색해줍니다.

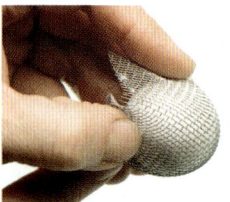

03 스티로폼 볼에 철망을 감싸서

04 은색 받침에 접착제를 발라 바구니 밑에 붙여줍니다.

05 바구니 모양대로 가위로 잘라주세요.

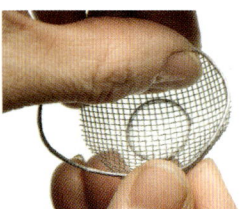

06 왁스 끈을 은색으로 칠해줍니다. 접착제로 가장자리에 왁스 끈을 붙입니다.

07 바구니가 완성되었습니다.

08 완성된 바구니에 와이어 고리를 달아줍니다.

Tip 고리 만들고 달아주는 방법

고리는 바구니 끝에 와이어를 잘라서 끼우고 둥글게 구부려서 만들면 됩니다.

주방도구 걸이 만들기

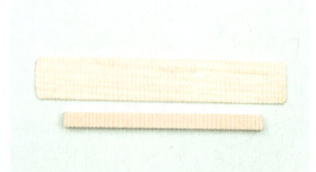

01 미송 조각 나무(가로 105mm, 세로 18mm)와 6mm 각재(가로 84mm)를 잘라줍니다.

02 미송 나무판에 스테인으로 채색합니다.

03 6mm 각재는 흰색으로 채색해줍니다.

04 핀바이스로 15mm 간격으로 5개의 구멍을 뚫어줍니다.

05 갈색 T핀을 펜치로 구부린 후, 필요한 길이만 남기고 자릅니다.

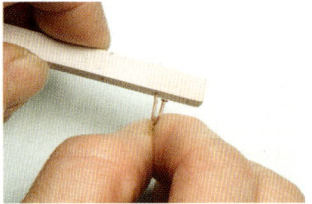

06 뚫어놓은 구멍에 구부려놓은 갈색 T핀을 접착제로 붙여줍니다.

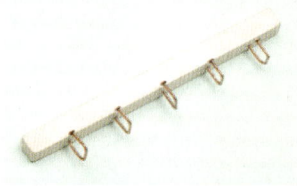

07 5개의 핀을 모두 붙여줍니다.

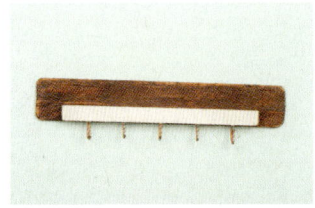

08 접착제로 스테인으로 칠해놓은 미송 나무에 같이 붙여줍니다.

09 피그마펜으로 'KITCHEN'이라고 글씨를 써줍니다.

10 주방 도구를 걸어주세요.

11 액자에 붙여주면 액자형 주방 도구 세트가 완성됩니다.

칠판도 만들어 보세요

보기만하는 미니어처가 아닌 실생활에도 활용할 수 있는 칠판입니다. 메모판으로 사용할 수 있어 가족 간 알림 기능도 되고 무척 실용적인 소품입니다.

주방기구 실물 도안

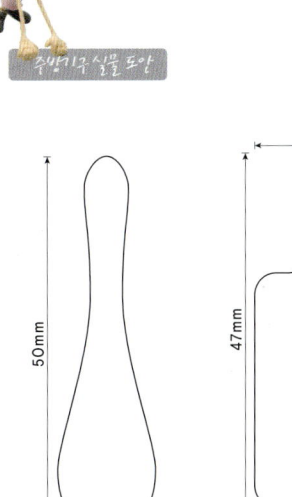

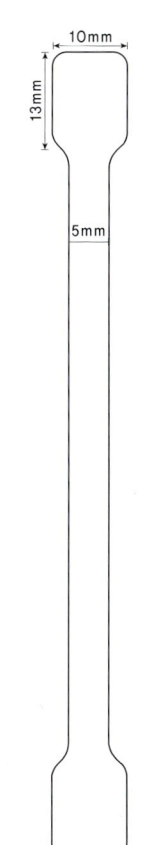

10mm

13mm

5mm

50mm

24mm

47mm

26 감사의 선물 미니어처 난로

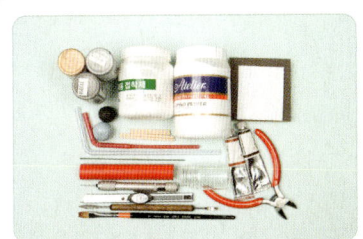

🎁 준비물

♣ **점토** : 검은색 플러스 점토

♣ **도구** : 에폭시퍼티 소프트, 공예용 접착제, 젯소, 마분지, 사포, 2mm각재, 빨대(긴 빨대 1개, 일회용 커피 빨대 1개), 와이어, 통밀대, 핀바이스, 칼, 클린업 툴(K-24), 붓, 니퍼, 플라스틱 통

♣ **물감** : 밤색, 고동색, 동분, 은색, 스텐레스스틸

● 예상 재료비 : 5,000원~6,000원 | 예상 제작 시간 : 2시간~3시간 | 완제품을 사려면 얼마나 하죠? : 약 20,000원~30,000원

난로 몸통과 받침대 만들기

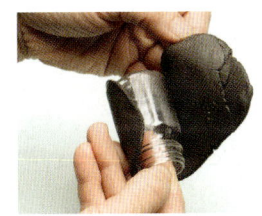

01 검은색 플러스 점토를 통밀대로 밀어준 후, 플라스틱 통에 감싸줍니다.

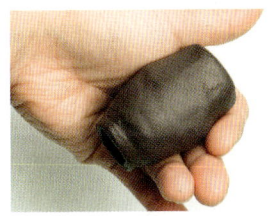

02 난로의 몸통 가운데에 점토를 더 붙여줍니다. 아래쪽은 점토를 얇게 한 후 손으로 난로의 형태를 만들어주세요.

03 난로의 위쪽도 점토를 붙인 후 클린업 툴(K-24)로 뚜껑의 라인을 만들어줍니다.

04 클린업 툴(K-24)로 두 개의 원을 만들어주고 가운데는 작은 홈을 만듭니다.

05 난로 몸통 중앙의 이음 부분을 표현해주세요.

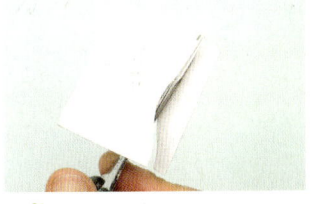

06 마분지에 받침대 모양(155쪽 도안 참고)을 그린 다음 가위로 오려줍니다.

TIP 주전자 만드는 방법

난로 위의 주전자는 석분 점토로 만들고 손잡이는 와이어를 이용해 마분지에 구멍을 뚫어 걸어줍니다. 그리고 젯소를 바른 후에 금색 에나멜을 칠해주거나 금색 스프레이 락카를 뿌려주면 됩니다.

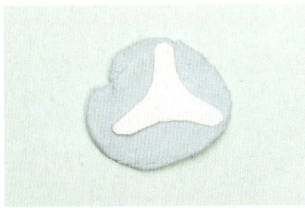

07 에폭시퍼티 소프트 주제와 경화제를 1:1 비율로 혼합한 후

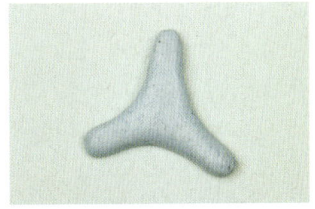

08 에폭시퍼티 소프트가 굳어 가면 삼각형 마분지를 놓고 모양을 만듭니다.

09 완전히 굳어지면 사포로 3면을 다듬어주고

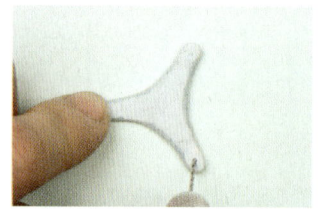
10 핀바이스로 끝부분에 구멍을 뚫어줍니다.

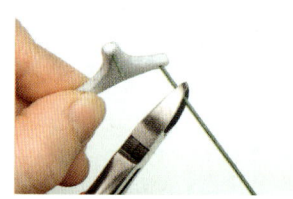
11 와이어에 접착제를 바르고 구멍에 꽂아 고정한 후, 니퍼로 11 mm 정도만 남기고 잘라줍니다.

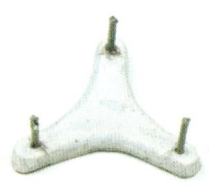
12 세 군데에 와이어를 꽂아줍니다.

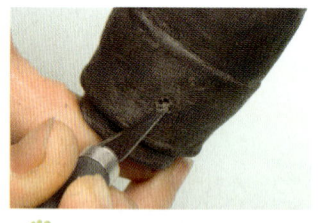
13 난로의 아래쪽에 연통 구멍이 될 곳을 사선칼로 구멍을 뚫어줍니다.

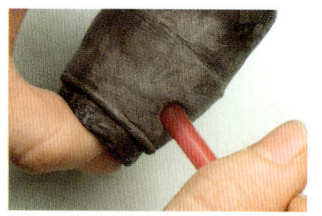
14 연통이 될 빨대를 구멍에 끼우면서 크기를 맞춰봅니다.

15 와이어를 꽂아준 삼각대를 난로의 아래쪽에 끼워 접착제로 고정한 후

16 난로에 고동색, 밤색, 그리고 동분, 은색, 스테인리스 스틸 색을 적절히 섞어가며 채색합니다.

연통 만들기

17 긴 빨대의 아래쪽을 가위로 잘라내고

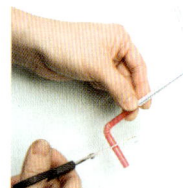
18 빨간 일회용 커피 빨대를 긴 빨대 속에 끼우고 반대 방향으로 꺾어줍니다.

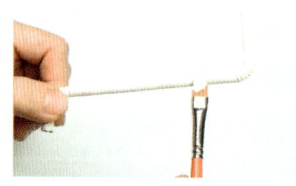
19 젯소를 바른 후

20 건조되면 은색 에나멜로 빨대를 칠해줍니다.

조립하여 완성하기

21 난로와 연통을 연합합니다.

22 155쪽 도안을 참고해 난로의 받침이 될 마분지와 각재를 자른 후

23 접착제를 발라가며 붙여줍니다.

24 젯소를 바르고 건조되면 은색으로 채색을 해줍니다.

 25 난로가 완성되었습니다.

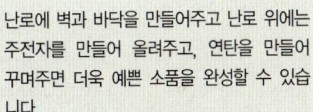
벽과 바닥판을 만들어주고 연탄 같은 소품을 만들어 보세요

난로에 벽과 바닥을 만들어주고 난로 위에는 주전자를 만들어 올려주고, 연탄을 만들어 꾸며주면 더욱 예쁜 소품을 완성할 수 있습니다.

제작 방법에 대한 자세한 설명은 다음과 네이버의 플러스 공예 카페(http://cafe.daum.net/plusclay 또는, http://cafe.naver.com/plusclay)를 참고하세요.

연탄재 만들기
흰색 하티 점토와 우드휩모 점토를 혼합해 연탄재를 만들면 가벼우면서도 거친 질감의 연탄재 느낌을 잘 표현할 수 있습니다.

받침대를 자연스럽게 표현하기

받침이 너무 깨끗하면 난로와 어울리지 않으므로 고동색이나 검은색 등을 사용해서 가장자리를 칠하거나 연탄이 묻은 것처럼 표현해주면 자연스러운 분위기를 연출할 수 있습니다.

65mm

3mm

55mm

난로 받침대

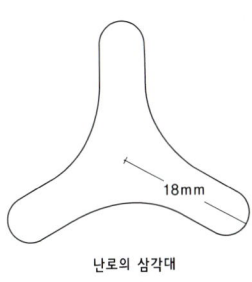

18mm

난로의 삼각대

Part 07

꽃 만들기 기본 기법

27. 덩어리 빚기 기법을 이용한 딸기

28. 커팅 기법을 이용한 마가렛

29. 도구를 이용해 만든 개나리

30. 웨이브 기법을 이용한 철쭉

31. 점토로 직접 만드는 나만의 엔틱 화기

 27 덩어리 빚기 기법을 이용한 딸기

꽃말 : 예견, 행복한 가정, 사랑과 존경.

27 덩어리 빚기 기법을 이용한 딸기

준비물

♣ **점토** : 하티
♣ **도구** : 꽃가위, 꽃밀대, 공예용 접착제, 공예용 마감재, 밤색 플라워 테이프, 잎맥틀, #20 · 22 철사, 송곳, 펜치
♣ **물감** : 빨간색, 진한 녹색, 진한 밤색, 올리브그린색

● **예상 재료비** : 3,000원~4,000원(화기 별도) | **예상 제작 시간** : 1시간~1시간 30분 | **완제품을 사려면 얼마나 하죠?** : 약 20,000원~25,000원

덩어리 기법 덩어리 기법은 딸기와 같은 열매를 만들거나 은방울꽃 또는 종꽃 등의 꽃을 만들 때 주로 사용하는 꽃 만들기의 가장 기본적인 방법입니다.

딸기 만들기

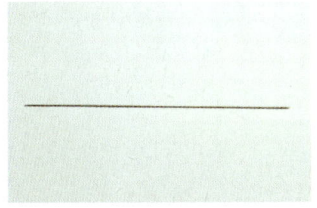

01 #20 철사에 밤색 플라워 테이프를 감아줍니다.

02 하티 점토를 직경 2cm 정도 둥글고 통통한 물방울 모양으로 빚은 다음

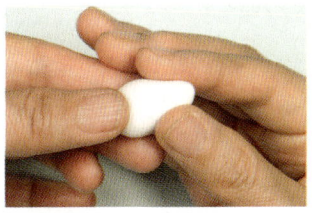

03 손으로 윗부분을 살짝 눌러주면서 딸기 모양으로 만들어 줍니다.

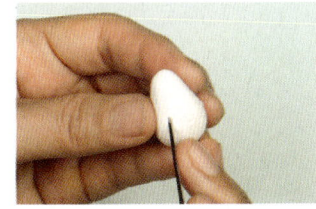

04 가는 송곳이나 뾰족한 부분으로 위에서 아래로 군데군데 살짝 찍어주면서 딸기 느낌을 표현합니다.

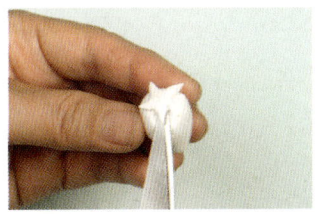

05 딸기를 밑으로 향하게 한 후 5쪽으로 가윗집을 내줍니다.

06 잘라진 부분을 매끄럽게 다듬은 후 꽃밀대로 살짝 밀어 젖힙니다.

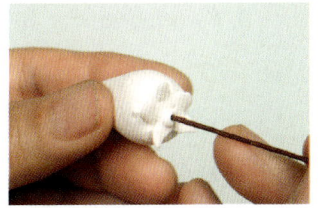

07 밤색 플라워 테이프로 감아준 철사에 접착제를 묻혀 꼭지 부분에 끼워줍니다.

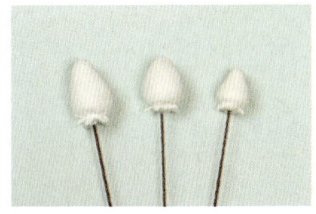

08 딸기를 대 · 중 · 소 크기별로 만듭니다.

딸기 꽃 만들기

09 하티 점토를 직경 5mm 정도의 작은 물방울 모양으로 빚은 후, 5등분해주세요.

10 꽃밀대로 좌우 밀어주면서 꽃잎 가장자리를 얇게 밀어준 후, 둥근 꽃잎 모양으로 만듭니다.

11 밤색 플라워 테이프로 감은 #22 철사 끝을 구부려 접착제를 조금 묻혀 꽃에 연결합니다.

12 꽃받침은 꽃 밑동에 가위로 5쪽을 살짝 집어주면서 만듭니다.

13 꽃잎 가운데에 노란색으로 염색한 하티 점토를 조금만 떼어 송곳이나 꽃밀대로 눌러줍니다.

14 꽃 속심을 모아주기 위해 꽃잎 중심으로 가는 송곳으로 속심 가장자리의 잎 부분을 살짝 긁어줍니다.

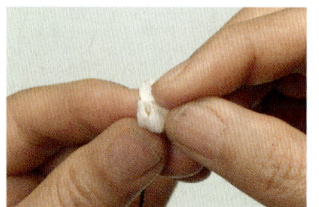

15 꽃봉오리는 꽃보다 작은 물방울 모양으로 빚은 다음 5쪽으로 가윗집을 내준 후, 꽃밀대로 좌우 살짝 밀어줍니다.

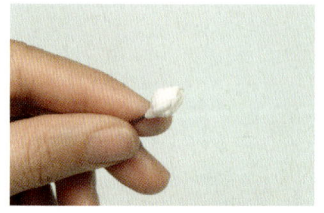

16 꽃잎을 사이사이 붙여가면서 위로 모아주면 꽃받침을 만들기 전의 봉오리가 완성됩니다.

17 활짝 핀 꽃과 같은 방법으로 꽃받침을 가위로 집어주면서 만들어주세요.

잎사귀 만들고 채색하기

18 올리브그린색으로 염색한 점토를 물방울 모양으로 빚은 후 잎맥틀에 살짝 눌러줍니다.

19 엄지와 검지로 잎사귀 가장자리를 얇게 만져준 후

20 #22 철사에 물을 조금 묻힌 다음 잎사귀 중간 부분까지 살살 끼워줍니다. 잎사귀를 대·중·소 크기별로 여러 개를 준비합니다.

㉑ 건조된 딸기는 진한 빨간색으로 채색합니다.

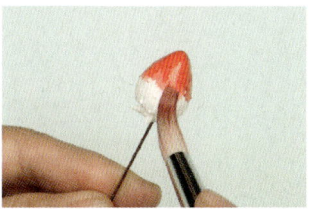

㉒ 아래로 내려갈수록 연하게 채색해 꼭지 부분이 약간 덜 익은 느낌이 나도록합니다.

TIP 더 예쁘게 채색하기

빨간색 물감에 약간의 오렌지색 물감을 혼합해 채색해주면 잘 익은 맛있는 딸기 느낌을 표현할 수 있습니다.

㉓ 진한 녹색에 밤색을 약간 혼합해 꼭지 부분도 칠해줍니다.

㉔ 채색이 완성되었습니다.

㉕ 작은 딸기는 밑부분에 올리브 그린색을 채색해주면서 위쪽의 빨간색 부분을 옅게 칠하면, 덜 익은 듯한 느낌을 표현할 수 있습니다.

㉖ 잎사귀는 진한 녹색과 밤색 물감을 혼합한 다음, 잎사귀 밑부분부터 채색해주고 윗부분에서 서서히 옅게 채색해 마무리합니다.

딸기 조립해 완성하기

㉗ 작은 딸기부터 중간 딸기 순으로 잎사귀와 함께 밤색 플라워 테이프로 연결한 다음

㉘ 딸기와 딸기 꽃, 잎사귀를 조화롭게 연결해 한 줄기의 꽃을 만듭니다.

㉙ 화기 길이에 맞춰 철사를 잘라 예쁘게 꽂으면 멋진 딸기 화분이 완성됩니다.

딸기 꽃을 응용한 딸기 메모판 만들기

메모판 소품에 하티 점토로 글자를 만들어 붙여주고 점토를 길고 둥글게 만들어 작은 화분 모양으로 코일링 기법(235쪽 참고)으로 연결해 붙여줍니다. 딸기, 딸기 꽃, 잎사귀를 늘어지는 느낌으로 조립해 딸기 모양 뒷면에 접착제를 발라 붙이면 딸기 메모판이 만들어집니다. 딸기 모양을 만들고 여기에 압정을 접착제로 붙여 메모핀으로 이용해도 예쁩니다.

딸기 바구니 만들기

만들려는 모양의 바구니에 점토가 달라붙지 않도록 비닐을 씌워준 후 점토를 밀어서 틀에 맞춰 바구니 모양을 잡아줍니다. 건조한 후 둥글고 긴 띠를 만들어 꽈배기 모양으로 붙여주고 손잡이는 철사를 넣어서 점토를 굴려 고정합니다. 잎사귀, 딸기, 꽃, 넝쿨을 양쪽 바구니 안쪽으로 보기 좋게 만들어 붙이면 예쁜 바구니가 완성됩니다.

꽃말 : 사랑을 점치다, 마음속에 감춘 사랑.

28 커팅 기법을 이용한 마가렛

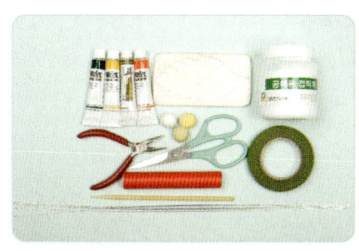

준비물

♣ 점토 : 하티

♣ 도구 : 가위, 녹색 플라워 테이프, 꽃밀대, #22 철사, 공예용 접착제, 통밀대, 잎맥틀

♣ 물감 : 노란색, 진한 녹색, 올리브그린색, 오렌지색

● 예상 재료비 : 3,000원~4,000원 | 예상 제작 시간 : 1시간 30분~2시간 | 완제품을 사려면 얼마나 하죠? : 약 15,000원~20,000원

커팅 기법 꽃잎 쪽수를 나눠주거나 봉오리 또는 속심을 만들 때 잘라주는 것을 커팅 기법이라고 합니다.

속심 만들기

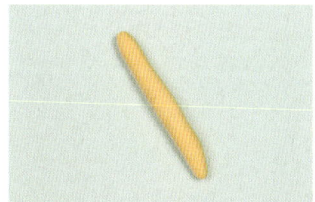

01 노란색으로 염색한 하티 점토를 2cm 정도 길이로 빚은 다음

02 통밀대로 약 1mm 정도의 두께로 밀어줍니다.

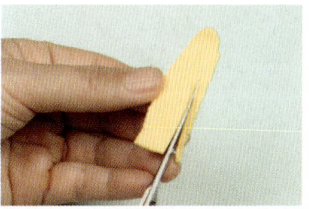

03 1cm~1.3cm 정도 폭이 되도록 직사각형으로 자른 다음

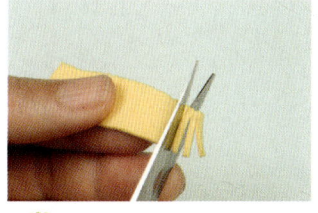

04 약 1mm 폭으로 가윗집을 내줍니다. 가윗집을 낼 때 끝이 잘라지지 않도록 주의합니다.

05 가윗집을 내준 속심입니다.

06 #22 철사에 녹색 플라워 테이프를 감고 끝을 구부려 접착제를 바르고 점토의 1/2 정도에 철사가 보이지 않게 돌려줍니다.

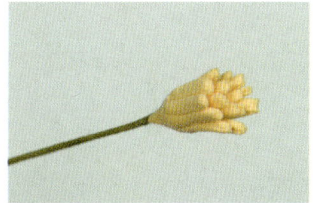

07 속심을 다 돌려준 다음 마무리합니다. 속심도 꽃의 크기에 맞게 크기별로 준비합니다.

꽃 만들기

08 하티 점토를 조금 떼어내 1.5cm 정도 둥글게 빚은 후

09 2cm 정도 긴 물방울 모양으로 빚어줍니다.

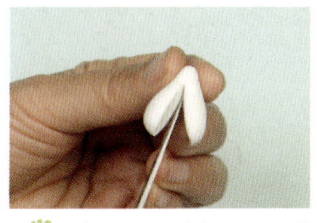

10 점토를 8쪽 내지 9쪽으로 잘라준 후

11 꽃밀대로 좌우 살짝 눌러 꽃잎 모양을 만들어줍니다.

12 속심을 끼워주고 꽃의 모양을 잘 잡아주면

13 꽃이 완성됩니다.

14 꽃 밑동(꽃받침)을 가위로 6쪽으로 집어주어 마무리합니다.

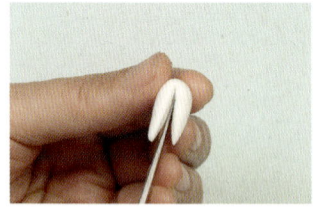

15 하티 점토를 1.5cm 정도 길이 물방울 모양으로 빚은 다음 가위로 잘게 집어줍니다.

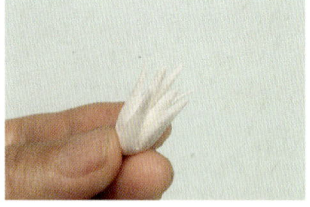

16 봉오리는 길이에 변화를 주면서 가위로 9~10쪽 정도로 잘게 잘라줍니다.

17 철사 끝을 구부린 다음 접착제를 바르고 위에서 아래로 끼워줍니다.

18 손으로 윗부분을 살짝 모아준 후

19 밑동을 가위로 6쪽 정도 집어주고 그 윗부분의 사이사이를 다시 한 번 작게 집어줍니다.

20 봉오리가 완성되었습니다.

21 큰 꽃, 작은 꽃, 봉오리 순으로 만들어주세요.

잎사귀 만들기

22 올리브그린색으로 염색한 점토를 약 5cm 정도의 긴 물방울 모양으로 빚은 다음 잎맥틀에 찍어줍니다.

23 틀에서 점토를 빼내 손으로 매만져 모양을 잡아주고, 철사에 물을 조금 묻혀 잎사귀 밑에서부터 2/3 정도 길이만큼 끼워줍니다.

24 잎사귀는 밑에서부터 진한 녹색에 밤색을 약간 혼합하여 2/3 정도 칠해준 후, 나머지는 자연스럽게 연결해 서서히 맑고 옅게 채색해 잎의 느낌을 살려줍니다.

채색한 후
조립하기

25 노란색에 오렌지색을 약간 혼합한 후

26 속심 어느 한 부분만 진하게 찍어준 후, 나머지 부분은 연하게 채색해 포인트를 줍니다.

27 봉오리, 덜 핀 꽃, 작은 꽃, 큰 꽃 순으로 조화롭게 연결하면서 잎사귀를 사이사이 넣어가며 한줄기를 만듭니다.

28 만들어진 꽃을 모자 가운데를 중심으로 한줄기씩 보기 좋게 조립합니다.

29 모자 속에 방향제를 넣어 장식하면 은은한 향기가 나는 방향제로 활용할 수 있습니다.

마가렛을 이용한 바이올린 모형 소품 만들기

약간의 점토 덩어리에 접착제를 바른 후 바이올린 모형 소품에 붙여줍니다. 그리고 만들어 놓은 마가렛꽃을 늘어지는 느낌으로 소담스럽게 꽂아주면 아름다운 바이올린 소품이 완성됩니다.

마가렛 플라워 벽걸이 만들기

벽걸이 틀에 아크릴 물감으로 원하는 색상으로 칠해줍니다. 하티 점토를 적당량 떼어내 화분 모양으로 만들어 붙인 후, 윗부분은 둥글고 길게 두 가닥을 꼬아서 연결합니다. 둥근 면은 스티치 느낌이 나도록 눌러 찍어주고, 건조한 후 어울리는 색으로 칠해 만들어 놓은 꽃을 조화롭게 꽂아주면 방문 벽걸이나, 예쁜 장식용으로 활용할 수 있습니다.

29 도구를 이용해 만든 개나리

꽃말 : 순결, 깨끗한 마음, 희망.

29 도구를 이용해 만든 개나리

🍀 **점토** : 하티

🍀 **도구** : 밤색 플라워 테이프, 가위, 꽃밀대, #22 철사, 공예용 접착제, 노란색 꽃술, 펜치

🍀 **물감** : 노란색, 진한 녹색, 올리브그린색, 진한 밤색

● 예상 재료비 : 3,000원~4,000원 | 예상 제작 시간 : 1시간 30분~2시간 | 완제품을 사려면 얼마나 하죠? : 약 25,000원~30,000원

꽃 만들기

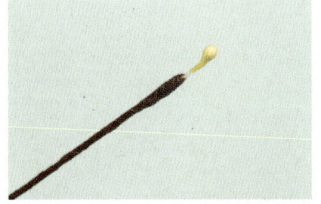

01 밤색 플라워 테이프로 감아준 #22 철사에 노란색 꽃술을 1cm 정도 길이만 남기고 연결합니다.

02 노란색으로 염색한 하티 점토를 2.5cm 길이의 긴 물방울 모양으로 빚어주세요.

03 가위로 4쪽을 길게 내준 후, 꽃밀대로 밀어주기 쉽게 손으로 살짝 눌러줍니다.

04 꽃밀대로 가운데를 중심으로 좌우 가볍게 밀어줍니다.

05 꽃밀대 뒤편의 둥근 부분으로 꽃의 중앙을 돌려가며 눌러준 후

06 꽃밀대의 뾰족한 부분으로 눌러준 부분을 정리합니다.

07 만들어 두었던 꽃술을 위에서 아래로 꽃아줍니다.

08 꽃받침은 밑동을 4쪽으로 가 윗집을 내줍니다.

09 채색하기 전의 꽃입니다.

싹눈 만들기

10 싹눈은 올리브그린색으로 염색한 점토를 5mm 정도의 높이로 납작하게 한 후

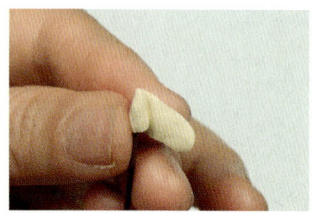

11 위에서부터 아래로 감싸듯이 돌려주는 느낌으로 만듭니다.

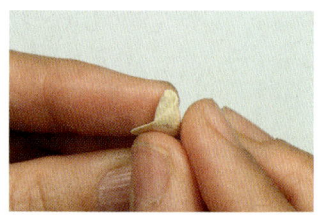

12 밑부분을 깔끔히 정리해주면

13 채색하기 전의 싹눈이 완성됩니다.

채색하고 완성하기

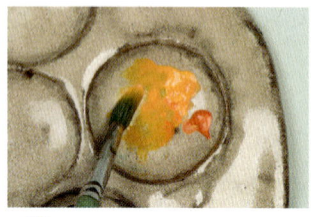

14 노란색에 오렌지색 물감을 약간 혼합한 후

15 꽃 속 안에서부터 바깥쪽으로 옅게 연결감을 주면서 칠해줍니다.

16 꽃받침은 밤색으로 채색해준 다음

17 올리브그린색으로 서서히 옅게 칠해 나갑니다.

18 싹눈은 올리브그린색으로 위에서부터 채색해줍니다.

19 봉오리, 작은 꽃, 큰 꽃을 크기별로 조화롭게 한줄기의 꽃으로 연결한 후

20 예쁜 화기에 꽂아 주면 화사한 개나리가 완성됩니다.

개나리 메모꽂이 만들기

① 둥근 MDF 밑판에 아크릴 물감 진한 밤색으로 채색을 해줍니다.
② 하티 점토를 둥글고 길게 꽈배기 모양으로 띠를 돌려서 작은 화분 모양으로 만듭니다.
③ 접착제를 발라 화분 속에 일반 점토 덩어리를 고정한 후 메모꽂이대를 꽂아줍니다.
④ 여기에 개나리를 보기 좋게 조립한 후 인조 이끼를 위에 얹어주면 실용적인 소품으로 활용할 수 있습니다.

꽃말 : 정열, 사랑의 기쁨

30 웨이브 기법을 이용한 철쭉

 준비물

- **점토** : 하티
- **도구** : 가위, 꽃술, 녹색 플라워 테이프, 공예용 접착제, 잎맥틀, 펜치, 꽃밀대, #22 철사, 도트
- **물감** : 올리브그린색, 진한 녹색, 빨간색, 진한 밤색, 크림슨레이크색

● **예상 재료비** : 3,000원~4,000원(리스 별도) | ● **예상 제작 시간** : 2시간~2시간 30분 | ● **완제품을 사려면 얼마나 하죠?** : 약 30,000원~40,000원

웨이브 기법 웨이브 기법은 꽃잎에 꽃밀대로 강약을 주며 눌러 펴주면서 굴곡을 주어 실제 꽃과 같은 모양을 표현하는 기법입니다.

활짝 핀 꽃 만들기

01 꽃술 3개를 반으로 접은 후, #22 철사에 녹색 플라워 테이프로 연결해주세요.

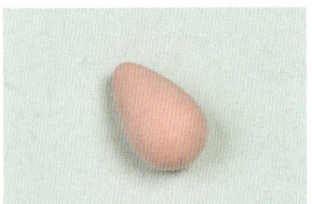

02 빨간색으로 염색한 하티 점토를 2.5cm 길이 물방울 모양으로 빚은 후

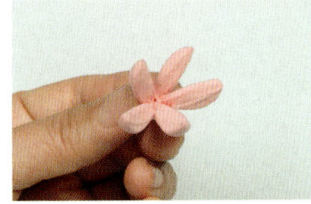

03 가위로 5쪽을 내줍니다.

04 꽃잎을 손으로 살짝 눌러준 후

05 꽃밀대로 가운데를 중심으로 좌우 밀어주면서 꽃잎 가장자리에 웨이브를 줍니다.

06 꽃의 가운데 부분을 꽃밀대로 눌러주면서 모양을 잡아준 후

07 준비된 꽃술에 접착제를 조금 묻혀 위에서 꽂아주면

08 채색하기 전의 꽃이 완성됩니다.

꽃 봉오리,
덜 핀 꽃 만들기

09 빨간색 물감으로 염색한 점토를 물방울 모양으로 1.5cm 크기로 빚어 5쪽으로 가윗집 내줍니다.

10 꽃밀대로 좌우로 살짝 밀어준 후

11 끝을 구부린 철사에 접착제를 바른 후 위에서 꽂아줍니다.

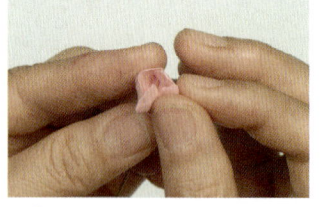

12 꽃잎 사이사이를 엇붙인 후 위에서 살짝 모아주면

13 꽃봉오리가 완성됩니다.

14 활짝 핀 꽃 만들기와 같은 방법으로 만든 후에 꽃밀대로 세워서 자연스럽게 눌러주면

15 덜 핀 꽃이 완성됩니다.

잎사귀,
꽃받침 만들기

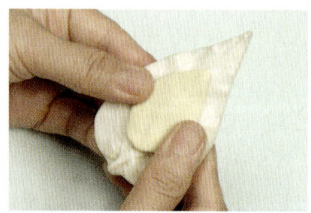

16 올리브그린색으로 염색한 점토를 잎맥틀에 눌러주면서 무늬를 찍어주세요.

17 잎사귀 가장자리는 손으로 얇게 만져가며 표정을 살려 철사에 꽂아줍니다.

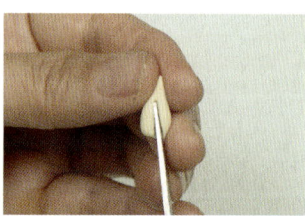

18 꽃받침은 5mm 크기 물방울 모양으로 빚은 후, 5쪽으로 가윗집을 내주세요.

19 꽃밀대로 좌우를 살짝 눌러준 후

20 만들어놓은 꽃에 연결하면

21 꽃받침을 끼워 넣은 꽃이 완성됩니다.

채색하기

22 빨간색 물감에 크림슬레이크색 물감과 마감재를 약간 섞어 안에서부터 채색을 시작합니다.

23 꽃잎의 중간 부분부터 엷게 서서히 번지는 느낌으로 칠해줍니다.

24 밑부분은 진한 녹색과 밤색을 혼합해서 채색한 다음 올리브 그린색으로 윗부분을 서서히 엷게 칠합니다.

25 꽃받침도 잎사귀의 채색과 같은 방법으로 칠해줍니다.

26 도트로 짙은 밤색 물감을 묻혀 점을 균형 있게 찍어주면

27 철쭉이 완성됩니다.

조립하여 완성하기

28 리스 모양 소품에 꽃과 봉오리, 잎의 중심을 잡아가면서 글루건으로 붙여가며 조화롭게 꽂아주면

29 예쁜 철쭉 리스가 완성됩니다.

철쭉 화기에 장식하기

주황색 물감으로 염색한 모데나 점토로 꽃을 만들어 화기에 장식해 또 다른 느낌을 표현해보세요.

31 점토로 직접 만드는 나만의 엔틱 화기

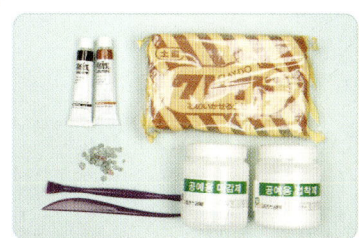

 준비물

♣ **점토 :** 클레이도
♣ **도구 :** 공예용 접착제, 공예용 마감재, 조각도, 장식용 돌
♣ **물감 :** 검은색, 진한 밤색

● **예상 재료비 :** 6,500원~7,000원(꽃 별도) | **예상 제작 시간 :** 1시간 30분 | **완제품을 사려면 얼마나 하죠? :** 약 8,000원(꽃 별도)

01 클레이도 점토를 2/3 정도 떼어내 덩어리로 반죽한 다음

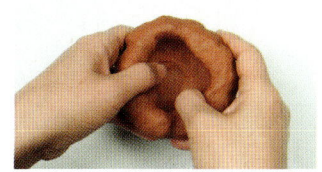

02 손으로 안쪽을 눌러 파주면서 둥근 모양을 만듭니다.

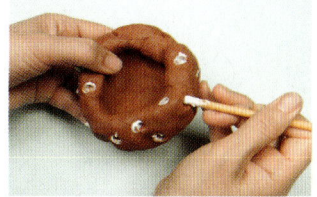

03 장식용 돌이 들어갈 수 있도록 꽃밑대의 뒷부분을 눌러준 다음 접착제를 바릅니다.

04 장식용 돌을 군데군데 파여진 곳에 붙여주고

05 화기 밑동에 다리가 될 작은 덩어리를 3개 만들어 접착제로 붙여줍니다.

06 화기 윗부분을 둥글납작한 모양으로 잡아주고, 손으로 눌러 투박한 느낌을 표현합니다.

07 검은색과 진한 밤색 물감을 2:1로 혼합해서 공예용 마감재와 약간의 물을 섞은 후

08 명암을 주면서 칠해줍니다.

09 점토를 잘 건조해주면 멋진 화기가 완성됩니다.

10 괭이눈꽃을 만들어 조립한 화분입니다. 내가 원하는 스타일의 화기와 좋아하는 꽃을 직접 만들어 세상에 둘도 없는 멋진 화분을 만들어보세요.

Part
08

사랑이 담긴 꽃 선물

32. 어버이날 부모님께 드리고 싶은 카네이션

33. 불타오르는 뜨거운 열정, 장미

34. 나를 생각해주세요! 제비꽃

35. 포인세티아 핸드폰 고리

36. 멋스런 수국 액자 장식

꽃말 : 어머니의 사랑, 정열, 애정.

32 어버이날 부모님께 드리고 싶은 카네이션

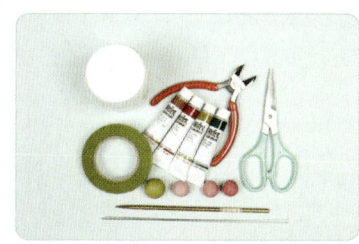

준비물

♣ **점토** : 모데나

♣ **도구** : 결밀대 또는 사각 밀대, #22 철사, 녹색 플라워 테이프, 공예용 접착제, 가위, 펜치

♣ **물감** : 진한 밤색, 크림스레이크색, 올리브그린색, 진한 녹색

● 예상 재료비 : 5,000원~6,000원 (바구니 별도) | 예상 제작 시간 : 2시간 | 완제품을 사려면 얼마나 하죠? : 약 35,000원~40,000원

꽃 만들기

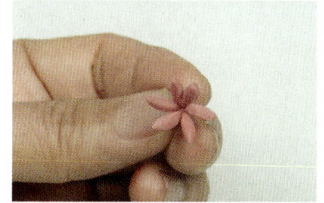

01 크림스레이크색 물감의 양을 조절해 3가지 분홍색 톤으로 염색한 모데나 점토 중 가장 진한 점토를 1cm 길이 물방울 모양으로 빚은 다음 가위로 5~6쪽을 내줍니다.

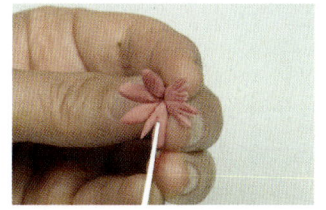

02 손으로 살짝 누른 다음 꽃잎 가장자리 끝을 잘게 가윗집을 준 후

03 결밀대로 좌우를 밀어주면서 주름이 잡힐 정도로 웨이브를 주면

 결밀대를 쓰는 이유

결밀대는 꽃잎 하나하나에 결을 주기 위해 사용합니다.

04 사진과 같은 모양의 꽃이 완성됩니다.

05 구부려준 철사 끝에 접착제를 바른 후 위에서 꽃아주세요.

06 철사가 보이지 않게 안으로 오므리면서 결밀대를 세워 꽃잎 사이사이를 눌러 세워줍니다.

07 작은 크기의 카네이션을 만든 다음

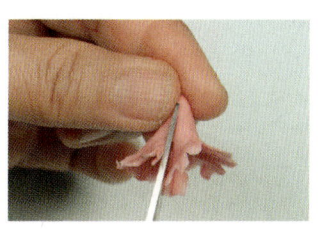

08 두 번째 겹꽃을 위와 같은 방법으로 분홍색 중간 톤으로 염색한 점토로 약간 크게 만든 후, 작은 꽃을 싸주기 위해 꽃잎 옆을 가위로 자릅니다.

09 만들어놓은 작은 꽃에 싸서 겹으로 붙여주고

10 결밀대를 세워 밑동부터 위로 눌러줍니다.

11 옅은 분홍색 점토를 꽃 크기 별로 2~3겹씩 싸서 겹으로 돌려 붙입니다.

12 꽃을 크기별로 만들어 놓습니다.

꽃받침 만들기

13 녹색으로 염색한 모데나 점토를 약 5mm 물방울 모양으로 빚은 후 5쪽으로 가윗집을 내 줍니다.

14 결밀대로 밀어준 다음

15 가운데를 결밀대로 돌려주면서 마무리한 후

16 건조된 꽃에 연결합니다.

17 꽃받침 윗부분을 살짝 눌러주면서 꽃과 밀착해주세요.

18 결밀대의 뾰족한 부분이나 삼각칼로 꽃받침을 잘라준 선에 맞춰 선을 그어준 다음

19 꽃받침 밑동을 가위로 집어주면서 정리합니다.

20 카네이션이 완성되었습니다. 카네이션 꽃받침은 길고 갸름하게 만든 다음 밑동을 약간 둥굴려 주는 것이 포인트입니다.

잎사귀 만들어 채색하고 완성 하기

21 올리브그린색으로 염색한 모데나 점토를 2.5cm 크기의 긴 물방울 모양으로 빚어준 후

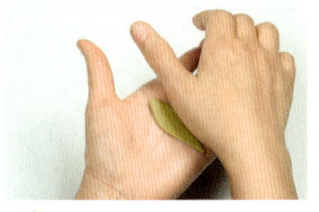

22 손바닥으로 눌러줍니다.

23 손자국이 나지 않도록 조심하면서 엄지와 검지로 얇게 매만져준 후

24 결밀대나 꽃밀대의 끝으로 잎
의 가운데 선을 그어줍니다.

25 채색하기 전의 잎사귀가 완성
되었습니다.

26 진한 녹색과 진한 밤색을 혼
합해 밑부분부터 채색한 후
중간 윗부분부터 올리브그린
색으로 옅게 칠해줍니다.

27 꽃받침 채색도 잎사귀 채색
방법과 동일하게 해줍니다.

28 작은 꽃, 중간 꽃, 잎사귀, 큰
꽃, 잎사귀 순으로 한줄기를
조화롭게 연결해줍니다.

29 카네이션 미니 바구니를 만들 때는 일반 점토 덩어리에 접착제를 발라
고정한 후 사방으로 꽃을 짧게 꽂아주고 가장자리와 가운데에 잎사귀를
조화롭게 장식합니다. 그 후 인조이끼를 얹어주면 예쁜 카네이션 미니
바구니가 완성됩니다.

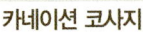

카네이션 코사지

코사지는 한줄기의 꽃을 만든 다음
인조 진주 구슬이나, 장식용 액세서
리를 이용해서 리본을 만들어주면 예
쁜 코사지가 완성됩니다.

카네이션 브로치 만들기

먼저 잎사귀를 만든 후, 꽃잎 3장을
겹으로 싸서 만들어 놓은 잎사귀에
접착제를 발라 브로치 핀에 고정합니
다. 점토가 건조되면 광택이 나는 마
감재를 발라 예쁜 브로치를 완성해보
세요.

꽃말 : 욕망, 열정, 기쁨, 아름다움, 결정.

33 불타오르는 뜨거운 열정, 장미

33 불타오르는 뜨거운 열정, 장미

 준비물

♣ 점토 : 하티
♣ 도구 : 가위, 꽃밀대, #20 철사, 잎맥틀, 녹색 플라워 테이프, 공예용 접착제, 공예용 마감재, 니퍼, 펜치
♣ 물감 : 빨간색, 진한 녹색, 진한 밤색, 올리브그린색, 크림슬레이크색

● 예상 재료비 : 6,000원~7,000원 (화기 별도) | ● 예상 제작 시간 : 2시간 | ● 완제품을 사려면 얼마나 하죠? : 약 20,000원(화기 별도)

꽃 만들기

01 하티 점토에 빨간색 물감을 소량 섞어 혼합한 후 반죽합니다.

02 2cm 크기의 물방울 모양으로 빚어주세요. #20 철사 3개를 녹색 플라워 테이프로 감은 다음, 철사 끝을 구부립니다.

03 접착제를 바르고 물방울 모양 점토에 꽂아주면 속심이 완성됩니다.

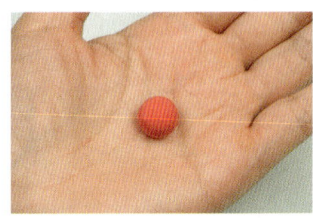

04 빨간색으로 염색한 점토를 직경 2cm 정도로 둥글게 만든 다음

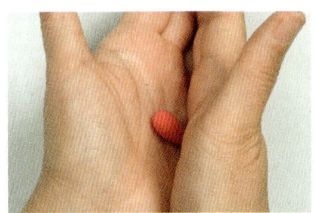

05 2.5cm 크기의 물방울 모양을 빚어주세요.

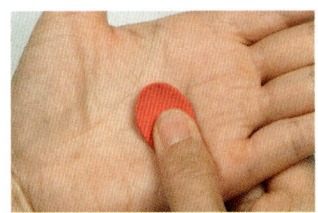

06 점토를 납작하게 누른 후 엄지손가락으로 가운데를 오목하게 위에서 아래로 눌러줍니다.

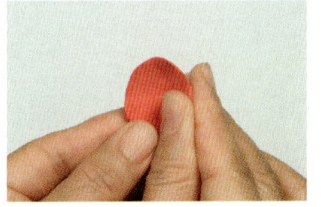

07 꽃잎 가장자리를 손으로 매만지면서 살짝 웨이브를 줍니다.

08 속심, 작은 꽃잎 2장이 준비되면

09 꽃잎 1장으로 속심을 감싸며 위에서부터 붙여주고

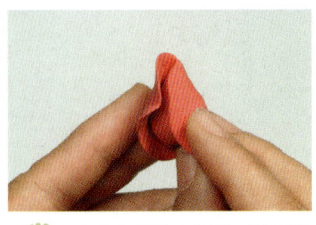

10 나머지 1장을 1/3 정도만 겹쳐서 붙여줍니다.

11 밑부분을 정리해줍니다.

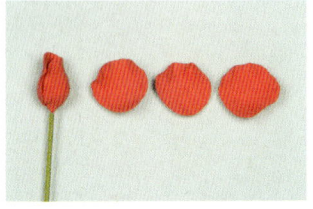

12 앞에서 만든 꽃에, 꽃잎 3장 추가로 만들어 준비합니다.

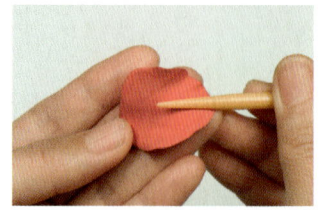

13 꽃잎 가장자리를 꽃밀대로 늘려주면서 웨이브를 줍니다.

14 밑부분을 손으로 살짝 눌러 오목하게 만듭니다.

15 꽃잎 가장자리를 살짝 젖혀주면서 활짝 핀 꽃의 표정을 살려준 후

16 작은 꽃잎부터 1장씩을 붙여주세요.

17 나머지 2장을 장미잎 모양으로 웨이브를 주면서 1/3씩 겹치면서 붙입니다.

18 크기별로 꽃잎 3장을 만든 후

19 나머지 3장을 사이사이 엇붙입니다.

20 꽃잎 가장자리를 손으로 매만져주면서 표정을 살려주면 활짝 핀 꽃이 완성됩니다.

꽃받침 만들기

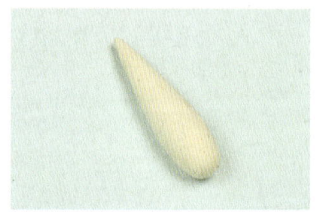

21 올리브그린색으로 염색한 하티 점토를 2.5~3cm 길이의 갸름하고 긴 물방울 모양을 빚은 후

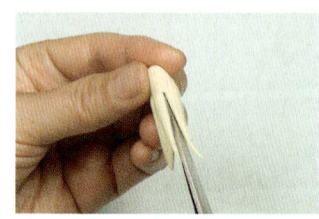

22 1cm 정도만 남기고 길고 짧게 5쪽으로 가윗집을 내줍니다.

23 꽃받침을 만들기 위해 5쪽으로 가윗집을 내준 점토입니다.

24 꽃밀대로 살짝 눌러준 후

25 꽃받침 잎 가장자리를 뾰족하고 가늘게 가위로 집어줍니다.

26 만들어 놓은 꽃 받침에 물을 약간 묻혀 끼운 후

27 꽃잎에 밀착한 다음 손으로 매만지면서 엄지와 검지로 도톰하게 눌러줍니다.

28 꽃받침 밑동을 둥글게 만든 후 꽃밀대로 눌러줍니다.

29 꽃받침을 연결하였습니다.

꽃잎과 꽃받침 채색하기

30 빨간색과 크림슨레이크색을 조금 짜내 혼합한 후

31 마감재를 섞어 꽃잎 안쪽부터 엷게 채색을 해줍니다.

32 꽃받침은 진한 녹색에 진한 밤색을 섞어 밑동부터 칠해주면서 중간부터 올리브그린색으로 묽고 옅게 채색합니다.

33 속심을 만든 후에 작은 꽃잎 3장을 덧붙여 위로 살짝 모아주면서 표정을 살려줍니다.

34 봉오리를 만들고 꽃잎 3장을 조금 크게 만들어 엇붙여 꽃잎 가장자리를 살짝 젖힙니다.

잎사귀 만들어 완성하기

35 3cm 정도의 물방울 모양으로 빚어 손바닥으로 살짝 눌러 잎맥틀에 찍어주고, 꽃잎 가장자리는 꽃밀대의 뾰족한 부분을 사용하여 가시 모양으로 표현하고 채색해줍니다.

36 위와 같은 방법으로 잎사귀를 여러 장 만들어 놓고 3장씩 녹색 플라워 테이프로 감아주면서 조립합니다.

37 꽃 한 송이에 3장씩 묶은 잎사귀를 연결해

38 한 줄기의 장미를 화기에 꽂아주면 완성입니다.

장미 바구니 만들기

1. 둥근 모양의 틀에 비닐을 씌워줍니다. 하티 점토로 둥글고 긴 띠를 만들어 서로 엇갈리게 엮어서 바구니 모양으로 잡아준 후 점토가 건조되면 틀을 뺍니다.

2. 점토를 4cm 폭으로 밀어 주름을 잡아준 후 바구니 윗부분 안쪽에 접착제를 바르면서 붙여줍니다.

3. 손잡이는 점토에 철사를 넣고 둥근 띠를 만든 다음 반원형으로 구부려줍니다.

4. 가늘고 둥근 띠를 코일링 기법으로 손잡이에 감아줍니다.

5. 바구니가 건조되면 장미꽃과 잎사귀, 넝쿨을 만들어 조화롭게 붙여준 후 펄 느낌으로 포인트를 주면 예쁜 장미 바구니가 완성됩니다.

장미 브로치, 액세서리 만들기

장미 브로치는 작은 장미꽃을 만들어 접착제로 핀에 연결하면 됩니다.

장미 목걸이와 귀걸이는 크기를 작게 해 장미꽃과 봉오리를 만들어 붙여주면 예쁜 액세서리가 된답니다.

꽃말 : 생각함, 순애, 성실, 겸손, 사랑.

34 나를 생각해주세요! 제비꽃

🎴 준비물 🎴

♣ 점토 : 모데나, 일반 점토

♣ 도구 : 가위, 녹색 플라워 테이프, 공예용 접착제, 꽃밀대, 녹색 와이어, 낚싯줄, 잎맥틀, 유리병 소품,
펜치, 꽃술 가루, 인조 이끼, 작은 돌, #22철사

♣ 물감 : 보라색, 진한 녹색, 진한 밤색, 올리브그린색

◉ 예상 재료비 : 3,000원~5,000원(유리병 별도) | 예상 제작 시간 : 1시간 30분 | 완제품을 사려면 얼마나 하죠? : 약 30,000원~40,000원

꽃 만들기

01 낚싯줄을 1cm 정도만 남겨두고 녹색 플라워 테이프로 와이어에 연결합니다.

02 보라색으로 낚싯줄을 칠해준 후

03 노란색 꽃술 머리를 펜치로 으깨어 갈아준 후 낚싯줄 끝에 가루를 조금 묻혀줍니다.

04 진한 보라색과 연한 보라색 두 가지 톤으로 염색한 점토를 손으로 눌러 붙여줍니다.

05 약 1.5cm 길이로 윗부분은 둥글고 밑은 가늘고 길게 빚어줍니다.

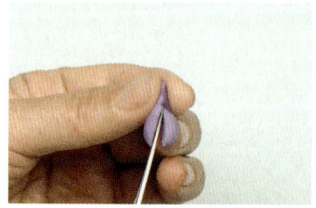

06 가위로 2등분을 해준 후

07 잎 하나를 3등분해주고 나머지 한 잎을 2등분합니다.

08 5등분한 잎을 손으로 살짝 눌러 펴준 다음

09 꽃밀대로 좌우 밀어주면서 꽃잎 가장자리에 웨이브를 넣어 꽃의 표정을 살려주세요.

10 앞서 준비한 꽃술에 물을 조금 묻혀 끼워주면서 꽃밑동 끝을 약간 구부려줍니다.

꽃받침 만든 후 조립하기

11 올리브그린색으로 염색한 모데나 점토를 약 5mm 길이 물방울 모양으로 빚은 다음 가위로 5쪽을 내주고

12 꽃밀대로 살짝 눌러주세요.

13 꽃받침은 꽃 밑동이 나오도록 꽃받침 옆을 가위로 잘라준 후 끼워서 붙입니다.

14 잎사귀 채색과 같은 방법으로 꽃받침을 칠한 다음 꽃받침 밑동과 철사의 연결 부분을 약간 둥글게 다양한 각도로 꺾어줍니다.

잎사귀 만들어 완성하기

15 잎사귀를 만든 후 자연스러운 느낌이 나도록 채색해줍니다.

16 꽃과 잎사귀를 크기별로 5개씩 준비합니다.

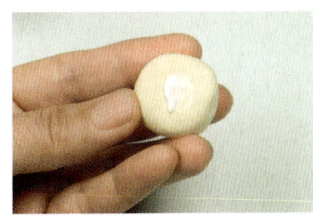

17 유리병 소품에 꽃을 고정하기 위해 일반 점토에 접착제를 바른 후

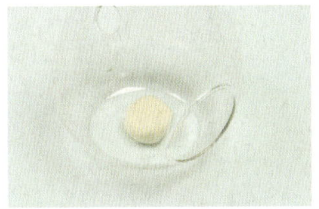

18 유리병 소품 안에 붙입니다.

19 크기순으로 꽃과 잎사귀를 연결해 녹색 플라워 테이프로 감아가며

20 한줄기의 꽃을 만듭니다. 유리병에 들어가도록 길이를 맞춰 펜치로 잘라준 후

21 접착제를 바른 다음 유리병 속 고정한 점토에 펜치로 집어서 꽂아줍니다.

22 잎사귀를 하나씩 꽂아준 후

23 인조 이끼를 얹어주고, 작은 돌을 모양새 있게 넣어주면 완성입니다.

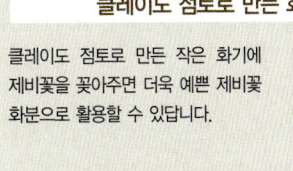

클레이도 점토로 만든 화기에 꽂아줘도 예뻐요

클레이도 점토로 만든 작은 화기에 제비꽃을 꽂아주면 더욱 예쁜 제비꽃 화분으로 활용할 수 있답니다.

35 포인세티아 핸드폰 고리

꽃말 : 축복, 박애.

35 포인세티아 핸드폰 고리

준비물

♣ 점토 : 모데나
♣ 도구 : 꽃밀대, 잎맥틀, 공예용 접착제, 금색 왕관 씨, 핸드폰 줄, 구자집게, 구핀
♣ 물감 : 빨간색, 주황색, 진한 녹색, 금분 액상 아크릴 물감

● 예상 재료비 : 2,000원~4,000원 | 예상 제작 시간 : 1시간 | 완제품을 사려면 얼마나 하죠? : 약 10,000원

꽃 만들기

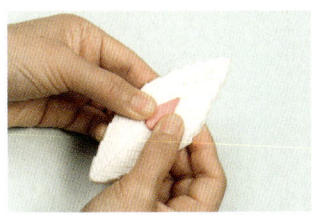

01 빨간색으로 염색한 모데나 점토를 2cm 길이의 물방울 모양으로 빚은 후 잎맥틀에 눌러줍니다.

02 꽃밀대로 눌러 잎 가장자리를 뾰족하게 만든 후

03 꽃잎 가장자리를 손으로 얇게 매만져주세요.

04 금색 왕관 씨를 가운데 두고 꽃잎 3장에 접착제를 바른 후 싸줍니다.

05 손으로 매만져 마무리한 다음

06 꽃잎을 처음보다 약간 크게 만들어 꽃잎 사이에 3장을 엇붙여줍니다.

07 올리브그린색으로 염색한 점토를 앞서 만든 꽃잎과 같은 방법으로 잎사귀를 2장 만들어 붙입니다.

채색하고 핸드폰 고리 완성하기

08 빨간색 아크릴 물감으로 꽃잎을 칠해주고 진한 녹색으로 잎사귀를 채색해주세요.

09 금분 액상 아크릴 물감을 잎 가장자리부터 안쪽으로 살짝 터치를 해줍니다. 공예용 마감재로 마무리하면 더 윤기가 납니다.

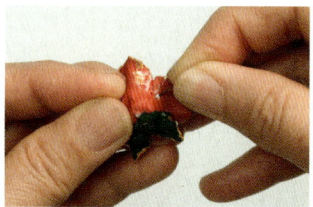

10 길이에 맞춰 구핀을 잘라준 다음 접착제를 바르고 꽂아줍니다.

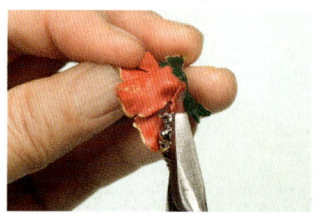

11 핸드폰 줄을 연결하면

12 포인세티아 핸드폰 줄이 완성됩니다.

포인세티아 촛대 만들기

양초를 쓰고 남은 틀을 이용해 점토로 밑판을 만든 다음 손잡이를 연결해주고 포인세티아를 장식하면 예쁜 촛대를 만들 수 있습니다.

포인세티아 귀걸이, 브로치, 크리스마스 트리 만들기

포인세티아를 응용해서 귀걸이나 브로치를 만들어보세요. 소품 리스에 인조 열매를 포인세티아와 함께 조화롭게 연결해주면 멋진 크리스마스 리스가 완성됩니다.

꽃말 : 냉정, 무정.

36 멋스런 수국 액자 장식

준비물

♣ 점토 : 하티

♣ 도구 : 꽃밀대, #22 철사, 가위, 녹색 플라워 테이프, 공예용 접착제, 잎맥 틀, 펜치, 액자틀, 수세미

♣ 물감 : 푸른색, 진한 녹색, 진한 밤색, 올리브그린색

● 예상 재료비 : 8,200원~10,000원(액자를 별도) | 예상 제작 시간 : 3시간 | 완제품을 사려면 얼마나 하죠? : 약 45,000원

속심 만들기

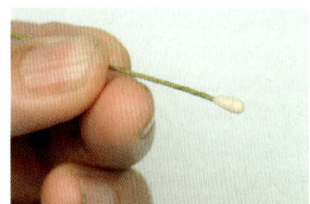

01 올리브그린색으로 염색한 하티 점토를 5mm 길이 작은 물방울 모양으로 만든 후 녹색 플라워 테이프를 감아준 철사에 꽂아줍니다.

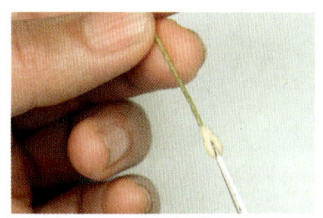

02 4쪽으로 가윗집을 내주면

03 가위로 집어준 모양 그대로 속심이 됩니다.

꽃 만들기

04 푸른색 물감으로 염색한 점토를 1cm 길이 물방울 모양으로 빚은 후 4등분하고

05 꽃밀대로 꽃잎을 하나하나 펴가며 마름모 모양이 되게 밀어줍니다.

06 꽃밀대로 가운데를 눌러가며 꽃 모양을 잡아주고

07 철사 끝에 물을 조금 묻혀 준비된 속심에 끼워줍니다.

08 이때 속심이 봉긋 나오도록 꽂아야 예쁩니다.

09 밑동에서 약 5mm 정도 남기고 니퍼로 자릅니다.

10 푸른색 계열로 진한 색, 중간 색, 옅은 색 등 3가지 톤으로 여러 개 만들어 잘라 놓습니다.

잎사귀 만들기

11 올리브그린색으로 염색한 점토를 3mm 두께로 잎사귀를 만들고 잎맥틀에 눌러줍니다. 꽃밀대로 가장자리 끝을 빼주면서 약간 뾰족하게 만든 후

12 가장자리를 매만지면서 뒤로 살짝 젖혀 잎의 모양을 살려 줍니다.

13 잎사귀를 채색합니다.

액자 틀에 장식하기

14 액자 틀에 하티 점토를 얇게 밀어서 접착제를 발라 붙인 다음 돌 질감을 표현하기 위해 수세미로 눌러줍니다.

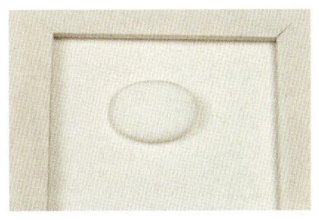

15 적당량의 하티 점토를 접착제를 묻혀 붙인 후

16 잘라놓은 꽃에 접착제를 묻혀 3가지 톤의 색을 섞어가며 보기 좋게 꽂아줍니다.

17 액자 틀 중앙과 가장자리에 꽃과 잎사귀를 조화롭게 장식한 후, 어울리는 색상으로 명암을 주면서 바탕을 채색하면 예쁜 수국 액자 장식이 완성됩니다.

수국 화분도 만들어 보세요

수국을 색상별로 푸른색 계열, 보라색 계열, 분홍색 계열로 만들어서 잎사귀와 함께 소담스럽게 꽂아주면 아름다운 수국 화분이 완성됩니다.

아름다운 사계절 꽃 이야기

37. 양지바른 언덕의 일편단심 민들레

38. 나를 항상 생각해주오! 봄꽃 팬지

39. 어둠 뚫고 활짝 피어나는 나팔꽃

40. 낮에 피었다가 밤에 지는 꽃 채송화

41. 길가의 아름다운 꽃 코스모스

42. 백일 동안 붉게 피는 꽃 백일홍

43. 모진 겨울 바람을 뚫고 피어난 동백꽃

44. 스스로를 너무 사랑한 꽃 수선화

37 양지바른 언덕의 일편단심 민들레

꽃말 : 내 사랑을 그대에게
나의 사랑을 드려요
감사하는 마음
신의 뜻, 사랑의 신탁, 경솔.

37 양지바른 언덕의 일편단심 민들레

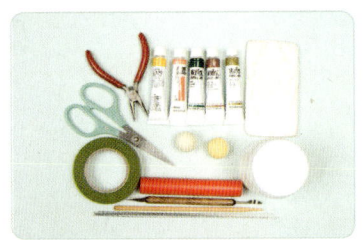

준비물

- ❀ **점토** : 하티
- ❀ **도구** : 꽃밀대, #20·22 철사, 녹색 플라워 테이프, 가위, 공예용 접착제, 잎맥틀, 통밀대, 삼각칼, 펜치
- ❀ **물감** : 노란색, 오렌지색, 진한 녹색, 진한 밤색, 올리브그린색

● **예상 재료비** : 3,000원~4,000원 (화기 별도) | **예상 제작 시간** : 3시간 | **완제품을 사려면 얼마나 하죠?** : 약 60,000원~70,000원

꽃 만들기

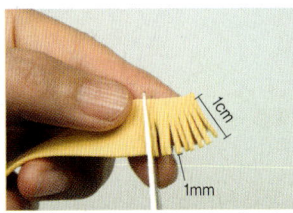

01 노란색으로 염색한 하티 점토를 통밀대로 폭 1cm, 두께 1mm로 납작하게 밀어준 다음 가위로 1mm 간격으로 잘라줍니다.

02 잘게 잘라준 잎 끝을 꽃밀대로 살짝 눌러 오목하게 만듭니다.

03 #22 철사 5개를 녹색 플라워 테이프로 감아준 다음 펜치로 철사 끝을 구부립니다. 철사 끝에 접착제를 바른 후 철사가 보이지 않게 감아주세요.

04 속심을 중심으로 돌려 감아줍니다.

05 속심보다 조금 위로 잘게 자른 점토 띠를 한 겹씩 돌려 붙입니다.

06 점토 띠를 돌려 붙여준 후 밑부분을 눌러주면서 꽃이 살살 피어나는 느낌으로 만져줍니다.

꽃을 더 크게 만들려면

꽃의 크기에 따라 점토 띠의 높이를 조금씩 길게 해주면서 감아주면 더 크게 만들 수 있습니다.

07 만들어진 꽃은 꽃밀대 끝으로 가는 꽃잎이 붙지 않도록 서로 보기좋게 정리합니다.

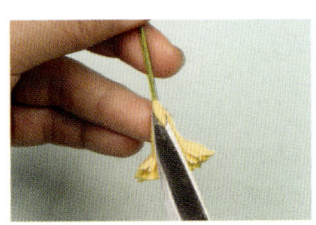

08 밑동은 두툼한 부분을 가위로 잘라 깔끔히 정리합니다.

꽃받침 만들기

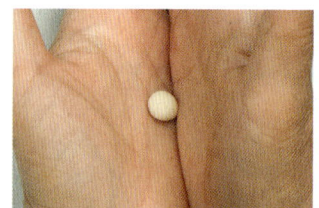

09 올리브그린색으로 염색한 하티 점토를 양손 바닥으로 빚으면서 2cm 길이의 둥근 삼각뿔 모양으로 만듭니다.

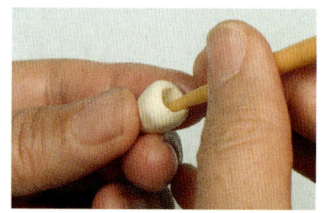

10 꽃밀대로 둥근 부분 가운데를 중심으로 구멍을 내주면서 늘려주세요.

11 접착이 잘 되도록 꽃 밑동에 물을 묻힌 후, 꽃받침을 꽂아줍니다.

12 꽃밀대 끝으로 꽃받침 위쪽의 끝부분을 끌어올려주면서 모양을 잡아줍니다.

13 밑동부터 가윗집을 내주고 위로 갈수록 촘촘하게 가위로 집어준 후

14 사진처럼 민들레의 꽃받침 모양을 만든 다음 약 5~6시간 동안 건조합니다.

채색하기

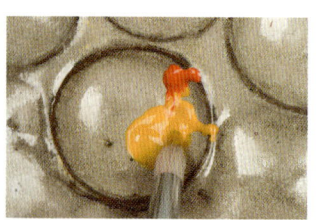

15 노란색 물감에 소량의 오렌지색 물감을 혼합한 후

16 꽃 안쪽부터 명암을 주며 칠하면서 가장자리는 옅게 채색해 마무리합니다.

17 꽃받침 채색은 잎사귀 채색과 동일한 방법으로 하면 됩니다.

18 꽃을 만들 때 점토 띠의 높이나 크기를 조정해 작은 꽃, 덜 핀 꽃, 활짝 핀 꽃을 미리 만들어주세요.

잎사귀 만들기

19 올리브그린색으로 염색한 점토를 두께 2mm 정도로 민 다음 삼각칼로 들쑥날쑥하게 잎사귀 모양으로 잘라줍니다.

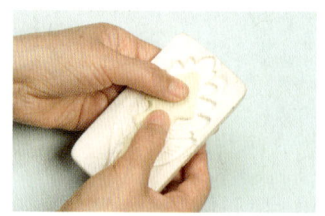

20 잎맥틀에 눌러 무늬를 찍어줍니다.

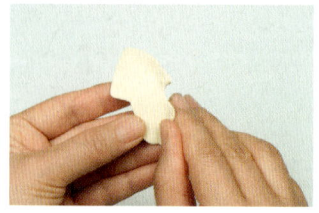

21 손자국이 나지 않도록 조심하면서 엄지와 검지로 잎사귀 가장자리를 매만져 잎 모양을 만듭니다.

22 #20 철사에 물을 묻힌 후 잎사귀 점토에 꽂아줍니다.

23 잎사귀 끝을 살짝 젖혀 모양을 잡아준 후

24 건조된 잎사귀를 채색합니다.

조립하여 완성하기

25 작은 꽃, 작은 잎사귀, 중간 꽃 순으로 테이프를 감으면서 조립합니다.

26 이어서 큰 꽃, 잎사귀 3~4장을 더 조립한 후

27 화기에 꽂아주면 예쁜 민들레 화분이 완성됩니다. 꽃은 취향에 따라 자신이 원하는 모양으로 배치해 마음껏 꾸며보세요.

꽃말 : 사색, 나를 생각해주세요.

38 나를 항상 생각해주오! 봄꽃 팬지

준비물

♣ 점토 : 모데나

♣ 도구 : 가위, 공예용 접착제, 녹색 플라워 테이프, 꽃밀대, #22 철사, 임맥틀, 펜치, 세필

♣ 물감 : 진한 녹색, 노란색, 보라색, 진한 밤색

● 예상 재료비 : 4,000원~5,000원(액자 별도) | 예상 제작 시간 : 3시간 | 완제품을 사려면 얼마나 하죠? : 약 50,000원

속심 만들기

01 노란색으로 염색한 모데나 점토를 1cm 길이로 굴려줍니다.

02 폭 6mm, 두께 1mm 정도로 밀어준 다음, #22 철사에 사선으로 돌려 붙입니다.

03 밑부분을 가위로 잘라 정리해 주세요.

04 같은 방법으로 속심을 여러 개를 만들어 준비합니다.

꽃 만들기

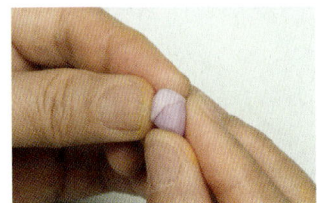

05 보라색, 연한 보라색 두 가지 톤으로 염색한 모데나 점토를 적당한 비율로 붙인 후

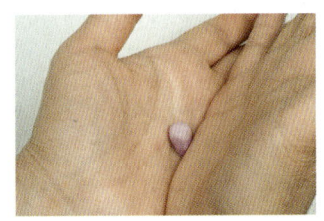

06 물방울 모양으로 빚어줍니다.

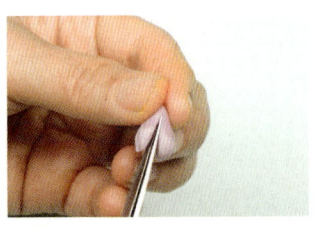

07 점토를 가위로 2등분합니다.

08 2등분한 것을 다시 2등분해 잘라준 다음, 손으로 살짝 눌러줍니다.

09 꽃밀대로 좌우를 밀어주면서 늘려줍니다.

10 꽃잎 가장자리를 웨이브 주면서 살짝 젖혀줍니다.

11 앞에 만들어 놓은 속심을 끼워준 후

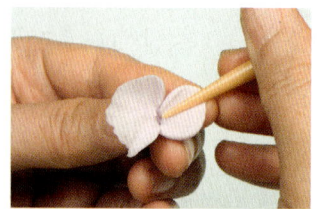

12 완성된 꽃의 밑동을 가위로 깔끔하게 정리해주세요.

13 겹꽃은 처음 만들었던 꽃보다 조금 큰 물방울 모양으로 빚은 다음, 가위로 2등분해 꽃밀대로 웨이브를 주면서 밀어줍니다.

14 꽃을 끌어올려 붙여주면

15 겹꽃이 완성됩니다.

꽃받침 만든 후 끼워주기

16 올리브그린색으로 염색한 모데나 점토를 5mm 길이의 물방울 모양으로 만들어, 5쪽으로 잘라 꽃밀대로 눌러줍니다.

17 겹꽃에 꽃받침을 끼워준 후

18 밑동이 잘록한 느낌이 나도록 꽃밀대로 눌러준 후

19 밑부분을 둥근 모양으로 만듭니다.

채색하기

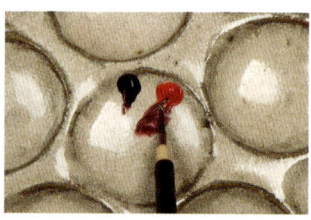

20 올리브그린색으로 염색한 점토를 1.5cm 길이의 잎사귀 모양으로 만든 후 잎맥틀로 무늬를 찍어냅니다.

21 잎을 채색합니다.

22 갈색과 붉은 계열의 물감을 혼합한 후

23 세필로 가운데를 중심으로 가늘게 빗살무늬를 넣어줍니다.

24 채색이 끝났습니다.

25 꽃받침도 잎사귀와 같은 방법으로 채색한 후

26 꽃에 연결된 철사를 6mm 정도 남기고 펜치로 잘라줍니다.

 점토로 원하는 모양의 액자를 만들어 완전히 건조되기 전에 만들어 놓은 팬지꽃을 보기 좋게 꽂아주면 예쁜 액자가 완성됩니다.

노란색의 팬지꽃도 만들어 보세요

색깔을 바꿔 노란색 팬지꽃을 만들어주면 색다른 느낌의 액자를 만들 수 있습니다.

꽃말 : 기쁨, 덧없는 사랑의 굴레, 허무한 사랑.

어둠 뚫고 활짝 피어나는 나팔꽃

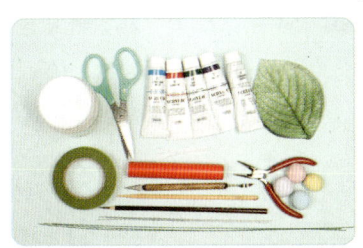

준비물

♣ 점토 : 하티

♣ 도구 : 통밀대, 꽃밀대, 세필, 녹색 와이어, #22 철사, 녹색 플라워 테이프, 가위, 잎맥틀, 공예용 접착제, 삼각칼, 펜치, 꽃술

♣ 물감 : 보라색, 진한 녹색, 흰색, 빨간색, 파란색

● 예상 재료비 : 4,000원~5,000원 | 예상 제작 시간 : 3시간 | 완제품을 사려면 얼마나 하죠? : 약 70,000원

활짝 핀 나팔꽃 만들기

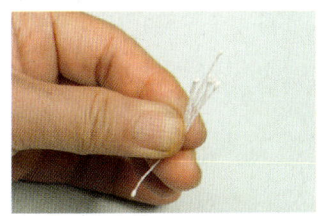

01 꽃술 한 개를 길게 빼준 다음, 추가로 꽃술 3개를 빈으로 접어 위쪽으로 모은 후

02 녹색 플라워 테이프를 감은 철사에 테이프로 감아주면서 꽃술과 연결합니다.

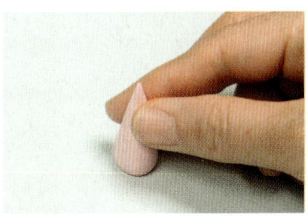

03 연한 빨간색으로 염색한 하티 점토를 2cm 길이의 둥근 삼각뿔 모양으로 만들어줍니다.

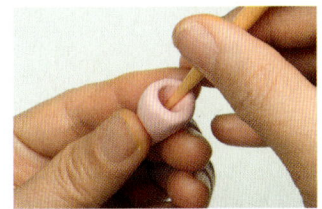

04 가운데를 중심으로 꽃밀대를 돌리면서 구멍을 만들 듯이 펴줍니다.

05 꽃잎 가장자리를 꽃밀대로 펴서 늘려줍니다.

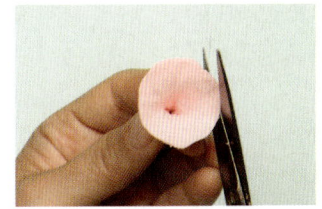

06 가위로 가장자리를 잘라 원형 모양으로 정리합니다.

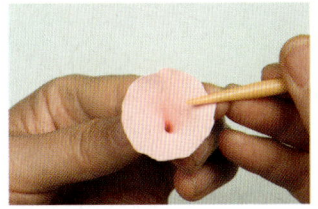

07 꽃잎 가장자리를 얇게 밀어주면서 웨이브를 준 후

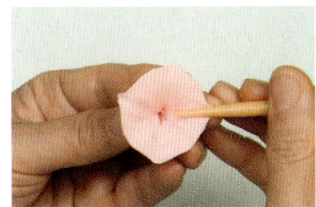

08 꽃잎 안쪽을 꽃밀대로 눌러주면서 5등분으로 선을 그어줍니다.

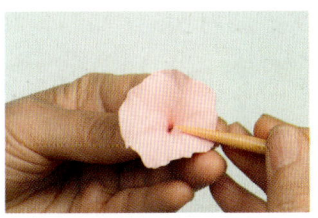

09 5등분으로 나눠준 부분을 부채꼴 모양으로 밀어 웨이브를 다시 한 번 준 후

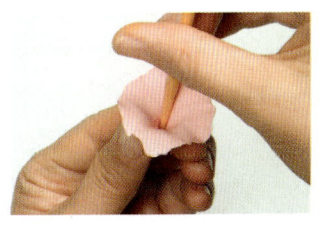

10 꽃밀대로 가운데 부분을 정리하면서 나팔꽃 모양을 잡아줍니다.

11 만들어 놓은 꽃술을 위에서 끼워줍니다.

12 채색하기 전의 나팔꽃이 완성되었습니다.

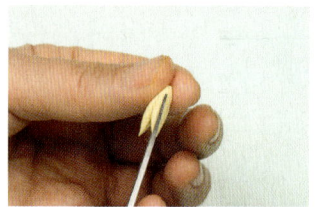

13 올리브그린색으로 염색한 하티 점토를 가늘고 긴 물방울 모양으로 빚어 5쪽을 내줍니다.

14 꽃밀대로 살짝 눌러준 다음

15 꽃받침을 끼워줍니다.

봉오리, 잎사귀 만들기

16 빨간색으로 옅게 염색한 하티 점토를 2cm 길이 긴 물방울 모양으로 빚은 다음 가위로 5쪽을 길고 짧게 잘라줍니다.

17 철사 끝을 구부린 다음 접착제를 바른 후, 5쪽으로 잘라준 점토에 끼워줍니다.

18 엄지와 검지로 윗부분을 잡으면서 살짝 비틀어 꼬아줍니다.

19 꽃받침을 끼우기 전의 봉오리가 완성되었습니다.

20 꽃받침을 만들어 끼워주면 봉오리가 완성됩니다.

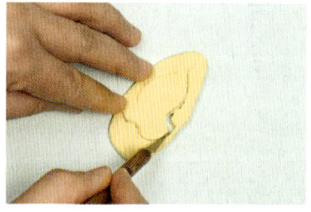

21 올리브그린색으로 염색한 점토를 통밀대로 밀어 삼각칼로 잎사귀 모양으로 자르고

22 잎맥틀에 눌러 무늬를 찍어줍니다.

23 손으로 잎사귀 모양을 잡아준 후 철사에 끼워줍니다.

채색하기

24 꽃잎 가장자리부터 분홍색 계열로 채색하면서 안으로 점점 옅게 칠해줍니다.

25 5등분으로 선을 그어준 부분에 흰색 물감을 묻혀 세필로 안쪽은 넓게 칠해주면서 끝 부분을 가늘게 그려줍니다.

26 꽃이 완성되었습니다.

27 꽃받침은 잎사귀 채색과 동일한 방법으로 칠하면 됩니다.

28 봉오리에도 꽃잎과 꽃받침을 채색해주세요.

29 나팔꽃 잎사귀도 칠해줍니다.

넝쿨, 꽃씨 만들기

30 꽃밑대에 녹색 와이어를 돌려 감아서

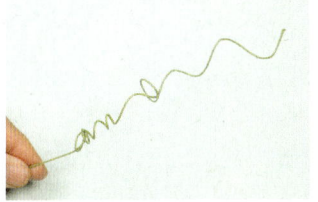

31 넝쿨을 만듭니다.

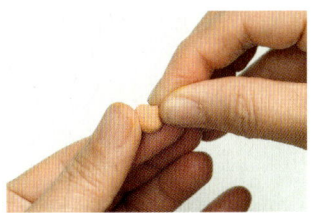

32 진한 밤색으로 염색한 하티 점토를 7mm 정도 둥글게 만든 후 윗부분을 밤 모양으로 만들어준 후

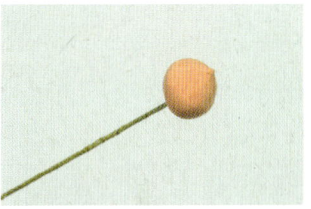

33 철사를 끼워주면 꽃씨가 완성됩니다.

조립하기

34 잎사귀를 봉오리 줄기에 돌려 감아준 후

35 넝쿨도 함께 보기 좋게 감아줍니다.

36 이어서 꽃과 잎사귀도 연결해 주면

37 나팔꽃이 완성됩니다.

38 씨와 함께 연결해 한줄기를 만들어 준 후

39 화기에 늘어뜨리는 형식으로 넝쿨과 함께 감아주면서 조화롭게 꽂아주면 멋진 작품이 완성됩니다.

40 낮에 피었다가 밤에 지는 꽃 채송화

꽃말 : 가련함, 순진.

40 낮에 피었다가 밤에 지는 꽃 채송화

 준비물

✤ **점토** : 모데나

✤ **도구** : 가위, 꽃밀대, #20 · #22 철사, 밤색 와이어, 밤색 플라워 테이프, 공예용 접착제, 꽃술, 꽃술 가루, 가는 낚시줄, 펜치

✤ **물감** : 빨간색, 오렌지색, 노란색, 진한 녹색, 올리브그린색

● 예상 재료비 : 6,000원~7,000원(화기 별도) | 예상 제작 시간 : 4시간~5시간 | 완제품을 사려면 얼마나 하죠? : 약 100,000원~12,000원

암술, 꽃술 만들기

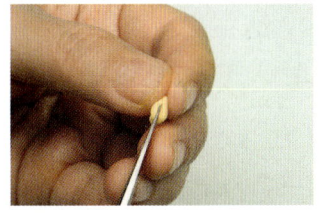

01 노란색으로 염색한 모데나 점토를 3mm 정도의 작은 물방울 모양으로 만든 다음 가위로 5쪽을 내줍니다.

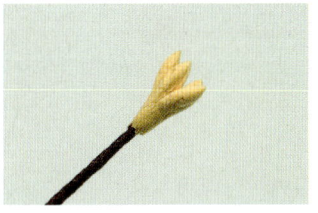

02 밤색 플라워 테이프로 감아준 #20 철사에 접착제를 묻혀 꽃아줍니다.

03 펜치로 꽃술 머리를 다진 후

04 가루를 곱게 내주세요.

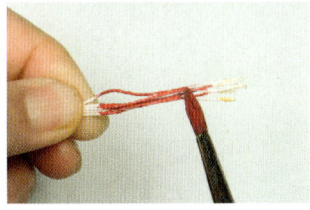

05 꽃술 가운데 부분을 빨간색 물감으로 칠한 다음

06 꽃 수술 머리에 접착제를 발라 꽃술 가루를 묻힙니다.

07 꽃술이 완성되었습니다.

08 꽃술 10개를 반으로 접은 후 만들어 놓은 암술과 같이 밤색 플라워 테이프로 감아줍니다.

꽃 만들기

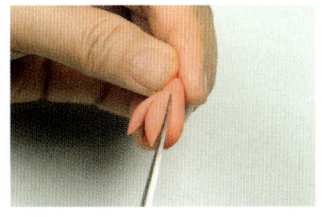

09 빨간색으로 염색한 모데나 점토를 2.5cm 정도 물방울 모양으로 빚은 후 5쪽으로 잘라주세요.

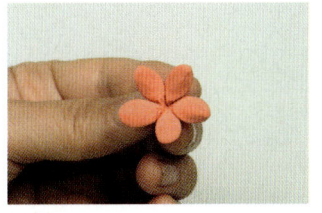

10 손으로 살짝 눌러 꽃잎 형태를 잡아준 후

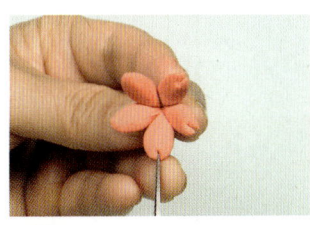

11 꽃잎 가운데 끝을 가위로 살짝 집어줍니다.

12 꽃밀대로 좌우로 밀어 꽃잎을 펴줍니다.

13 잎 가장자리를 늘려주면서 웨이브를 줍니다.

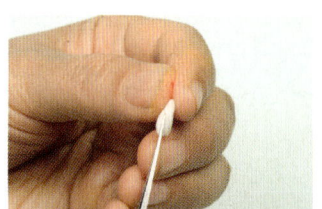

14 염색하지 않은 모데나 점토를 1cm정도 작은 물방울 모양으로 만들어

15 가위로 5쪽을 내준 후

16 큰 꽃 가운데에 집어넣은 후 꽃밀대로 살짝 겹쳐 밀어주세요.

17 꽃술을 끼워주기 전의 꽃이 완성되었습니다.

18 만들어 놓은 꽃술을 끼워줍니다.

꽃받침 만들기

19 올리브그린색으로 염색한 모데나 점토를 1cm 정도 길이의 물방울 모양으로 빚은 후

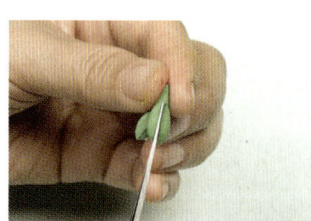

20 5쪽으로 가윗집을 내줍니다.

21 잘라준 부분을 엄지와 검지로 둥글게 만져준 후

22 꽃에 끼워주고

23 꽃받침 밑동에 가윗집을 내주며 정리합니다.

24 꽃받침이 완성되었습니다.

잎사귀 만들기

25 올리브그린색으로 염색한 모데나 점토를 물방울 모양으로 길고 뾰족하게 만들어 6쪽으로 가윗집을 내줍니다.

26 옆쪽을 잘라준 후

27 채송화 잎사귀 느낌을 주기 위해 돌돌 말아준 다음

28 철사를 끼워 밑동에 가윗집을 주면서 정리합니다.

Tip 옆을 잘라주는 이유

보통 꽃받침을 끼워줄 경우 꽃받침을 끼워준 부분과 꽃잎 사이에 약간의 공간이 생기기 때문에 잘라서 돌려 붙여주는 것이 훨씬 채송화 잎사귀 느낌을 살려줍니다.

29 잎사귀가 완성되었습니다.

덜 핀 꽃 만들기

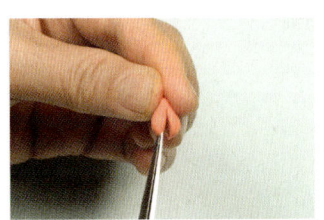

30 덜 핀 꽃은 빨간색으로 염색한 모데나 점토를 6mm 크기로 빚어 3쪽으로 가윗집을 내줍니다.

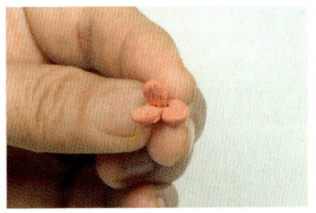

31 손으로 살짝 눌러준 후

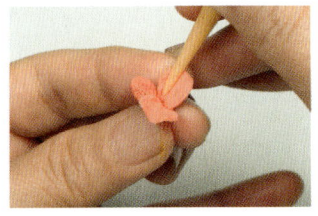

32 꽃밀대로 좌우 밀어주면서 꽃잎을 펴줍니다.

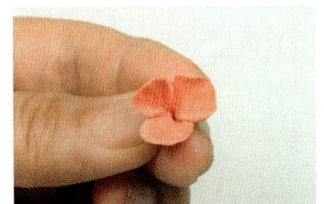

33 잎을 모아주기 전 꽃잎입니다.

34 #22 철사 끝을 구부린 다음 접착제를 바른 후 꽂아주고

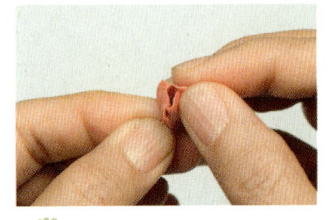

35 서로 엇갈리게 붙여서 위로 오므립니다.

36 덜 핀 꽃이 완성되었습니다.

37 꽃잎을 약간 크게 한 장 더 만들어 겹으로 붙여주고

38 표정을 살려가며 꽃잎을 만져 줍니다.

39 봉오리에 꽃받침을 연결해주면

40 덜 핀 꽃이 완성됩니다.

꽃 피기 전 봉오리 만들기

41 8mm 정도 크기의 둥근 삼각 뿔 모양으로 만들어 철사에 꽂아줍니다.

42 꽃받침을 만들어 꽂아줍니다.

43 꽃이 피기 전 봉오리가 완성 되었습니다.

작은 봉오리 만들기

44 올리브그린색으로 염색한 점토 로 꽃이 피기 전 봉오리를 만 든 것과 같은 방법으로 밑동 을 겹으로 집어주면

45 봉오리가 완성됩니다.

조립하고 완성하기

46 녹색 봉오리와 꽃 피기 전 봉 오리를 연결해 조립한 후

47 녹색 잎사귀와 크고 작은 봉오 리를 연결해 조립합니다.

48 한줄기 꽃이 완성되었습니다.

49 일반 점토에 접착제를 발라 긴 배 모양의 화기에 고정한 다 음, 색상별로 만들어 놓은 채 송화를 소담스럽고 예쁜 작품 이 완성됩니다.

실물 꽃이나 꽃 사진을 참고하여 실물 꽃처럼 만들어 보세요.

꽃을 만드는 데 참고를 할 수 있도록 몇 가지 사진들을 모아보았습니다. 실물 꽃이나 사진을 참고하면 더욱 생생
한 꽃을 표현하는 데 많은 도움이 될 것입니다.

개나리

나무수국

노랑제비꽃

동백나무

둥근잎나팔꽃

줄딸기

채송화

코스모스

흰철쭉

41 길가의 아름다운 꽃 코스모스

꽃말 : 조화, 신심, 순결, 순애.

길가의 아름다운 꽃 코스모스

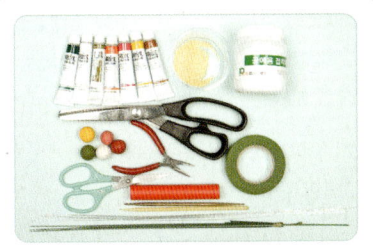

준비물

♦ 점토 : 모데나
♦ 도구 : 각밀대, 꽃밀대, #20 철사, 인조 실난, 통밀대, 핑킹가위, 플라워 테이프, 가위, 공예용 접착제, 꽃술 가루, 펜치
♦ 물감 : 올리브그린색, 진한 녹색, 주황색, 빨간색, 흰색, 노란색, 진한 밤색

● 예상 재료비 : 7,000원~8,000원 | 예상 제작 시간 : 4시간~5시간 | 완제품을 사려면 얼마나 하죠? : 약 100,000원~120,000원

꽃술 가루, 속심 만들기

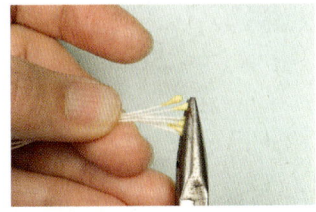

01 펜치로 꽃술 머리를 다진 후

02 가루를 곱게 내주세요.

03 노란색으로 염색한 모데나 점토를 6mm 정도 둥글납작하게 만들어 철사에 꽂아준 후

04 속심 윗부분에 접착제를 바른 후 꽃술 가루를 묻혀줍니다.

05 꽃술 가루를 묻힌 속심입니다.

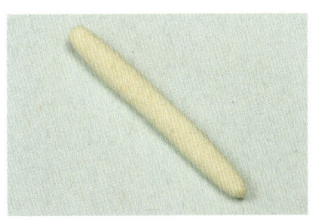

06 속심을 만든 점토로 둥글고 길게 준비해주세요.

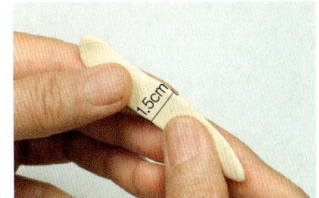

07 통밀대로 폭 1.5cm, 두께 2mm 정도로 밀어줍니다.

08 가위로 끊어지지 않게 조심하면서 1.5mm 간격으로 잘라준 후

09 속심 가장자리에 접착제를 바른 후, 속심 윗부분에서 3mm 정도 올라오게 붙입니다.

10 꽃밀대를 세워서 자연스럽게 안으로 눌러줍니다.

꽃 만들기

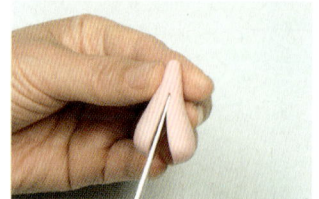

⑪ 빨간색으로 염색한 모데나 점토를 3cm 길이의 긴 물방울 모양으로 빚어 가로로 2등분하고

⑫ 4등분씩 다시 잘라 8쪽으로 만들어줍니다.

⑬ 손으로 살짝 눌러준 다음

⑭ 각밀대로 좌우 밀어주면서 꽃잎 모양으로 펴줍니다.

⑮ 핑킹가위로 꽃잎 끝을 3등분이 되도록 잘라줍니다.

⑯ 꽃밀대로 꽃잎 가장자리를 얇게 펴준 후

⑰ 만들어 놓은 속심을 끼워줍니다.

 거꾸로 매다는 이유

코스모스는 다른 꽃보다 상대적으로 꽃잎이 크기 때문에 밑으로 처지는 현상이 생길 수 있으므로 거꾸로 매달아야 꽃잎이 처지는 것을 방지할 수 있습니다.

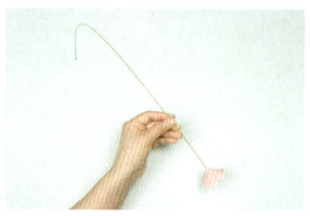

⑱ 완성된 꽃을 거꾸로 매달아 손으로 모양을 잡아줍니다.

⑲ 올리브그린색으로 염색한 모데나 점토를 7mm 길이 물방울 모양으로 빚은 다음 8등분합니다.

⑳ 꽃밀대로 살짝 눌러준 후

㉑ 물을 조금 묻혀서 건조시킨 꽃에 연결합니다.

㉒ 밑동을 가위로 사이사이 잘게 집어줍니다.

㉓ 속심에 노란색과 약간의 오렌지색을 혼합해 칠해줍니다.

㉔ 속심 테두리는 진한 밤색으로 윗부분을 살짝 터치합니다.

㉕ 주황색으로 꽃잎 가장자리부터 서서히 엷게 칠해주세요.

㉖ 꽃이 완성되었습니다.

㉗ 꽃받침은 진한 녹색과 약간의 밤색을 혼합해 1/2 정도 채색한 후 나머지 부분에 올리브그린색으로 서서히 옅게 칠합니다.

봉오리 만들기

28 노란색으로 염색한 모데나 점토로 직경 8mm 정도 속심을 만들어 꽃술 가루를 묻힙니다.

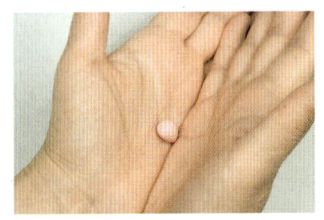

29 1cm 크기의 물방울 모양으로 빚은 후

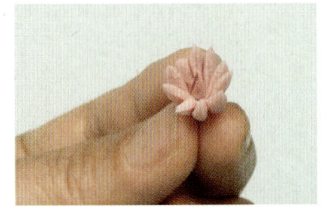

30 잘게 가윗집을 내줍니다.

31 만들어 놓은 속심에 물을 약간 묻힌 후 끼워줍니다.

32 꽃잎으로 속심을 싸면서 윗부분으로 모아주면

33 꽃받침을 연결하기 전 봉오리가 완성됩니다.

34 꽃받침을 만들어 끼워준 후 꽃받침 밑동에 가윗집을 잘게 내준 다음 채색합니다.

코스모스 작은 꽃 만들기

35 작은 속심을 위와 같은 방법으로 만든 다음

36 진한 주황색과 빨간색을 혼합해 염색한 모데나 점토로 작은 꽃을 만들어 속심을 끼워주고

37 꽃잎을 위로 세워서 덜 핀 꽃 같은 느낌을 표현해줍니다.

38 작은 꽃이 완성되었습니다.

조립하고 완성하기

39 녹색 봉오리와 꽃봉오리를 여러 개 크고 작게 만들어 놓은 다음

40 테이프로 감아서 연결해 한줄기 꽃을 만들어줍니다.

41 인조 실 난을 가위 끝이나 도구를 이용해서 곡선 모양으로 살짝 젖힌 후

42 꽃을 화기나 소품 등에 조화롭게 꽂아주면 풍성한 가을 분위기를 살릴 수 있습니다.

42 백일 동안 붉게 피는 꽃 백일홍

꽃말 : 조화, 신심, 순결, 순애. 꿈, 기다림
떠나간 님을 그리워한다

백일 동안 붉게 피는 꽃 백일홍

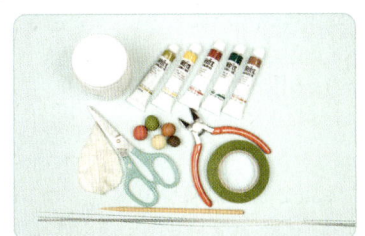

- **점토** : 모데나
- **도구** : 녹색 플라워 테이프, 꽃밀대, #22 철사, 공예용 접착제, 가위, 잎맥틀, 펜치
- **물감** : 올리브그린색, 노란색, 크림스레이크색, 진한 녹색, 진한 밤색, 갈색

● 예상 재료비 : 5,000원~6,000원 (화기 별도) | 예상 제작 시간 : 4시간 | 완제품을 사려면 얼마나 하죠? : 약 90,000원~100,000원

속심 만들기

TIP
백일홍 줄기 만들기

백일홍 줄기는 #22 철사 3개를 녹색 플라워 테이프 감아준 것을 사용하면 예쁩니다.

01 진한 밤색으로 염색한 모데나 점토를 1.5cm 길이, 폭 1cm 크기로 약간 긴 원기둥 모양으로 만들어 철사에 꽂아줍니다.

02 갈색으로 염색한 점토를 얇게 밀어서 약간 건조가 되면 잘게 다져줍니다.

03 진한 밤색으로 염색한 모데나 점토를 얇게 밀어서 건조한 후 채 썰듯이 썰어주세요.

04 만들어 놓은 속심에 접착제를 바른 후 잘게 다진 갈색 가루를 속심 옆부분에 묻힙니다.

05 속심 윗부분에 접착제를 바른 후, 진한 밤색 점토를 다진 것을 붙여주세요.

06 노란색으로 염색한 점토를 5mm 정도 크기로 빚은 다음 5쪽으로 가윗집을 내줍니다.

07 꽃밀대로 살짝 눌러 꽃 모양을 잡아줍니다.

08 같은 방법으로 여러 개를 만들어 건조합니다.

09 작은 꽃잎을 접착제를 발라 속심 윗부분 가장자리에 꽂아줍니다.

꽃 만들기

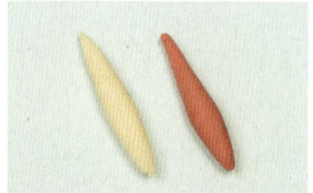

⑩ 주홍색과 소량의 황토색 물감을 넣어 만든 연한 미색으로 염색하여 1.5cm 정도의 길고 갸름한 물방울 모양 2개를 만듭니다.

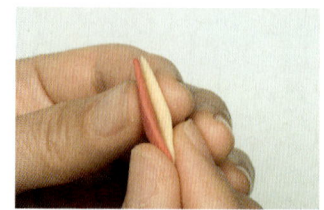

⑪ 2개를 붙여 손으로 눌러 꽃잎 모양을 만들어준 후

⑫ 붉은색이 위로 오게 해서 꽃밀대를 좌우 밀어주면서 펴줍니다.

⑬ 꽃잎 가장자리를 얇게 밀어 밑부분에 있는 미색이 투명하게 비치도록 합니다.

⑭ 작은 꽃잎을 10장~12장 정도 만들어 속심 가장자리에 접착제를 바른 후 돌려 붙입니다.

⑮ 겹꽃은 약간 더 크게 만들어서 겹으로 돌려 붙여주면서 모양새를 잡아줍니다.

⑯ 겹꽃으로 만들어준 백일홍입니다.

꽃받침 만들기

⑰ 올리브그린색으로 염색한 점토를 8mm 정도 크기로 빚은 후 6쪽으로 자른 후

⑱ 꽃밀대로 살짝 눌러줍니다.

⑲ 꽃받침을 끼워줍니다.

⑳ 꽃받침을 하나 더 만들어 겹으로 끼워 붙여줍니다.

㉑ 꽃받침이 완성되었습니다.

㉒ 꽃받침을 채색해줍니다.

㉓ 꽃이 완성되었습니다.

㉔ 활짝 핀 꽃, 중간 꽃, 봉오리 순으로 만듭니다. 봉오리는 아주 작은 잎을 같은 방법으로 만들어 겹으로 붙인 다음 위에서 오므려주면 됩니다.

잎사귀 만들고
조립해 완성하기

25 올리브그린색으로 염색한 점토를 물방울 모양으로 빚어서 잎맥틀에 찍은 다음 손으로 매만진 후 철사를 꽂아줍니다.

26 자연스러운 느낌이 나도록 채색을 해준 후

27 봉오리, 중간 꽃, 큰 꽃, 잎사귀 순으로 연결해서 테이프를 감아줍니다.

28 꽃을 조립할 때는 화기에 일반 점토로 고정한 후 꽃줄기의 높낮이를 다르게 해 잘 어우러지도록 꽂아줍니다.

꽃말 : 우아미, 기다림, 신중, 자랑, 겸손.

43 모진 겨울 바람을 뚫고 피어난 동백꽃

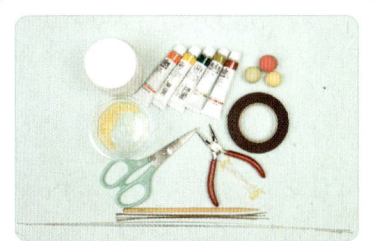

 **준비물**

♣ **점토** : 하티

♣ **도구** : 밤색 플라워 테이프, 가위, 꽃술, 꽃밀대, 갈색 와이어, #20 철사, 공예용 접착제, 꽃술 가루, 펜치

♣ **물감** : 주황색, 노란색, 진한 녹색, 올리브그린색, 크림슨레이크색

● **예상 재료비** : 6,000원~7,000원(화기 별도) | **예상 제작 시간** : 3시간 30분 | **완제품을 사려면 얼마나 하죠?** : 약 90,000원~100,000원

꽃술 가루, 속심 만들기

01 펜치로 꽃술 머리를 다진 후

02 가루를 곱게 내줍니다.

03 인조 수술 여러 개를 나란히 나열한 후

04 꽃술 머리를 제외한 나머지 부분에 접착제를 바릅니다.

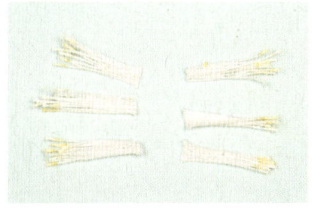

05 접착제가 적당히 건조되면 반으로 잘라주세요.

06 노란색으로 염색한 하티 점토를 1cm 정도 둥글게 빚어, #20 철사 3개를 밤색 플라워 테이프로 감아 점토를 꽂아줍니다.

07 속심의 윗부분에 접착제를 바른 후 꽃술 가루를 묻힙니다.

08 준비한 수술에 접착제를 바른 다음, 속심 테두리에 돌려 붙입니다.

09 윗부분은 살짝 눌러 약간 오목한 느낌의 모양을 내주고 밑동은 가위로 잘라 정리합니다.

꽃 한 송이 만들기

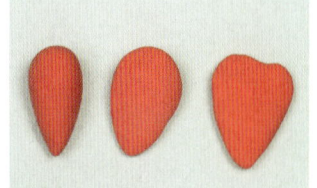

10 빨간색으로 염색한 점토를 2cm 물방울 모양으로 빚어 손으로 눌러주고, 꽃잎 가장자리 가운데 끝부분을 꽃밀대로 살짝 눌러줍니다.

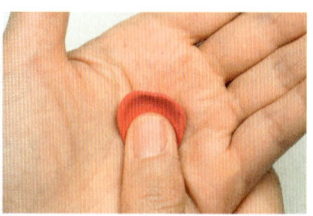

11 꽃잎 한 장을 손바닥에 놓고 엄지로 오목하게 눌러 위에서 아래로 쓸어주세요.

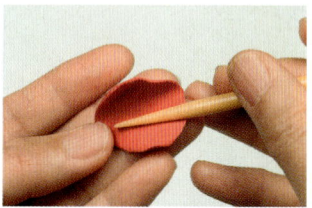

12 꽃밀대로 가운데를 좌우 밀어 주면서 웨이브를 살짝 넣어줍니다.

13 꽃잎 3장을 만들어 놓은 속심에 접착제를 발라가며 약간 겹치게 붙여줍니다.

14 3장의 겉장 조금 크게 만들어서 안쪽 꽃잎 연결선에 맞춰 붙입니다.

꽃받침 만들기

15 올리브그린색으로 염색한 점토를 8mm 작은 물방울 모양으로 빚어 6쪽으로 가윗집을 내줍니다.

16 꽃밀대로 살짝 눌러준 후

17 완성된 꽃에 연결합니다.

18 꽃받침 밑동을 둥글게 해서 붙입니다.

19 꽃 한 송이가 완성되었습니다.

꽃 봉오리 만들기

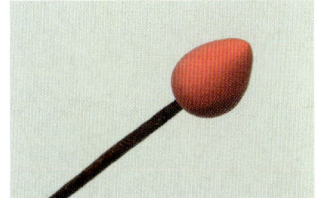

20. 봉오리 속심을 빨간색으로 염색한 점토로 1.5cm 정도 물방울 모양으로 만든 다음

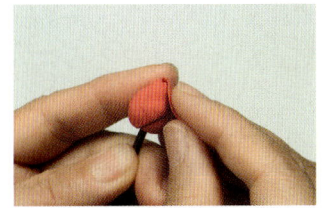

21. 얇게 민 꽃잎 2장을 서로 맞물리게 고깔 모양으로 싸서 붙인 다음 밑부분을 말끔하게 마무리하면

22. 꽃봉오리가 완성됩니다.

싹눈 만들기

23. 싹눈은 올리브그린색으로 염색한 점토를 5mm 정도 얇게 밀어서

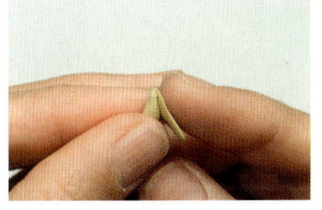

24. 구부려준 철사 끝에 접착제를 바른 후 위에서 사선으로 돌려 붙여주면

25. 완성입니다.

잎사귀 만든 후 조립하기

26. 싹눈, 녹색 봉오리, 꽃 봉오리, 작은 꽃, 큰 꽃이 준비되었습니다.

27. 올리브그린색으로 염색한 점토를 4cm 정도의 길이로 잎사귀를 만든 후 꽃밀대 끝으로 가운데 선을 그어줍니다.

28. 잎사귀 모양을 만들어준 후 밤색 플라워 테이프로 감아준 철사를 끼워줍니다.

29. 진한 녹색, 밤색 물감을 혼합한 후 잎사귀 전체를 채색합니다.

 생생한 느낌으로 잎사귀 채색하기

동백꽃 잎사귀를 더 생생하게 표현하려면 일반 잎사귀를 채색할 때 쓰는 물감에 푸른색 물감을 약간 첨가해 섞어준 후 채색하면 예쁜 잎사귀를 만들 수 있습니다.

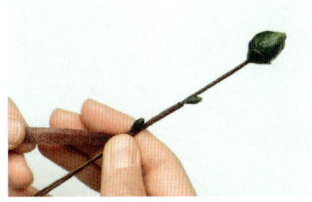

30. 녹색 봉오리에 싹눈을 붙여 한줄기를 만든 다음

31. 작은 꽃, 잎사귀, 큰 꽃 순으로 조화롭게 연결합니다.

32. 예쁜 화기에 풍성하게 꽂아주면 멋진 동백꽃이 완성됩니다.

꽃말 : 자존, 신비, 자기 사랑, 고결

44 스스로를 너무 사랑한 꽃 수선화

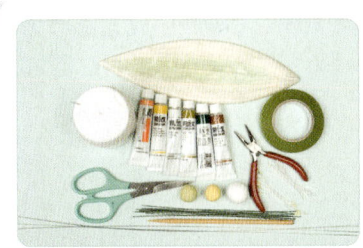

준비물

♣ **점토 :** 하티

♣ **도구 :** 녹색 와이어, #20 철사, 꽃밀대, 가위, 인초 꽃 수술, 공예용 접착제, 녹색 플라워 테이프, 잎맥틀, 펜치

♣ **물감 :** 오렌지색, 노란색, 흰색, 올리브그린색, 진한 녹색, 진한 밤색

● **예상 재료비 :** 10,000원~12,000원 | **예상 제작 시간 :** 4시간 | **완제품을 사려면 얼마나 하죠? :** 약 150,000원~160,000원

속 꽃 만들기

01 노란색 수술 3개를 반으로 접고 흰색 수술 1개는 가운데 약간 길게 올라가게 한 후, 녹색 플라워 테이프로 감아준 #20 철사 4개와 연결합니다.

02 노란색으로 염색한 하티 점토를 2cm 정도 둥근 삼각뿔 모양으로 빚은 다음

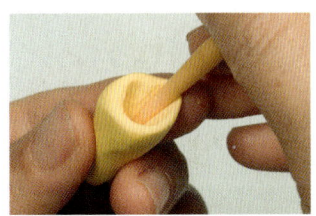

03 가운데 안쪽에서 꽃밀대로 깊이를 주면서 위쪽으로 늘려주세요.

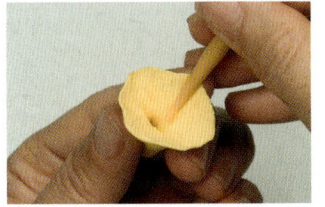

04 꽃밀대로 안쪽에서 바깥쪽으로 결을 주면서 펴줍니다.

05 꽃잎 가장자리에 웨이브를 주면서 얇게 펴 늘려준 후

06 만들어 놓은 꽃술을 끼워줍니다.

Tip
꽃술 조립하기

꽃술을 조립하기 전에 꽃술에 스프레이 락카를 뿌려주면 만들어놓은 꽃에 연결할 때 늘어지지 않고 싱싱한 꽃술 느낌을 줄 수 있습니다.

07 속 꽃이 완성되었습니다.

08 노란색으로 염색한 점토를 3cm 정도 긴 물방울 모양으로 빚은 다음 6쪽으로 가윗집을 내준 후

09 손으로 살짝 눌러줍니다.

10 꽃밀대를 좌우로 움직여 웨이 브를 주면서 마름모 모양이 되 도록 잎 모양을 만들어줍니다.

11 만들어 놓은 꽃에 연결한 후

12 6쪽의 꽃잎을 서로 엇갈리게 모양을 잡아주면

13 꽃이 완성됩니다.

꽃받침, 꽃 봉오리 만들기

14 밑동 끝을 꽃밀대로 잘록하게 눌러주면서 둥글납작한 모양으 로 마무리합니다.

15 꽃받침이 연결된 꽃이 완성되 었습니다.

16 노란색으로 염색한 점토로 1.5cm 정도 물방울 모양의 속심을 만듭니다.

17 2cm정도 긴 물방울 모양으로 빚은 후 3쪽으로 가윗집을 내 준 후

18 꽃밀대로 꽃잎을 늘리면서 웨 이브를 줍니다.

19 봉오리 잎이 완성되었습니다.

20 만들어 놓은 속심에 끼워준 후

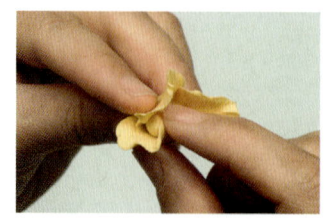

21 속심이 보이지 않도록 꽃잎 3 장을 사이사이 겹치면서 위에 서 모아줍니다.

22 밑동은 꽃밀대로 잘록하게 눌 러주면서 둥글납작한 모양으 로 마무리합니다.

잎사귀 만들고 채색하기

23 올리브그린색으로 염색한 점토를 10cm 정도의 갸름하고 긴 물방울 모양으로 빚어 잎맥 틀에 무늬를 찍어 건조합니다.

24 노란색과 약간의 오렌지색을 혼합한 다음 바깥에서 안쪽으로 칠하면서 포인트를 주면

25 채색이 끝납니다.

26 꽃 밑동은 잎사귀 채색과 동일한 방법으로 칠해줍니다.

27 잎사귀는 자연스러운 느낌이 나도록 채색합니다.

 긴 잎사귀를 만들 때

긴 잎사귀를 만들 때 철사를 잎사귀에 꽂은 후 신문지 위에 눕혀서 모양을 잡은 후, 건조시키면 처지지 않고 자연스러운 잎사귀 모양으로 만들어집니다.

안개꽃 만들어 조립하고 완성하기

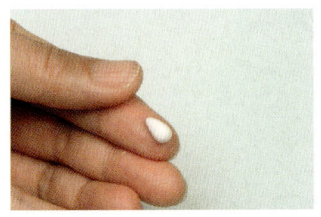

28 흰색으로 염색한 점토를 5mm 정도 아주 작은 물방울 모양으로 빚은 후

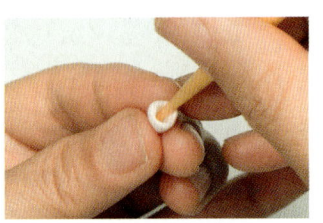

29 꽃밀대로 안을 파주면서 위쪽으로 늘려주세요.

30 꽃잎 가장자리를 결을 주면서 웨이브를 만들어줍니다.

31 철사 끝을 구부려준 다음 접착제를 조금 바른 후 위에서 아래로 끼워줍니다.

32 흰색 꽃을 7~8개 정도 모아서 녹색 플라워 테이프로 감아줍니다.

33 봉오리, 중간 꽃, 잎사귀, 큰 꽃 순으로 한줄기를 조립한 후

34 안개꽃과 곁들여 풍성한 느낌이 나게 꽂아주면 멋진 작품이 완성됩니다.

인형 만들기 기본 기법, 고급 기법 단숨에 배우기

45. 코일링 기법을 이용한 요정 장식 티스푼 꽂이

46. 핀칭 기법을 이용한 노래하는 인형

47. 판상 기법을 이용한 메모꽂이

48. 스컬피 점토로 만드는 한복 인형 핸드폰 줄

49. 모데나 점토로 만드는 장식용 인형

50. 석분 점토로 만드는 이쑤시개 인형

51. 수지 점토로 만드는 낚시하는 인형

52. 인형 만들기 고급 기법의 포인트 인형 손 만들기

53. 인형 만들기 고급 기법의 포인트 인형 발 만들기

54. 인형 만들기 고급 기법의 포인트 인형 얼굴 만들기

45 코일링 기법을 이용한 요정 장식 티스푼 꽂이

45 코일링 기법을 이용한 티스푼 꽂이

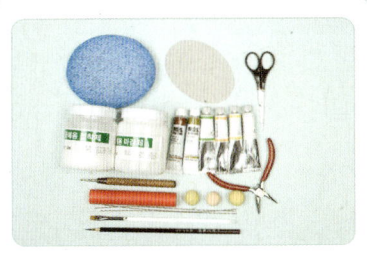

 준비물

✦ 점토 : 하티

✦ 도구 : 공예용 접착제, 공예용 마감재, 도트, 세필, 스펀지, 수성 붓, 갈색 와이어, 가위, 펜치, 통밀대, 종이판(티스푼 꽂이 밑부분)

✦ 물감 : 올리브그린색, 황토색, 밤색, 흰색, 노란색, 주황색

● 예상 재료비 : 5,000원 | 예상 제작 시간 : 1시간~1시간 30분 | 완제품을 사려면 얼마나 하죠? : 약 30,000원

코일링 기법 반죽한 점토 덩어리를 바닥에 놓고 양손으로 굴려서 긴 가래떡 모양으로 만드는 것을 코일링 기법이라 합니다. 점토 덩어리를 손바닥으로 굴려줄 때 중심에서 바깥쪽으로 바깥쪽에서 다시 중심으로 손바닥을 이동시키면서 단면이 동그랗게 되도록 만드는 것이 포인트입니다.

점토 염색해 요정 얼굴 만들기

01 하티 점토에 황토색 물감과 밤색 물감을 약간 넣어

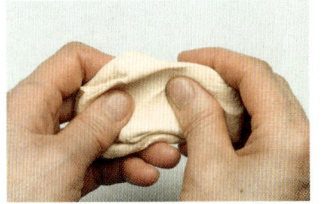

02 잘 반죽하여 연한 황토색으로 염색합니다.

03 연한 황토색으로 염색한 점토를 지름 1cm 정도로 둥글게 굴려줍니다.

04 노란색으로 염색한 지름 1cm의 하티 점토를 지름 3cm가 되도록 통밀대로 밀어준 후 밑부분을 가위로 잘라줍니다.

05 얼굴 절반이 덮일 정도로 감싸준 후, 손으로 매만지면서 고깔 쓴 모양을 만들어줍니다.

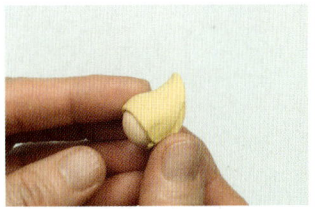

06 필요 없는 부분은 잘라내 고깔 모양을 예쁘게 다듬어주세요.

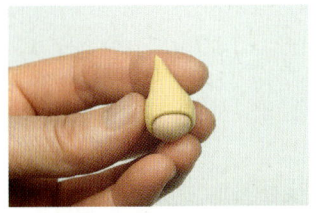

07 고깔의 끝 부분을 올려주거나 구부려서 여러 가지 모양으로 표현합니다.

08 위와 같은 방법으로 티스푼 꽂이에 붙여줄 얼굴을 여러 개 준비합니다.

티스푼 꽂이
몸통 만들기

09 노란색 점토를 2mm 정도의 두께로 밀어 타원형 밑판을 싸주고 통밀대로 평평하게 한 번 더 가볍게 눌러 줍니다.

10 밑판 모양 이외의 나머지 부분은 가위로 깨끗하게 정리합니다.

11 밑판이 완성되었습니다.

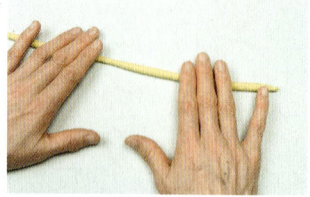

12 지름 8mm의 점토를 30cm 정도 길이로 길게 굴린 후

13 밑에서부터 공예용 접착제를 묻혀가며 감아줍니다.

14 둥글게 돌려가면서 안정감 있게 붙여줍니다.

15 이런 식으로 계속 점토를 코일링하여 9층까지 쌓아줍니다.

티스푼 꽂이
장식하기

16 인형 얼굴을 붙여 넣을 곳에 손톱의 1/2 정도(5mm)가 들어가도록 가볍게 눌러줍니다.

17 각기 얼굴 방향을 다르게 해서 만들어 놓은 얼굴을 붙입니다.

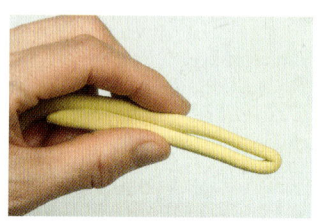

18 지름 5mm의 점토를 12cm로 늘려 반으로 접어주세요.

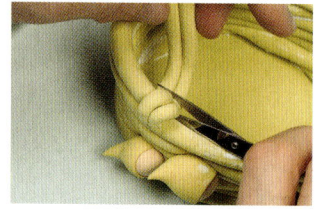

19 반으로 접은 점토를 코일링이 끝난 부분의 바깥쪽에서 안쪽으로 9층 밑부분까지 붙여 마무리합니다.

20 요정의 얼굴을 용기의 앞면에 3개, 뒷면에 2개를 붙입니다. 얼굴의 숫자나 위치는 취향에 맞게 붙여줘도 좋습니다.

21 요정 얼굴 1개에 연한 황토색으로 염색한 점토를 지름 3mm 정도의 작은 덩어리 2개씩을 만듭니다.

22 요정 얼굴의 아랫부분을 수정붓의 뒤끝으로 눌러주면서

23 눌러준 틈 사이에 작은 덩어리를 넣어 요정의 깜찍한 손을 표현합니다.

24 티스푼 꽂이를 마무리한 후 잘 건조시킵니다.

채색하고 완성하기

25 채색한 부분이 벗겨지지 않도록 공예용 마감재에 노란색 물감을 약간 섞어 요정의 모자를 칠해주세요.

26 도트의 둥근 부분에 흰색 물감을 찍어 물방울 무늬를 만들어줍니다.

27 연필로 연하게 눈과 입을 그려 위치를 잡아준 후 세필로 그려줍니다.

28 물기를 꼭 짠 스펀지에 공예용 마감재와 흰색 물감을 1:1 비율로 혼합하여 묻힌 후

29 단조로움을 없애고 튼튼한 느낌이 들도록 티스푼 꽂이에 골고루 찍어줍니다.

30 공예용 마감재를 칠해주면 더욱더 튼튼한 용기가 됩니다.

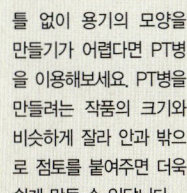

PT병을 이용한 다용도 꽂이 만들기

용기, 더 쉽게 만들기!
틀 없이 용기의 모양을 만들기가 어렵다면 PT병을 이용해보세요. PT병을 만들려는 작품의 크기와 비슷하게 잘라 안과 밖으로 점토를 붙여주면 더욱 쉽게 만들 수 있답니다.

31 티스푼 꽂이가 완성되었습니다.

46 핀칭 기법을 이용한 노래하는 인형

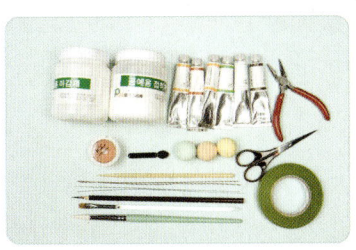

 **준비물**

♣ **점토** : 하티

♣ **도구** : 공예용 접착제, 공예용 마감재, #22 철사, 갈색 와이어, 녹색 플라워 테이프, 세필, 수정 붓, 수채화 붓 10호, 가위, 꽃밀대, 펜치, 아이섀도우

♣ **물감** : 황토색, 밤색, 노란색, 연두색, 흰색, 오렌지색

● 예상 채료비 : 3,000원~4,000원 | 예상 제작 시간 : 2시간~2시간 30분 | 완제품을 사려면 얼마나 하죠? : 약 30,000원~40,000원

핀칭 기법   핀치(pinch)라는 말은 꼬집는다는 뜻으로 점토 덩어리를 꼬집는 것처럼 표현하면서 모양을 만드는 것을 핀칭 기법이라고 합니다. 작고 깊은 모양을 만들 때 엄지와 검지로 바깥쪽에서 안쪽으로 밀듯이 눌러 표현하는 것을 핀칭 기법이라고 합니다.

얼굴, 몸통 만들기

01 황토색 물감과 밤색 물감을 2:1 비율로 혼합해 염색한 하티 점토를 지름 3.5cm로 둥글게 굴린 후, 꽃밀대로 입 부분을 살짝 찍어 아래에서 위로 올려 입을 만듭니다.

02 #22 철사 끝을 9자로 구부린 후, 공예용 접착제를 묻혀 얼굴의 밑부분에 꽂아줍니다.

03 노란색으로 염색한 하티 점토를 둥글게 굴려 지름 4.5cm 정도 되도록 치마 입은 모양으로 몸통을 만듭니다.

04 배가 나온 것처럼 윗부분은 통통하게 만져주면서

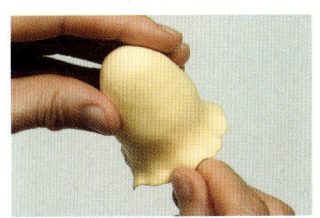

05 밑부분은 엄지와 검지를 사용해 약간의 웨이브를 줍니다.

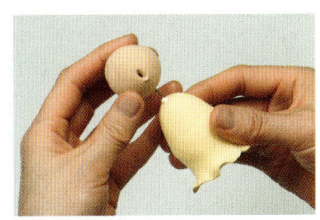

06 얼굴과 몸통을 연결해주세요.

마이크 만들기

07 갈색 와이어에 점토를 가늘게 굴려준 후

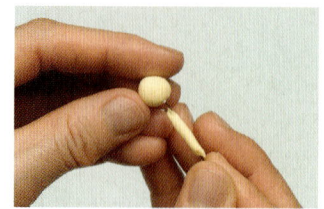
08 둥글게 만든 점토에 연결합니다.

09 꽃밀대로 가볍게 찔러주면서 마이크의 질감을 표현합니다.

팔 만들기

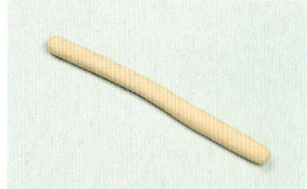
10 연한 황토색으로 염색한 점토를 지름 1.8cm 길이 4cm 크기로 둥글게 굴린 후

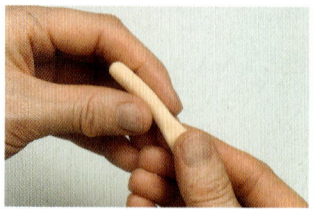
11 점토의 끝부분을 가볍게 눌러줍니다.

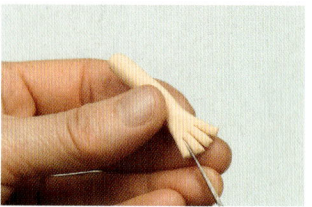
12 눌러준 부분은 가위로 4등분을 해주고

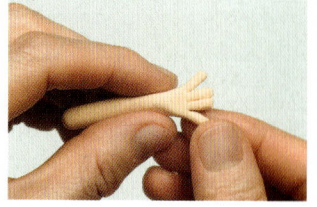
13 잘라진 부분을 하나씩 둥글게 만져 손가락 모양을 만들어줍니다.

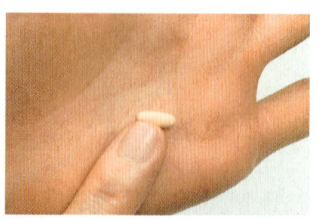
14 엄지손가락은 소량의 점토로 따로 물방울 모양으로 만든 다음

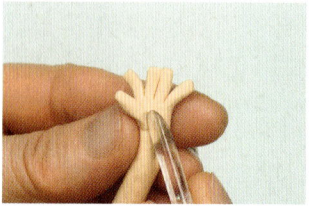
15 수정 붓의 뒤끝을 사용해 엄지손가락 위치에 붙여줍니다.

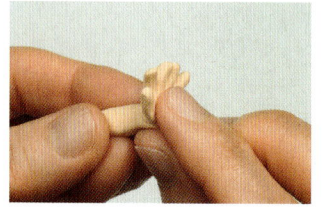
16 자연스러운 손 느낌이 나도록 손바닥을 45도 정도로 꺾어 주고

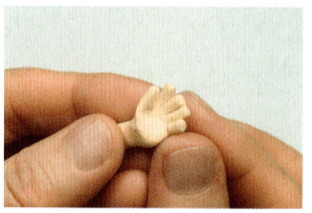
17 마이크를 잡을 수 있도록 손가락을 안으로 모아줍니다.

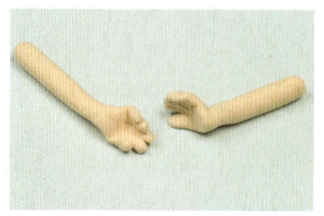
18 같은 방법으로 양쪽 손을 준비합니다.

19 마이크를 손에 올려 오므려 주면서 마이크를 쥔 모양을 만들어주세요.

20 소매를 붙이기 위해 노란색으로 염색한 점토를 지름 3cm 정도로 얇고 납작하게 만든 후

21 가위를 이용해 1/2로 잘라줍니다.

22 잘라준 점토는 웨이브를 만든 후

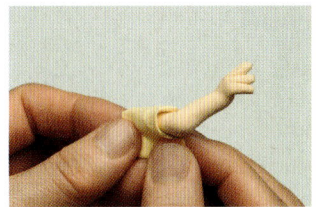

23 팔에 붙여 손으로 모아줍니다.

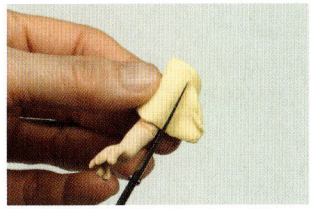

24 필요 없는 부분은 가위로 잘라내 말끔하게 정리합니다.

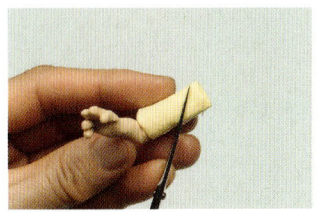

25 팔의 윗부분은 사선으로 잘라준 후

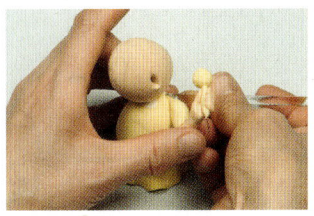

26 인형의 어깨에 팔을 공예용 접착제로 붙여줍니다.

27 노래하는 포즈로 팔을 구부려주세요.

모자 만들기

28 연두색으로 염색한 점토를 둥글게 굴려 지름 3cm 정도로 도톰하게 펴줍니다.

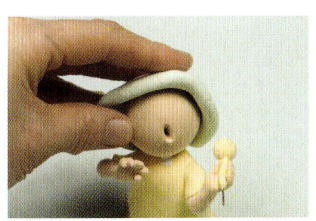

29 안쪽에 공예용 접착제를 바른 후 인형의 머리에 붙입니다.

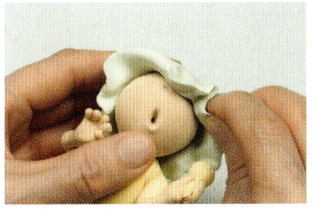

30 점토를 꼬집듯이 잡아주면서 모자의 주름을 표현해주고

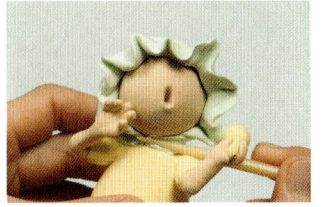

31 얼굴 밑부분에 모자의 끝부분이 모아지도록 꽃밀대로 다듬어줍니다.

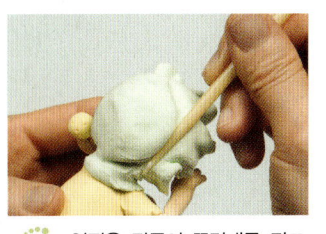

32 연필을 잡듯이 꽃밀대를 잡고 둥글게 돌려가며 눌러주세요.

33 모자의 뒷부분에 꽃밀대로 3mm 간격으로 선을 그어줍니다.

채색하고
완성하기

34 인형이 건조되면 세필로 안경을 그려주고

35 눈썹과 눈도 그려줍니다.

36 안경을 쓰고 있는 것처럼 흰색으로 선을 그어줍니다.

37 아이섀도우를 가볍고 둥글게 볼에 문질러줍니다.

38 노래하는 인형이 완성되었습니다.

 얼굴을 미리 만들어 놓아요!

인형을 만들 때 얼굴을 미리 만들어 놓으면 작품을 만들기가 쉬워집니다.

39 다른 색깔로 점토를 염색해 또 다른 노래하는 인형을 만들어보세요.

47 판상 기법을 이용한 메모꽂이

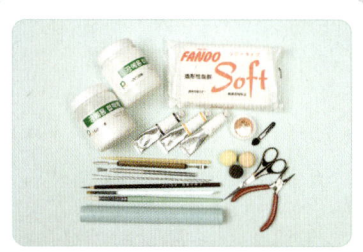

준비물

♣ **점토** : 환도소프트, 하티

♣ **도구** : 통밀대, 삼각칼, 7핀, 갈색 와이어, 펜치, 아이섀도우, 세필, 꽃밀대, 수정 붓, 수채화 붓 10호

♣ **물감** : 노란색, 밤색, 흰색, 검은색

● 예상 재료비 : 4,000원~5,000원 | 예상 제작 시간 : 1시간 30분~2시간 | 완제품을 사려면 얼마나 하죠? : 약 30,000원~40,000원

판상 기법   판상 기법은 점토 덩어리를 밀가루 반죽처럼 밀거나 잘라서 면 처리를 하여 만드는 기법으로 납작한 면을 연결하거나, 둥근 형태로 만들어서 액자, 촛대, 시계, 메모꽂이 등 다양한 인테리어 소품이나 식기 등을 만들 때 사용하는 기법입니다.

메모꽂이 만들기

01 환도소프트 점토를 1/3 크기로 잘라준 후

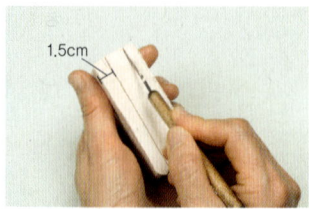

02 잘라준 점토의 윗부분을 메모 용지나 명함이 들어갈 수 있도록 삼각칼로 1.5cm 정도로 선을 그어 주고

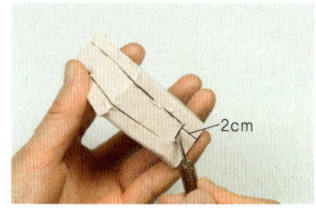

03 밑부분은 2cm만 남기고 잘라줍니다.

04 선을 그어 준 부분의 점토를 말끔하게 파냅니다.

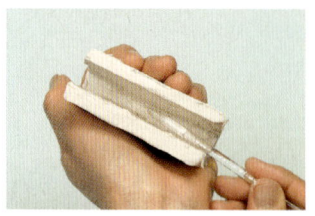

05 수정 붓의 평평한 뒷면으로 매끄럽게 마무리합니다.

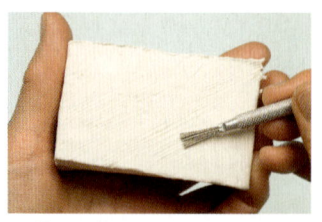

06 메모꽂이의 옆면을 7핀으로 선을 그어 주고

07 윗면도 같은 방법으로 무늬를 내주세요.

08 메모꽂이 밑부분에 가로 4cm, 세로 4cm의 창을 낼 수 있도록 잘라줍니다.

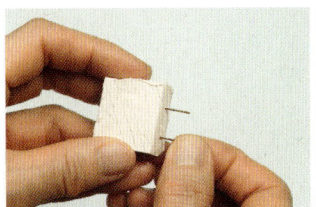

09 잘라낸 환도소프트 점토의 밑부분에 공예용 접착제를 묻힌 갈색 와이어 2개를 꽂아주세요.

10 튀어나온 갈색 와이어에 공예용 접착제를 묻혀 다시 메모꽂이 앞면에 끼워

11 인형이 설 수 있는 공간을 만듭니다.

인형 얼굴, 귀 만들기

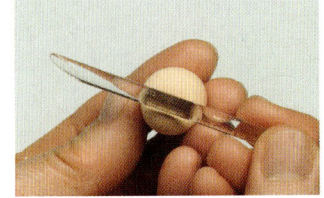

12 연한 황토색으로 염색한 하티 점토를 지름 1.5cm로 둥글게 빚은 후, 수정 붓으로 가운데 부분을 가볍게 눌러줍니다.

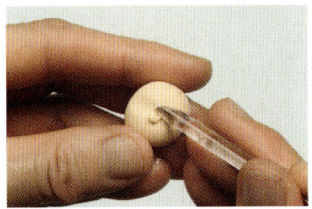

13 코는 작은 크기로 앙증맞게 붙여줍니다.

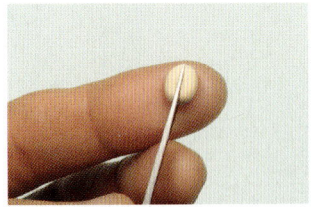

14 얼굴을 만들었던 점토를 지름 5mm 정도로 둥글게 굴려서 1/2로 잘라낸 후

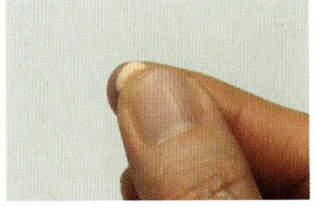

15 1/2로 자른 점토의 한쪽 면을 손으로 눌러

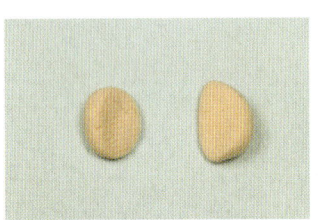

16 귀를 2개 만들어줍니다.

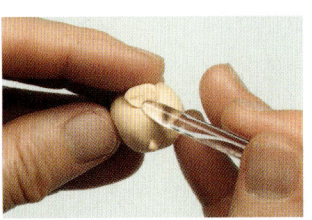

17 양쪽 귀를 얼굴의 옆 부분에 소량의 접착제로 붙여줍니다.

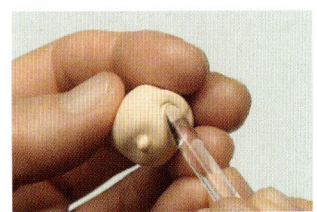

18 귀의 윗부분에 수정 붓으로 둥글게 선을 그어주면서 모양을 잡아주세요.

한복 바지 입은 다리 만들기

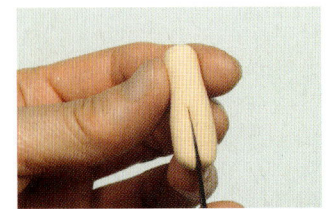

19 지름 1.5cm의 점토를 2.5cm의 길이로 둥글고 길게 빚은 후 가위로 1/2을 잘라주고

20 잘라진 부분은 손으로 굴려주면서 다리 모양을 만들어줍니다.

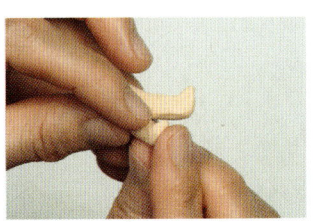

21 엄지와 검지로 발끝을 잡고 양 발을 직각으로 접어 발을 만듭니다.

22 한복 바지를 만들기 위해 점토를 가늘고 얇게 민 후

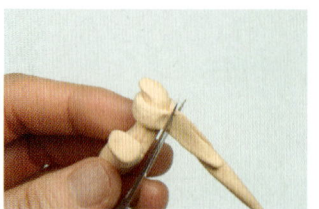

23 다리 밑부분에 붙여주고 나머지 남는 부분은 깨끗하게 가위로 잘라줍니다.

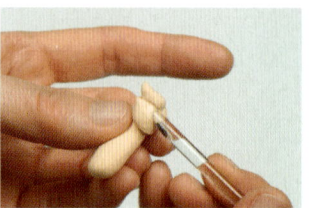

24 수정 붓의 뒷면으로 점토를 매끄럽게 연결한 후

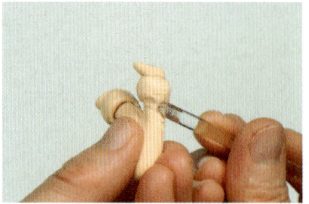

25 볼록한 한복 바지 모양이 되도록 바지 윗부분과 밑부분을 오목하게 수정 붓으로 손질합니다.

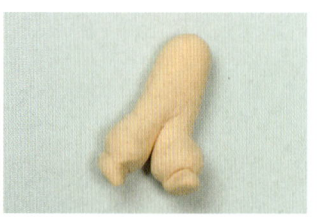

26 바지가 완성되었습니다.

27 얼굴 밑부분에 갈색 와이어를 9자로 구부려 꽂아준 후, 공예용 접착제를 묻혀 몸과 연결합니다.

옷 만들기

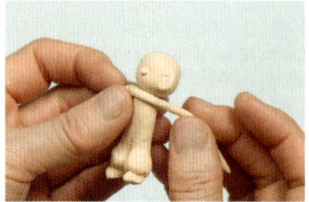

28 연한 황토색 점토를 3mm 굵기로 3cm 정도 가늘게 굴려주고 목 부분에 둘러줍니다.

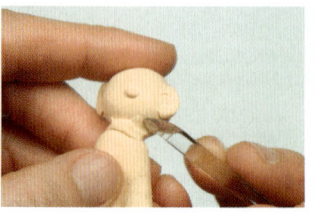

29 수정 붓을 이용해 얼굴과 목이 매끄럽게 연결되도록 만져줍니다.

30 노란색으로 염색한 점토를 통밀대로 얇게 민 후, 가로 3cm, 세로 1.5cm로 잘라 인형의 윗몸에 맞춰 둘러준 다음

31 저고리 앞부분의 동정 부분을 가위로 자릅니다.

32 인형 상체의 어깨 양 옆을 손으로 눌러준 후

33 눌러진 부분을 잘라줍니다.

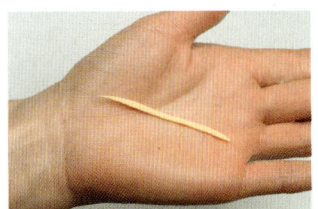

34 노란색으로 염색한 점토를 얇게 빚어

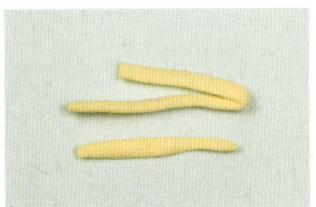

35 폭 3mm 길이 6cm로 준비한 후, 6cm의 점토는 3/4으로 접어줍니다.

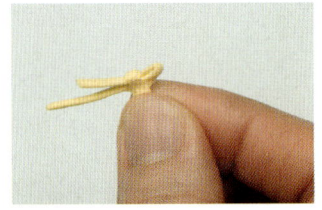

36 남은 짧은 끈으로 긴 끈을 감아준 후

37 필요 없는 밑부분을 잘라 내고 동정의 밑부분에 붙입니다.

팔 만들기

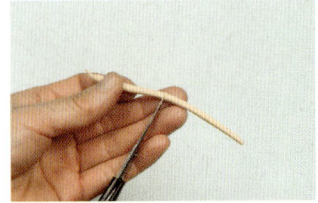

38 얼굴을 만들었던 점토로 지름 3mm 정도 가늘게 굴려 1/2로 잘라준 후

39 손이 될 부분의 끝을 살짝 눌러줍니다.

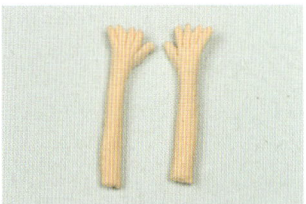

40 가위로 4등분한 후 엄지손가락을 따로 만들어 붙여 손을 완성합니다(270쪽 참고).

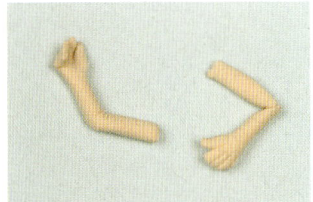

41 팔을 45도에서 90도 각도로 접어주고

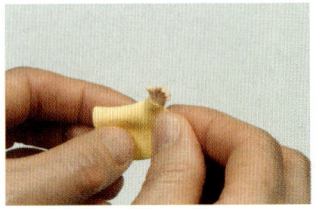

42 노란색으로 염색한 점토를 가늘게 민 후, 만들었던 손에 감싸줍니다.

43 손으로 눌러준 후 남는 부분은 가위로 잘라내고, 잘린 부분을 매끄럽게 손질합니다.

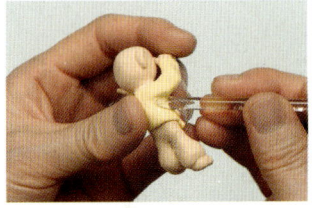

44 몸에 팔을 자연스럽게 접착제로 연결합니다.

메모꽂이 창에 인형 고정하고 머리카락 만들기

45 발 밑부분에 공예용 접착제를 묻혀 갈색 와이어를 끼워준 후

46 갈색 와이어를 바닥에 꽂아 인형을 메모꽂이 창에 고정합니다.

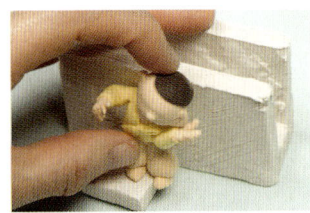

47 밤색으로 염색한 점토를 둥글고 얇게 만들어 머리에 붙여줍니다.

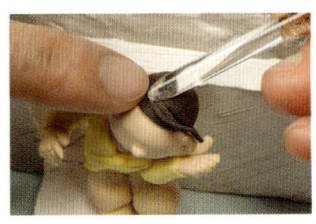

48 점토를 손으로 비벼서 가늘게 굴려 머리카락처럼 모양을 내주며 붙입니다.

채색하고 완성하기

49 메모꽂이가 건조되면 흰색에 검은색을 약간 넣어 섞어준 후

50 메모꽂이 전체를 수채화 느낌이 나도록 연하게 칠해줍니다.

51 노란색 물감에 공예용 마감재를 섞어준 후 옷을 채색하세요.

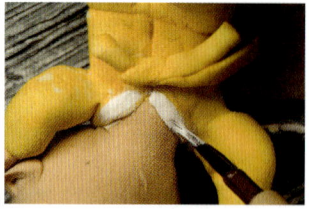
52 동정 부분은 세필로 흰색으로 선을 그어주면 됩니다.

53 흰색으로 동그랗게 눈을 그려준 후

54 밤색으로 가늘게 눈언저리를 그려줍니다.

55 양쪽 눈동자를 같은 방법으로 그려줍니다.

56 크게 활짝 웃는 모양으로 입을 그려주세요.

57 볼에 아이섀도우로 가볍게 터치해줍니다.

58 메모꽂이를 완성하였습니다. 여기에 명함이나 메모지를 꽂아 활용하면 됩니다.

TIP 인형을 예쁘게 채색하는 방법

인형을 채색할 때 공예용 마감재와 수채화 물감, 또는 아크릴 물감에 물을 약간 혼합하여 채색하면 맑은 느낌의 색을 표현할 수 있습니다.

1. 점토를 5mm의 두께로 가로 20cm, 세로 20cm로 밀어줍니다.

2. 점토를 종이 말듯이 둥글게 말아 인형을 올릴 부분을 3cm 정도 남기고 둥근 기둥으로 만들어 붙여줍니다.

3. 7핀으로 아래에서 위로 선을 그어 주고

4. 연필꽂이의 크기에 맞추어 밑판을 만들어 연결한 후

5. 작은 인형을 만들어 연필꽂이에 장식하면 귀여운 연필꽂이가 완성됩니다.

48 한복 인형 핸드폰 줄

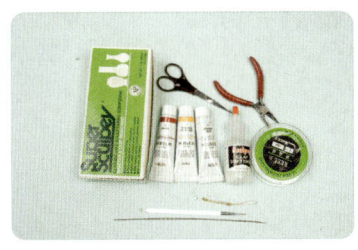

 준비물

- 점토 : 수퍼 스컬피
- 도구 : 스컬피 유연제, 핸드폰 줄, 9핀, 펜치, 낚싯줄, 가위, 수정 붓, 갈색 와이어
- 물감 : 빨간색, 노란색, 흰색

● 예상 재료비 : 1,500원 | 예상 제작 시간 : 40분~1시간 | 완제품을 사려면 얼마나 하죠? : 약 6,000원

스컬피 점토 스컬피는 오븐에 구워야만 단단해지는 점토입니다. 스컬피 점토 중에서도 수퍼 스컬피는 반투명한 베이지 컬러로 점성이 좋아 인형 만들기에 좋으며 오븐에 구운 후 사포로 샌딩 처리 할 수 있어 정교한 작품을 만들기에 좋습니다. 스컬피로 만든 작품을 채색할 때에는 아크릴 물감이나 에나멜 물감을 사용합니다.

얼굴과 몸통 만들기

01 스컬피 점토를 지름 1cm로 둥글게 굴려준 후, 수정 붓으로 가운데 부분을 눌러줍니다.

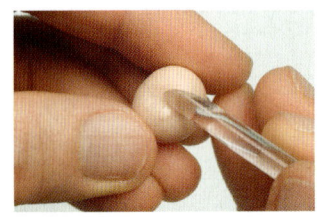

02 스컬피 점토를 아주 조금만 떼어내 코의 위치에 붙여줘 코를 만든 후, 얼굴 밑부분에 와이어를 꽂아줍니다.

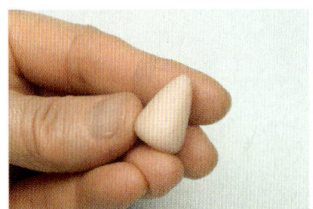

03 지름 1.5cm로 굴려 삼각뿔 형태로 만든 후

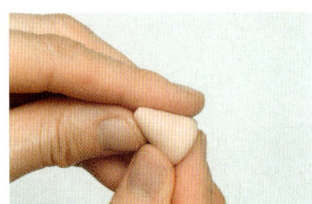

04 치마 형태가 나도록 모양을 만들어주세요.

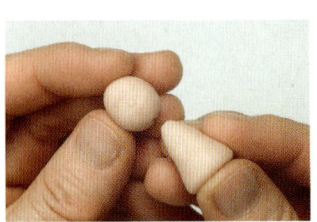

05 미리 만들어놓은 얼굴의 와이어로 얼굴과 치마를 연결합니다.

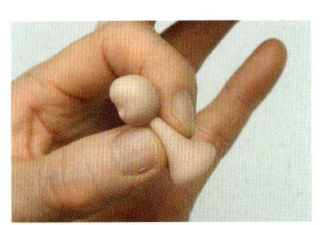

06 치마와 얼굴을 연결한 후, 상체를 납작하게 살짝 눌러줍니다.

07 목 부분을 지름 2mm로 가늘게 굴려준 스컬피 점토를 감아줍니다.

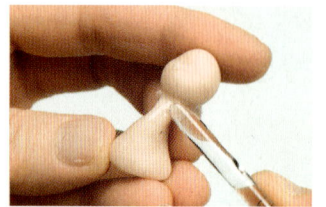

08 얼굴과 목이 매끄럽게 연결되도록 목 부분에 스컬피 유연제를 묻혀서

09 수정 붓으로 매끄럽게 마무리합니다.

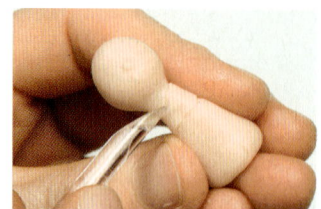

10 수정 붓으로 저고리의 선과 동정을 그립니다.

11 촘촘하게 선을 그어 치마 주름을 그려주세요.

수건 만들기

12 지름 1cm로 둥글고 납작하게 빚은 점토를

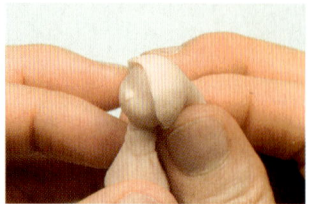

13 머리에 붙여주고 뒷부분을 모아줍니다.

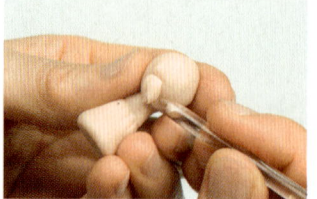

14 수정 붓으로 수건의 끝 부분을 정리합니다.

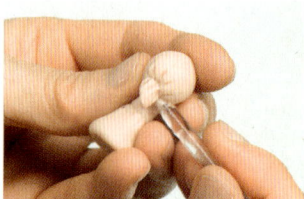

15 매듭진 수건의 주름진 부분은 수정 붓으로 짧게 선을 그어 표현하면 됩니다.

팔 만들기

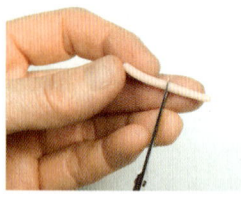

16 지름 6mm, 길이 3.5cm로 점토를 굴린 후 가운데 부분을 잘라줍니다.

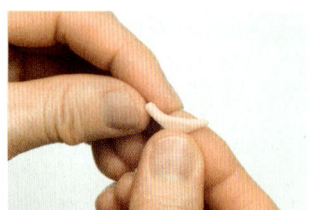

17 1/2 정도의 밑부분을 가볍게 눌러줍니다.

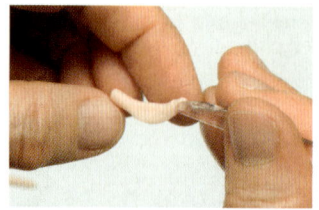

18 손목의 윗부분에 선을 그어 저고리를 입은 손을 표현한 후

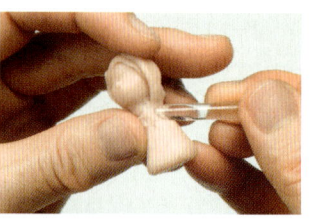

19 팔을 붙여주고 수정 붓으로 연결해줍니다.

떡 바구니 만들기

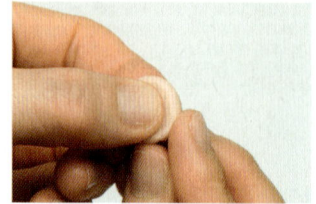

20 지름 8mm로 둥글게 점토를 빚은 후 손으로 눌러 오목하게 만들어주세요.

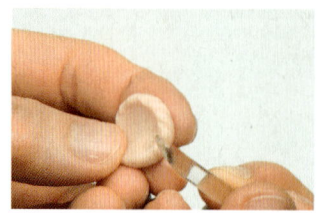

21 수정 붓으로 바구니 느낌이 나도록 사선으로 선을 그어줍니다.

22 바구니를 머리에 얹은 후, 9핀을 바구니에서 얼굴의 1/3 정도 깊이로 꽂아줍니다.

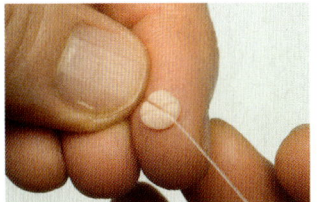

23 떡은 약 3mm 크기로 작고 둥글게 빚은 후, 낚싯줄로 선을 그어 모양을 잡아줍니다.

24 떡을 여러 개 만들어 바구니에 붙여 떡 바구니 느낌을 표현합니다.

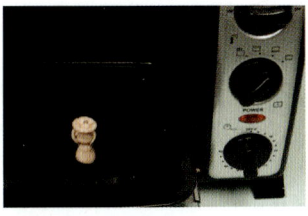

25 완성된 인형을 가정용 오븐이나 토스터기에 넣어 100도에서 10분 정도 구워줍니다.

채색하고 완성하기

26 저고리는 노란색, 치마는 빨간색으로 칠합니다. 떡은 빨간색과 흰색을 섞어 분홍색을 만든 후 먹음직스럽게 채색합니다.

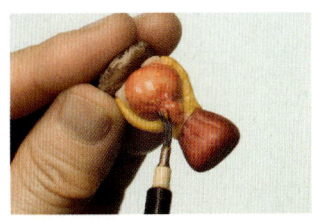

27 수건도 빨간색에 노란색 물감을 약간 넣어 혼합한 후 칠합니다.

28 세필로 수건에 노란 점을 찍어준 후

29 눈과 눈썹은 무거워서 힘이 든 표정으로 그립니다.

30 세필에 빨간색 물감을 묻혀 입을 위에서 아래서 살짝 찍어 내려 힘든 표정을 표현합니다.

31 펜치로 구핀을 벌려 고리를 연결하고 오링을 달아줍니다.

32 한복 인형 핸드폰 줄이 완성됩니다.

스컬피 점토를 이용해 다양한 소품을 만들어 보세요

동물을 만들어 보거나 몰드를 사용해 다양한 소품을 만들어 보세요. 브로치는 상품으로 판매되고 있는 패션 몰드에 스컬피 점토를 반죽하여 누른 후 떼어내 오븐에 구워줍니다. 구워진 점토에 다양한 색상과 무늬를 그려 주고 뒷면에 핀을 부착하면 멋진 브로치가 완성됩니다. 자세한 사항은 다음이나 네이버 플러스 공예 카페(http://cafe.daum.net/pluscaly 또는 http://cafe.naver.com/plusclay)를 참고하세요.

T I P 스컬피 점토를 굽는 법

스컬피 점토를 오븐에 구울 때 너무 높은 온도보다는 95도~100도 사이의 온도로 점토의 두께에 따라 5분~15분 정도 굽는 것이 좋습니다. 접합을 할 때 스컬피 유연제를 사용하면 더욱 매끄럽게 작업을 할 수 있습니다.

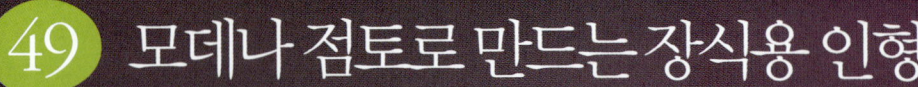

49 모데나 점토로 만드는 장식용 인형

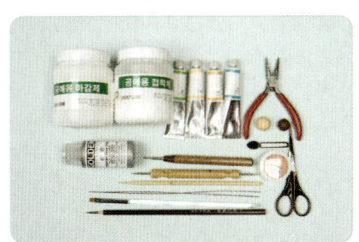

 **준비물**

♣ **점토** : 모데나

♣ **도구** : 꽃밑대, 갈색 와이어, 공예용 접착제, 공예용 마감재, 펜치, 도트(大, 小), 수정 붓, 세필, 가위, 아이새도우

♣ **물감** : 은색 액상 아크릴, 연두색, 흰색, 오렌지색, 밤색

● 예상 재료비 : 2,000원~3,000원 ┃ 예상 제작 시간 : 40분~1시간 ┃ 완제품을 사려면 얼마나 하죠? : 약 20,000원~30,000원

양동이 만들기

01 모데나 점토에 황토색과 밤색 물감을 2:1 비율로 섞어 연한 황토색으로 만든 후, 점토를 염색하여 지름 2.5cm의 물방울 모양으로 만듭니다.

02 윗부분을 눌러주면서 양동이 모양으로 점토를 빚어주세요.

TIP 수지 점토 모데나

모데나 점토는 투명감과 투과성이 있는 수지 점토로 건조 후 구부림이나 휨에 강하고 내수성이 있어 주로 꽃과 작은 인형, 미니어처, 액세서리 등을 만드는 데 사용됩니다.

03 양동이 느낌을 살려주기 위해 수정 붓으로 위아래 두 개씩 선을 그어줍니다.

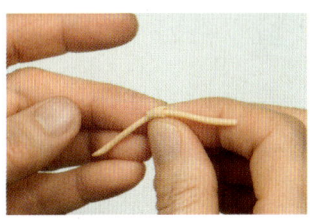

04 점토를 2mm 굵기, 4cm 정도로 가늘게 굴린 다음, 가운데 부분에 손잡이를 만든 후

05 양동이에 연결되는 손잡이 부분을 볼펜 끝으로 누르면서 연결합니다.

얼굴 만들기

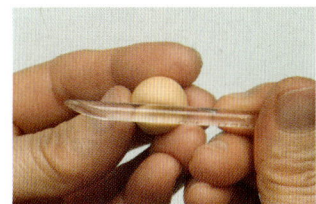

06 연한 황토색으로 염색한 점토를 지름 1.5cm로 둥글게 빚어 가운데를 눌러줍니다.

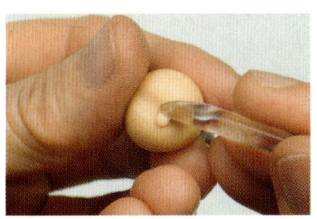

07 점토를 극소량 떼어내어 동그랗게 밀어준 후 코를 붙여줍니다.

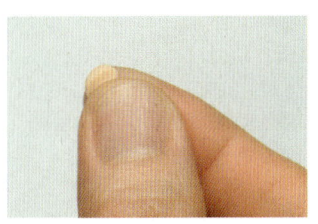

08 귀(245쪽 귀 만들기 참고)를 만들어

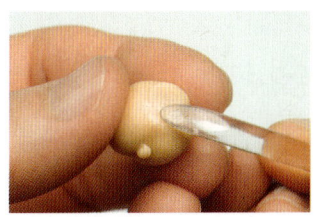

09 물을 약간 묻혀 얼굴 옆면에 귀를 자연스럽게 붙여주세요.

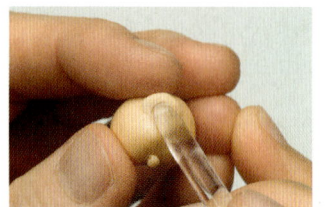

10 귀를 붙인 후, 수정 붓으로 귀의 윗부분에 둥글게 선을 그어줍니다.

11 코의 밑부분에 꽃밀대를 넣어 아래서 위로 올려 구멍을 내줘 입 모양을 만듭니다.

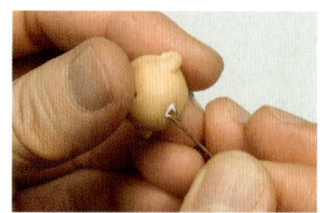

12 갈색 와이어 끝을 9자로 구부린 후, 공예용 접착제를 묻혀 얼굴에 끼워줍니다.

13 얼굴을 양동이 윗면의 1/4 지점에 끼워주세요.

다리 만들기

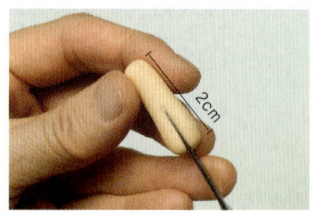

14 지름 1.5cm의 점토를 2cm 길이로 굴려준 후 1/2로 잘라줍니다.

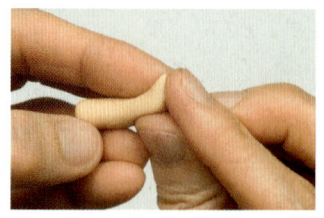

15 자른 점토의 발 부분을 엄지나 검지로 잡아 점토를 45도로 구부려 발을 만듭니다.

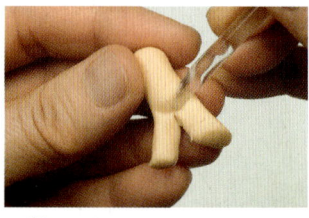

16 수정 붓의 뒷부분으로 눌러주면서 바지 주름을 표현해주세요.

튼튼한 인형 완성하기

지름 3cm 이상의 점토로 다리를 만들 경우 가는 갈색 와이어를 다리에 넣어 뼈대를 만들어주면 더욱 튼튼한 인형을 완성할 수 있습니다.

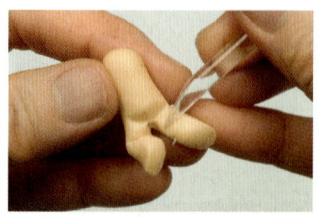

17 다리가 접혀지는 부분도 수정 붓으로 눌러준 후

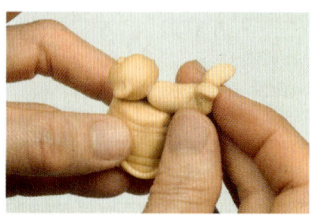

18 양동이 위의 얼굴에 붙여줍니다.

옷 표현하기

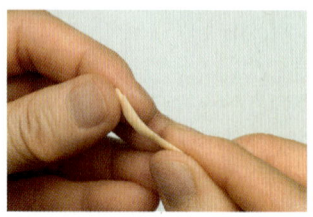

19 옷을 입혀줄 점토를 얇고 가늘게 굴려줍니다.

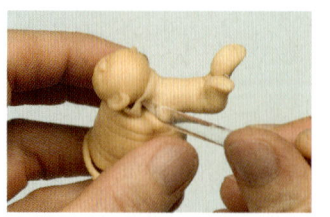

20 윗옷을 입은 것처럼 등 윗부분에 점토를 붙여 등과 점토를 연결합니다.

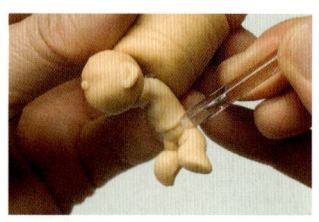

21 윗옷은 수정 붓으로 바지 윗부분에 선을 그어 티셔츠를 입은 것처럼 표현합니다.

머리카락 표현하기

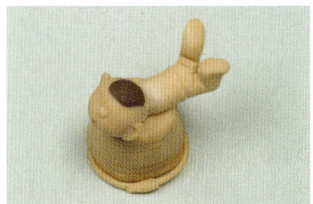

22 밤색으로 염색한 점토를 얇고 둥글게 민 후, 머리 위에 붙여 머리카락을 표현합니다.

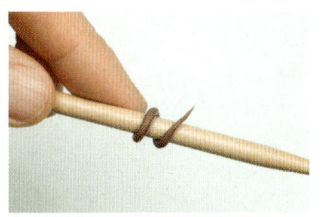

23 밤색으로 염색한 점토를 가늘게 굴려 꽃밀대에 말아서

24 머리 위에 보기 좋게 붙입니다.

25 같은 방법으로 한 번 더 붙여 주어

26 원하는 헤어스타일로 마무리 합니다.

팔 만들기

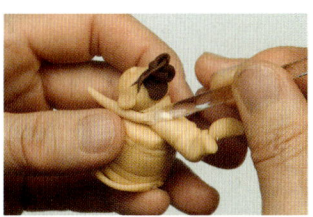

27 지름 1cm의 점토를 가늘게 굴린 후, 3cm 정도 길이로 잘라 몸통에 붙여줍니다.

28 양동이의 1/3 정도의 길이로 팔을 잘라 손의 끝 부분을 가볍게 눌러줍니다.

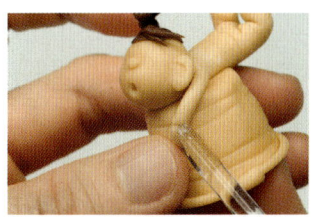

29 긴 티셔츠를 입은 듯한 표현을 하려면 손목 윗부분에 선을 그어주고

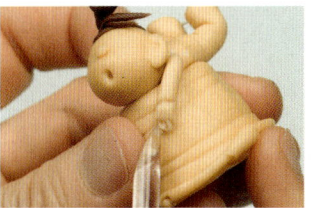

30 수정 붓으로 눌러주면서 손가락을 표현합니다.

31 같은 방법으로 양손을 완성해 주세요.

 TIP 작은 인형은 와이어를 쓰지 않아도 되요

작은 인형을 만들 때는 큰 인형처럼 와이어를 쓰지 않아도 인형이 부러 지지 않습니다.

채색하고 완성하기

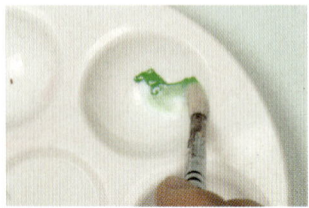

32 연두색 물감에 공예용 마감재를 섞은 후

33 바지를 칠하고 윗옷은 오렌지색 물감으로 칠합니다.

34 은색 액상 아크릴 물감으로 양동이를 칠합니다.

35 밤색으로 손잡이를 채색한 후

36 도트(大)에 흰색 물감을 묻혀 찍어주세요.

37 흰색 물감이 건조되면 작은 도트로 눈동자를 찍어줍니다.

38 세필로 눈썹을 그린 후

39 아이섀도우로 볼을 가볍게 터치하면

40 인형이 완성됩니다.

우유병 만들기

우유병은 모데나 점토를 지름 5mm 길이 2cm로 윗부분을 폭이 좁게 굴려 젖꼭지 모양으로 만들어 건조한 후 세필로 젖병의 눈금을 그어주면 됩니다.

양동이 외에도 항아리 또는 과일과 동물들을 만들면 더 재미있는 표현이 가능합니다. 소품과 연결할 때는 와이어를 끼워주면 빠지거나 잘 깨지지 않습니다.

석분 점토로 만드는 이쑤시개 인형

50 석분 점토로 만드는 이쑤시개 인형

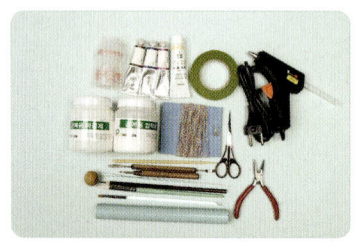

♣ **점토** : 황토색 플러스 클레이

♣ **도구** : 요구르트 통, 꽃밀대, 삼각칼, 가위, 도트, #22 철사, 녹색 플라워 테이프, 털실, 통밀대, 공예용 접착제, 공예용 마감재, 수정 붓, 세필, 수채화 붓10호, 글루건

♣ **물감** : 흰색, 밤색, 빨간색, 보라색

● 예상 재료비 : 3,000원~4,000원 | 예상 제작 시간 : 1시간 30분~2시간 | 완제품을 사려면 얼마나 하죠? : 약 25,000원~30,000원

석분 점토 석분 점토는 일반적으로 지점토라 불리며 탈크(돌가루), 펄프, PVC와 점토를 뭉치게 하는 성분이 있는 아보셀, 피부 보호제 등 다양한 재료들을 혼합하여 만든 점토입니다. 재료의 성분이 다양한 만큼 여러 재질의 석분 점토가 있으며 석분 점토는 건조 후 어떠한 물감으로도 채색이 가능하고 조각과 사포질이 쉬워 인형이나 생활용품 또는 소품 등을 만드는 데 좋습니다.

얼굴 만들기

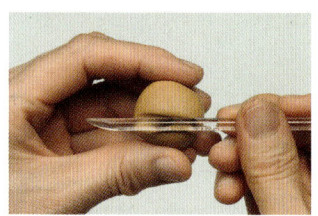

01 지름 2cm 크기의 점토를 둥글게 빚은 다음, 가운데 부분을 수정 붓으로 눌러준 후

02 점토를 조금 붙여 작은 크기의 코를 붙입니다.

03 삼각칼 뒷부분의 헤라(주걱)로 아래서 위로 가볍게 올려줘 입 모양을 만든 후

04 손으로 입술 주변을 매끄럽게 해줍니다.

05 도톰한 입술을 표현하기 위해 점토를 작게 떼어내 입술 밑부분에 붙입니다.

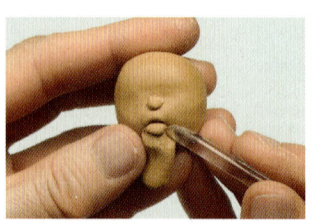

06 수정 붓으로 도톰한 아랫입술 모양을 만들어준 후

07 나머지 점토는 턱 밑으로 붙입니다.

08 턱 부분을 손으로 매만져 매끄럽게 해주고

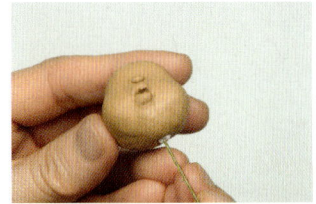

09 지름 5mm의 점토를 양쪽 볼에 붙여줍니다.

10 통통한 볼의 모양을 표현하고 뼈대를 세우기 위해 #22 철사 1개를 녹색 플라워 테이프로 감아줍니다.

11 철사 끝부분을 9자로 구부린 후 얼굴 밑부분에 꽂아주세요.

이쑤시개 통 만들기

12 요구르트 통의 1/3 정도를 잘라내고

13 도톰하게 밀어준 점토를 요구르트 통 크기보다 조금 여유 있게 붙여줍니다.

14 여유분의 점토는 통 안으로 넣어 정리합니다.

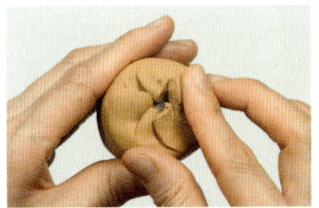

15 통의 밑부분도 점토를 모아 반듯하게 붙여줍니다.

16 얼굴에 꽂아준 철사를 통에 꽂아주세요.

다리 만들기

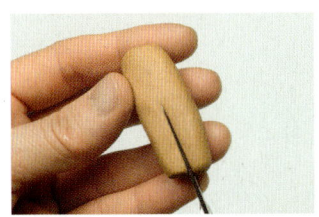

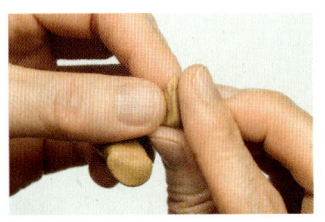

17 지름 2.5cm의 점토를 굴려 통의 길이에 맞춘 후, 가운데 부분을 1/2로 잘라 다리를 만듭니다.

18 자른 부분을 매끄럽게 다듬으면서 발의 모양을 만들어줍니다.

19 얼굴과 몸을 자연스럽게 연결해주세요.

 접착제 사용을 습관화하세요!

점토를 접합할 때 공예용 접착제를 습관처럼 사용하면 더욱 단단한 인형을 만들 수 있습니다. 석분 점토 작업을 하다가 점토가 갈라질 경우에는 젖은 수건을 손에 묻혀 마사지 해주듯이 문질러주면 좋습니다.

옷 표현하고 팔 만들기

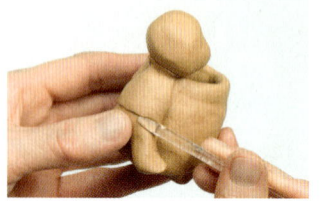

20 수정 붓으로 허리 부분에 티셔츠 입은 모양이 되도록 선을 그어줍니다.

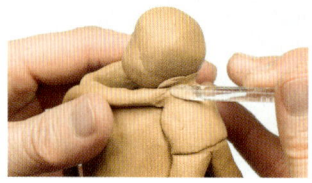

21 지름 1.5cm의 점토를 길게 굴려 팔을 붙힌 후

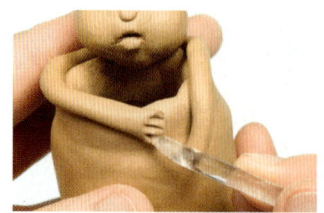

22 자연스럽게 팔을 몸과 연결합니다. 손 부분을 수정 붓으로 눌러 손가락을 표현합니다.

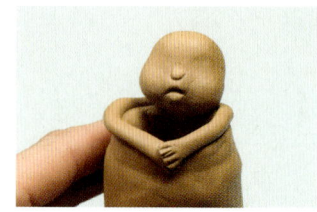

23 양손을 길게 해 앞쪽으로 모아주세요.

채색하기

24 인형이 완전히 건조되면 도트에 흰색 물감을 묻혀 눈을 찍어주고

25 같은 방법으로 눈동자가 아래쪽을 향하도록 찍어줍니다.

26 세필로 섬세하게 눈의 라인을 그려준 후

27 검은 눈동자에 흰색으로 아주 작게 점을 찍어줍니다.

28 아이섀도우로 입술을 터치한 후

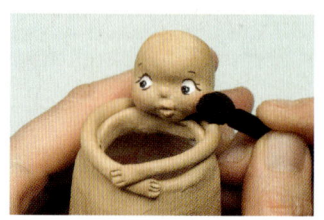

29 볼터치를 해줍니다.

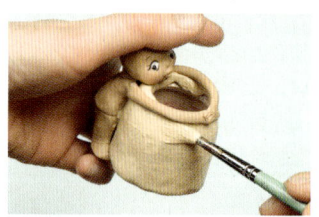

30 연한 베이지색으로 통을 칠합니다.

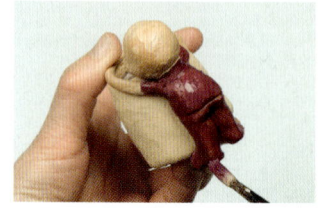

31 보라색으로 옷 전체를 채색한 후

32 세필에 베이지색 물감을 묻힌 후 가늘게 선을 그어줍니다.

33 청색으로 하트 무늬를 그립니다.

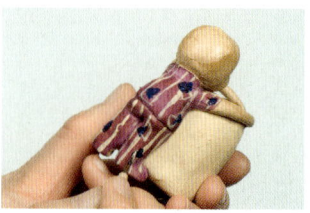

34 하트 무늬 옆에 베이지색 물감으로 하트 모양의 가는 선을 그려 건조합니다.

머리카락 만들기

35 길이 8cm, 폭 5cm의 두꺼운 종이에 길이 5cm 정도로 털실을 돌려주고 한쪽만 묶은 후

36 두꺼운 종이는 빼냅니다.

37 끈으로 묶인 밑부분을 가위로 잘라

38 글루건으로 인형의 머리 중앙에서부터 털실을 붙여줍니다.

39 가위로 머리카락을 다듬어주면

40 인형이 완성됩니다.

41 이쑤시개를 넣어 식탁에 놓고 사용해보세요.

다른 재료를 사용해 머리카락을 만들어 보세요

다른 종류의 털실을 이용해 머리카락을 만들어주면 또 다른 느낌의 인형을 만들 수 있습니다.

51 수지 점토로 만드는 낚시하는 인형

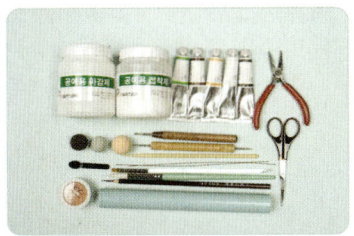

준비물

♣ **점토** : 하티

♣ **도구** : 통밀대, 꽃밀대, 갈색 와이어, 공예용 접착제, 공예용 마감재, 펜치, 가위, 도트(大,小), 세필, 수채화 붓 10호, 수정 붓, 아이새도우

♣ **물감** : 황토색, 진한 밤색, 녹색, 노란색, 흰색

● 예상 재료비 : 3,000원~4,000원 | 예상 제작 시간 : 1시간 30분~2시간 | 완제품을 사려면 얼마나 하죠? : 약 25,000원~30,000원

수지 점토 하티 수지 성분이 첨가된 점토로 가볍고 작업성과 신축성이 뛰어납니다. 점토가 손에 묻지 않아 작품의 완성도가 높으며 유연성을 필요로 하는 꽃이나 인형 등을 만들기에 좋습니다.

얼굴 만들기

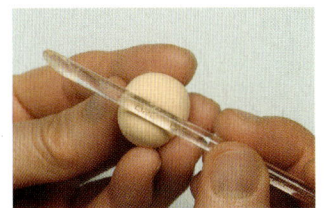

01 연한 황토색으로 염색한 하티 점토를 지름 2.3cm로 둥글게 굴려 가운데를 눌러준 후

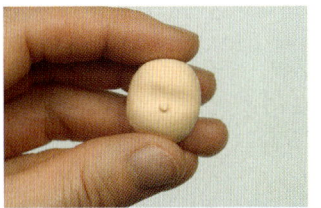

02 점토를 조금 붙여 작은 코를 만들어줍니다.

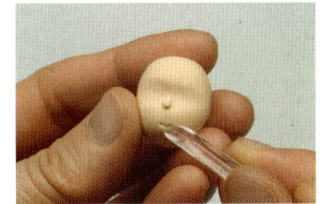

03 수정 붓의 뒷부분으로 입술을 그려주고

04 갈색 와이어 끝을 9자로 구부린 후 얼굴 점토에 꽂아줍니다.

다리 만들기

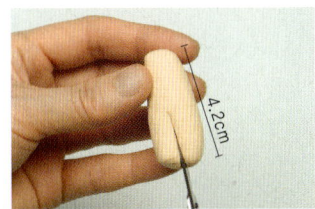

4.2cm

05 지름 2.5cm, 길이 4.2cm 정도로 길쭉하게 굴린 후 가위로 잘라줍니다.

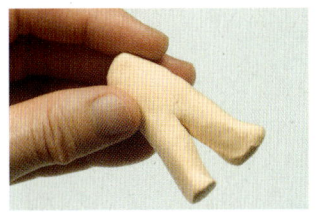

06 자른 부분을 매끄럽게 만져주면서 발을 완성합니다.

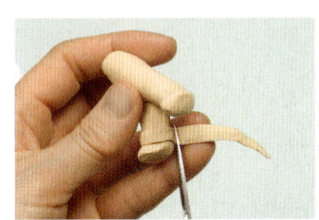

07 얇게 밀어준 점토를 밑부분에 붙여주고 나머지는 잘라냅니다.

옷 표현하기

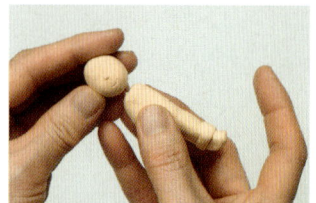

08 얼굴과 몸을 연결합니다.

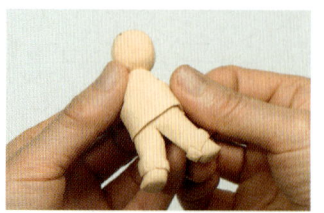

09 가로 7cm, 세로 1cm 점토를 얇게 밀어 허리 밑부분으로 돌려 붙이고 몸과 연결된 윗부분의 점토를 티셔츠 입은 것처럼 매끄럽게 연결해주세요.

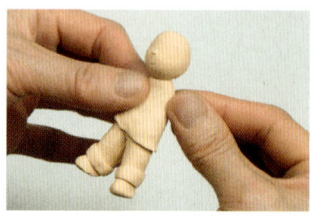

10 어깨에 팔을 붙여야 하므로 어깨 부분을 좁게 만들어줍니다.

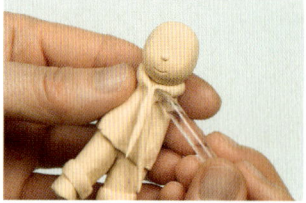

11 점토를 가늘게 굴려 스카프를 만들어 목에 둘러주세요.

12 수정 붓으로 콕콕 찍어주면서 스카프에 주름을 잡아줍니다.

팔 만들기

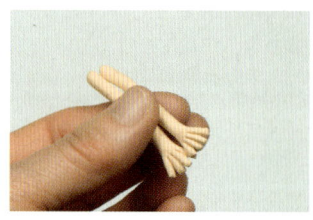

13 240쪽이나 270쪽의 손 만들기를 참고해 손을 만들어줍니다.

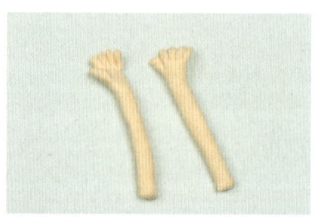

14 엄지손가락을 붙여 손을 완성하면

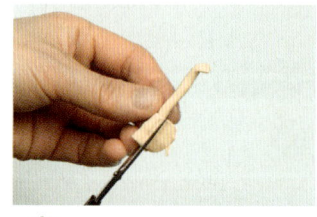

15 가로 3cm, 세로 1cm의 점토를 얇게 밀어 팔에 붙여주고 나머지 부분은 잘라낸 후

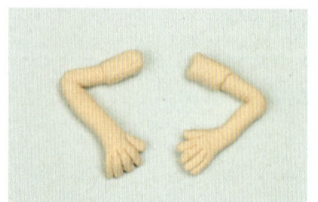

16 팔을 1/2로 45도 정도 구부려 완성하세요.

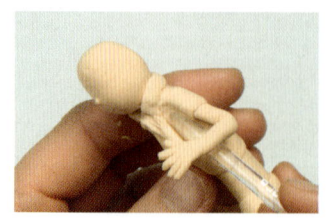

17 준비한 팔에 공예용 접착제를 묻혀 어깨에 붙인 후

18 양팔을 자연스럽게 포즈를 취한 상태로 마무리해줍니다.

머리카락 만들기

(19) 밤색으로 염색한 점토를 가늘게 굴려 가운데 부분을 중심으로 붙여가며

(20) 자연스러운 헤어스타일을 완성합니다.

(21) 앞머리는 바람에 날린 것처럼 살짝 들어줍니다.

모자 만들기

(22) 연한 갈색으로 염색한 점토로 윗부분이 눌린 물방울 모양으로 빚은 후

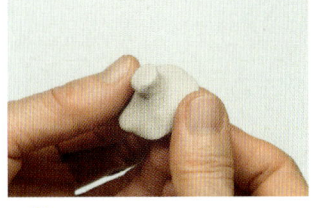

(23) 양손을 이용해 모자 모양이 되도록 밑부분을 펴줍니다.

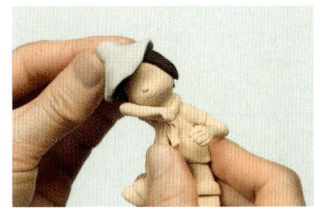

(24) 머리에 씌워주세요.

채색하고 완성하기

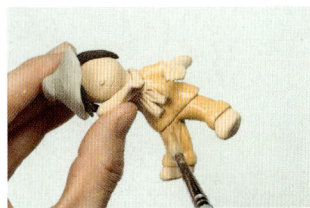

(25) 옷은 황토색 물감에 공예용 마감재와 물을 혼합한 후 채색합니다.

(26) 발, 스카프, 모자는 색만 다르게 하여 같은 방법으로 칠합니다.

(27) 도트에 흰색 물감을 묻혀 옷에 무늬를 찍어줍니다.

(28) 눈도 찍어줍니다.

(29) 물감이 건조되면 진한 밤색으로 칠해줍니다.

(30) 세필로 눈 라인과 입을 그려주고

③ 아이섀도우로 볼터치를 해줍니다.

③ 점토를 진한 밤색으로 염색한 후 지름 4cm, 두께 2cm의 받침대를 만들어 인형의 발에 9자로 구부린 갈색 와이어를 꽂아 고정하면

③ 인형이 완성됩니다.

낚시하는 소년 인형을 만들어 보세요

1. 작은 박스 뚜껑에 공예용 접착제를 바른 후 점토를 붙여 물이 고여 있는 것처럼 인형 받침대를 만듭니다.

2. 밤색으로 염색한 점토를 지름 2cm 정도로 굴려 기둥을 만들고 가운데에 갈색 와이어를 끼워 다리의 기둥을 만들어줍니다.

3. 인형의 개수에 따라 다리의 길이를 선택하고 점토를 1.5cm로 도톰하게 다리를 만들어 기둥에 고정하고 건조합니다.

4. 녹색으로 염색한 점토를 손바닥으로 비벼 끝이 뾰족하고 가늘게 만들어 다리 밑의 앞쪽에 붙여줍니다.

5. 이어서 양동이와 물고기, 가방 등을 만들고 6cm 정도의 갈색 와이어에 점토를 씌워 손바닥으로 비벼 가늘게 만들어 건조되면 낚싯줄을 연결해 인형의 손에 순간접착제로 붙여줍니다.

6. 원하는 색상으로 인형과 소품들을 채색합니다.

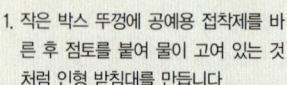

52 인형 손 만들기

준비물

♠ 점토 : 수퍼 스컬피

♠ 도구 : 가위, 수정 붓, 꽃밀대, #22 철사

손 만들기 표현하기

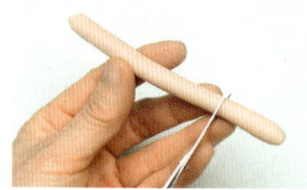

01 스컬피 점토를 둥글고 길게 굴려 끝부분을 가위로 자른 후

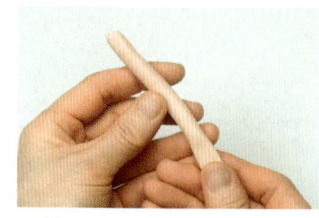

02 손가락을 표현하기 위해 끝부분을 손으로 눌러줍니다.

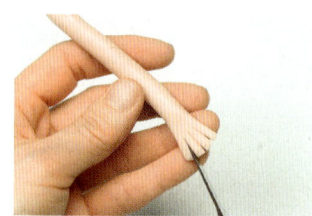

03 가위로 눌러준 부분을 각 손가락의 굵기를 생각해 4등분 해주세요.

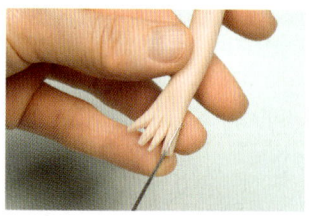

04 손가락 끝을 가늘게 만들기 위해 사선으로 자른 다음

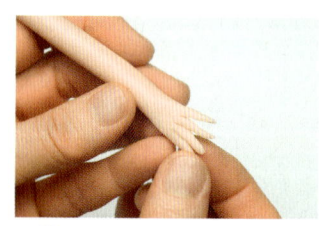

05 부드럽게 굴려주면서 자연스럽게 만들어줍니다.

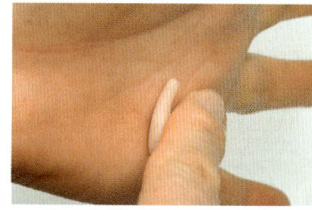

06 끝이 가늘고 밑은 둥글게 되도록 점토를 굴린 다음

엄지손가락 만들기

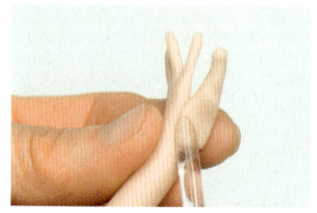

07 엄지손가락 위치에 붙인 후 수정 붓으로 연결해줍니다.

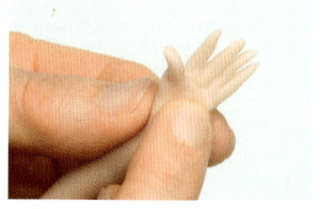

08 손으로 매끄럽게 손질해줍니다.

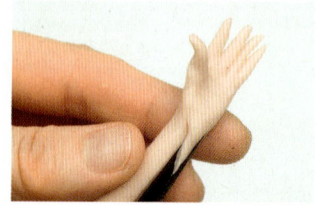

09 가위 끝을 팔목에 눕힌 형태로 손목은 팔목 부분에서 손바닥까지 자릅니다.

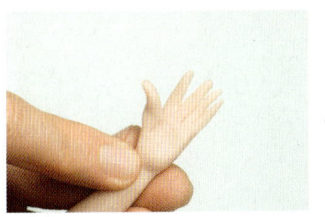

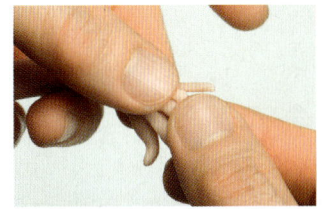

10 손바닥의 도톰한 부분을 표현하기 위해 자른 점토를 그대로 위로 접어 붙인 후

11 팔목 부분도 매끄럽게 만져줍니다.

12 양손으로 손가락의 1/2 부분을 꺾어 눌러줍니다.

손가락 모양 표현하기

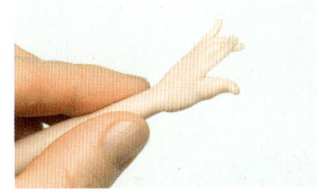

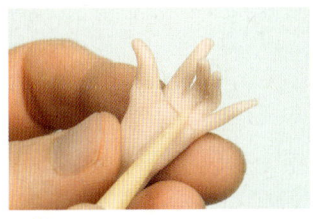

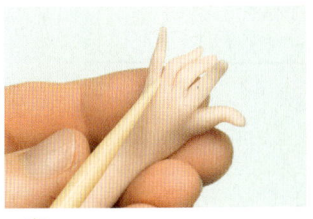

13 여기서는 중지와 약지가 굽혀진 모양을 만들어보았습니다. 각기 표현하고자 하는 손가락 모양을 만들어보세요.

14 수정 붓의 뒷부분으로 손바닥에 손금도 그어주고

15 꽃밀대로 손가락 사이를 눌러줍니다.

16 손등도 같은 방법으로 눌러줍니다.

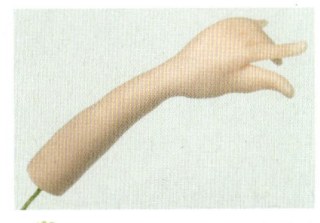

 큰 손 만드는 비법

손의 크기가 클 때는 손바닥을 먼저 만들고 가는 철사로 손가락의 뼈대를 손바닥과 연결하여 만들어 붙이면 좋습니다.

17 팔의 크기에 따라 굵거나 가는 철사를 끼워

18 뼈대를 만들어주면 손이 완성됩니다.

다양한 손동작을 표현해보세요

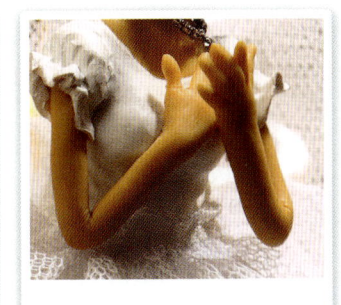

인형 만들기 고급 기법의 포인트 인형 발 만들기

53 인형 발 만들기

준비물

♣ 점토 : 수퍼 스컬피
♣ 도구 : 가위, 수정 붓, 꽃밀대, #22 철사

발목 만들기

01 원하는 인형 다리 크기에 맞게 점토를 둥글고 길게 굴려

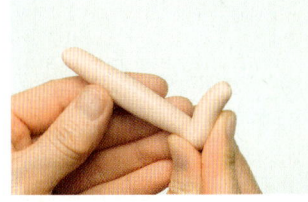

02 발목 부분을 접어줍니다.

03 발가락이 될 부분을 가볍게 눌러주고

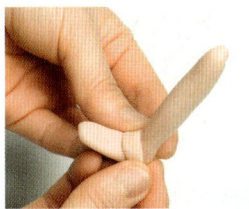

04 발등에 점토를 붙여 매끄럽게 만져주면서

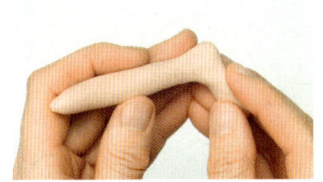

05 발목을 완성합니다.

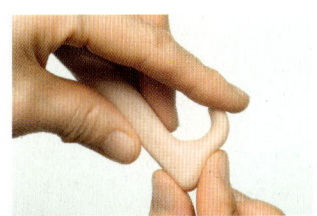

06 발바닥 가운데 부분을 검지로 눌러주세요.

발가락 표현하기

07 발가락은 가볍게 위로 올려줍니다.

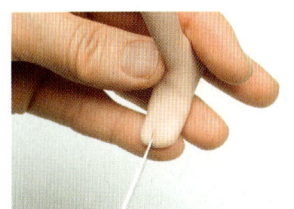

08 가위로 점토를 잘라 엄지발가락을 표현합니다.

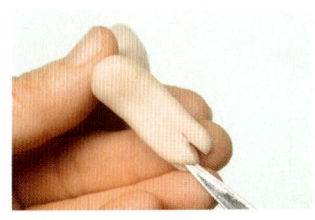

09 발가락의 밑부분을 1/3 정도 가위로 잘라낸 후

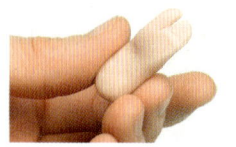

10 매끄럽게 손질합니다.

11 엄지발가락 부분의 밑을 사선
으로 자른 후

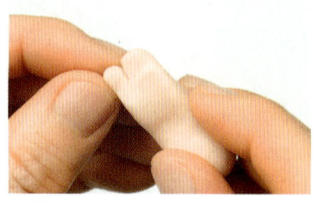

12 밑부분을 오목하게 만져줍니다.

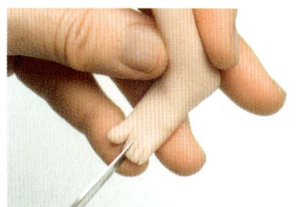

13 나머지 부분을 4등분합니다.

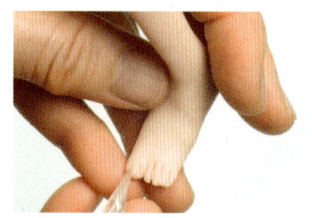

14 엄지 발톱 위치에 수정 붓으로
왼쪽에서 오른쪽으로 누르듯이
둥글게 굴려 엄지발가락 발톱
을 표현합니다.

15 #22 철사를 다리에 끼워 뼈대
를 만들어줍니다.

신발 만들기

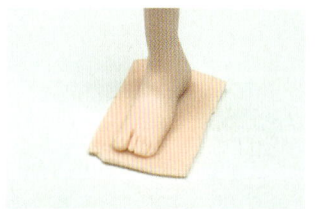

16 점토를 통밀대로 민 후, 발 밑
에 놓아두세요.

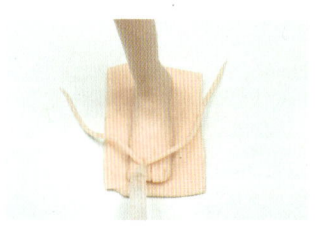

17 가늘게 점토를 굴려 엄지발가
락 사이에 끼워

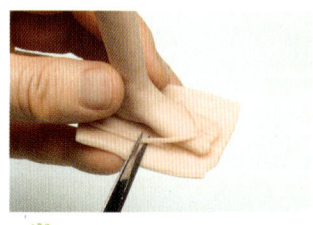

18 발 크기에 맞춰 잘라줍니다.

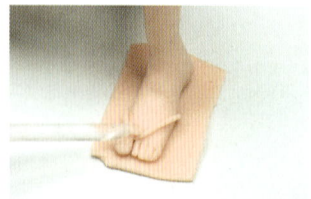

19 떨어지지 않도록 잘 붙여준 후

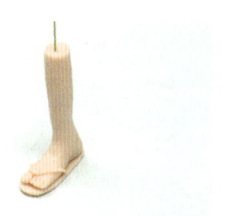

20 발 모양에 맞춰 필요 없는 부
분을 잘라 슬리퍼를 신은 발
을 완성합니다.

슬리퍼를 더 예쁘게 만들기

인형의 크기에 맞춰 알맞은 발을 만
듭니다. 발을 만들 때 신발 신은 모
양으로 미리 만들어준 다음, 건조한
후 사포로 부드럽게 갈아주면 작품
을 매끄럽게 완성할 수 있습니다.

54 인형 얼굴 만들기

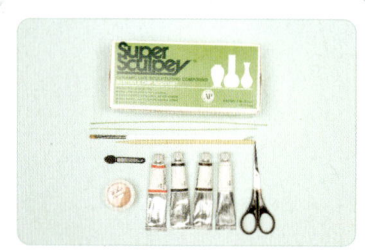

준비물

♣ 점토 : 수퍼 스컬피

♣ 도구 : 수정 붓, 꽃밀대, 갈색 와이어, 가위, 세필, 아이새도우

♣ 물감 : 빨간색, 검은색, 밤색, 흰색

웃는 얼굴 만들기

01 원하는 크기로 점토를 둥글게 굴린 다음, 수정 붓으로 가운데 부분을 가볍게 눌러줍니다.

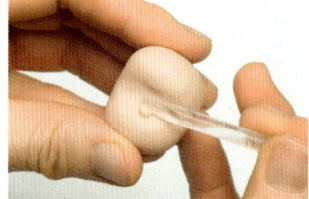

02 점토를 작고 둥글게 굴려 코를 붙입니다.

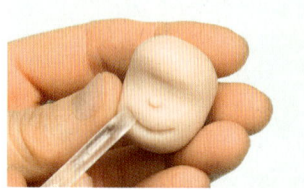

03 웃는 모습으로 선을 그어주고

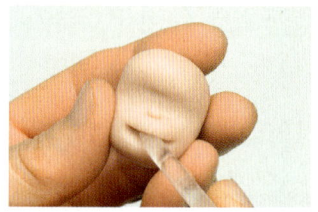

04 헤라를 위로 올려주면서 입을 벌려줍니다.

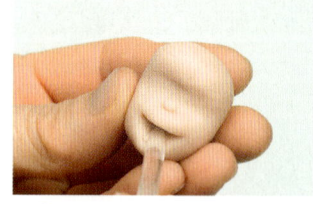

05 입술 밑부분을 여유 있게 눌러준 후

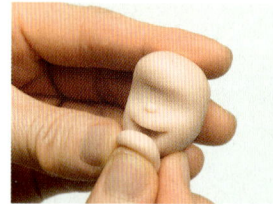

06 점토를 떼어내 아랫입술 부분에 붙여

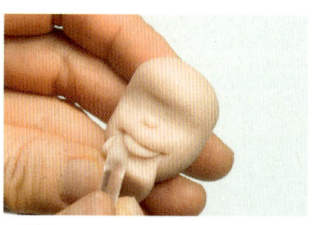

07 수정 붓으로 아랫입술을 자연스럽게 표현해주세요.

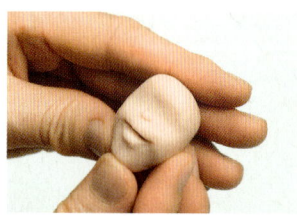

08 나머지 점토는 턱 부분에 매끄럽게 연결합니다.

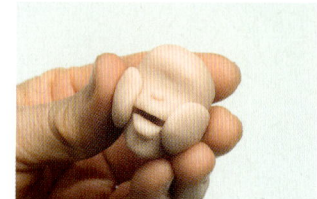

09 수정 붓으로 입술을 열어준 다음 양 볼에 점토를 붙여주고

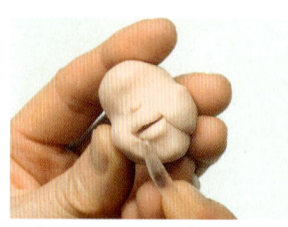

10 수정 붓으로 잘 만져줍니다.

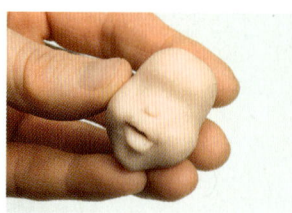

11 통통한 볼을 표현합니다.

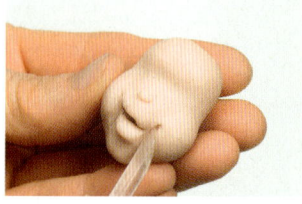

12 웃는 모습을 표현할 때는 입술 꼬리를 올려줍니다.

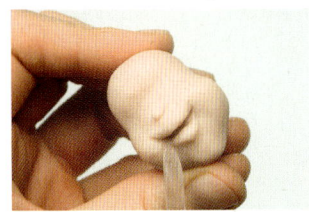

13 입술과 볼 사이를 가볍게 누릅니다.

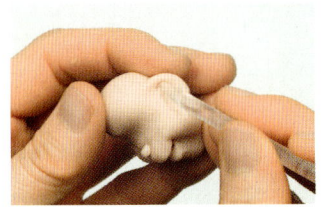

14 귀를 만들어 붙여줍니다.

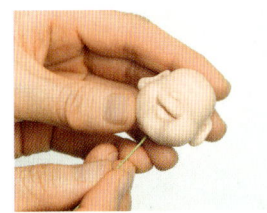

15 9자로 구부린 철사를 꽂아주세요.

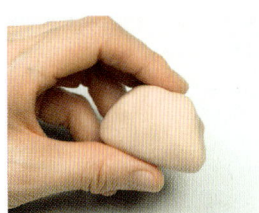

16 삼각형 모양의 점토를 준비한 후

17 얼굴과 연결해줍니다.

18 목에 점토를 감아주세요.

19 자연스럽게 다듬어주면서 얼굴과 상체를 연결합니다.

20 점토를 가늘게 잘라서 동정을 만들어줍니다.

머리카락 만들기

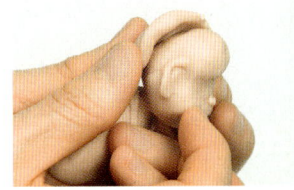

21 두상을 씌워줄 정도로 둥근 모양의 점토를 만들어 머리 위에 붙여

22 원하는 스타일의 머리카락 모양으로 손질합니다.

23 꽃밀대로 머리 부분을 가늘게 긁어서 머리카락을 표현합니다.

 여러 가지 기법으로 머리카락 표현하기

점토를 가늘고 둥글게 굴려 코일링 기법으로 머리카락을 표현하거나 손으로 빚어 꼬집듯이 웨이브를 주면서 핀칭 기법으로 인형의 머리카락을 손질해보세요.

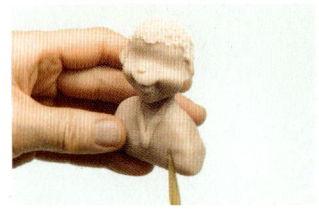

24 팔 부분을 눌러줍니다.

25 인형을 매끄럽게 다듬은 후, 100도로 가열된 오븐에 10분 정도 구워줍니다.

26 검은색이나 진한 밤색으로 머리카락을 칠합니다.

얼굴 표정 완성하기

27 세필로 양쪽 눈의 라인을 그립니다.

28 눈동자도 그려주세요.

29 나머지 부분은 흰색 물감으로 칠합니다.

30 세필로 눈 밑에 가늘게 선을 덧그린 후

31 좀 더 진한 색으로 한 번 더 그려줍니다.

32 눈의 라인과 눈동자에 가늘게 선을 그어줍니다.

33 눈 위에 선을 가볍게 그어 눈썹을 표현한 후

34 검은 눈동자 윗부분에는 작은 흰색 점을 찍어줍니다.

35 연한 붉은 색상으로 입술을 칠해주고

36 아이섀도우를 이용해 볼 터치를 해줍니다.

37 인형이 완성되었습니다.

스컬피 점토로 여러 번 연습하자!

스컬피 점토는 오븐에 굽기 전에는 굳지 않는 점토이므로, 만족할 때 까지 반복해서 연습하기에 좋습니다. 충분히 연습한 후에 석분 점토로 작품을 만든 다음 사포와 조각도를 사용해 더 섬세하게 표현한 인형을 만들어보세요.

다양한 표정의 인형을 만들어 보세요

살짝 미소짓는 표정

깜짝 놀라는 표정

때어를 기다리는 표정

행복하게 도시락을 먹는 표정

연인을 기다리는 애절한 표정

놀라는 표정

장난기 가득한 표정

깜찍한 표정

사랑스러운 눈길로 바라보는 표정

특별한 날 내 손으로 만드는 인형 선물

55. 화장지 들고 집들이 가는 인형

56. 어버이날 감사의 마음 담은 인형

57. 밸런타인데이에 사랑의 마음을 전할 소년 인형

58. 크리스마스에 선물하면 좋은 꼬마 산타 인형

59. 누구도 끊을 수 없는 인연, 사랑의 포로

60. 신혼부부에게 선물하면 좋은 웨딩 인형

61. 전통의 미가 물씬 풍기는 한국 전통 인형 메모꽂이

62. 다시 보고 싶은 그리운 풍경 1960년대 중학생 인형

55 화장지 들고 집들이 가는 인형

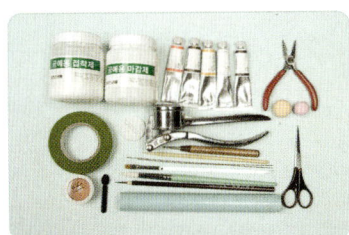

 준비물

- 점토 : 하티
- 도구 : 펜치, 가위, 갈색 와이어, #22 철사, 녹색 플라워 테이프, 통밀대, 꽃밀대, 루퍼, 공예용 접착제, 공예용 마감재, 도트, 수정 붓, 세필, 수채화 붓 10호, 아이섀도우
- 물감 : 황토색, 밤색, 빨간색, 흰색, 밤색

● 예상 재료비 : 7,000원~8,000원 | 예상 제작 시간 : 2시간~3시간 | 완제품을 사려면 얼마나 하죠? : 약 50,000원~60,000원

얼굴, 다리 만들기

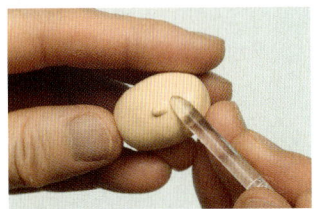

01 연한 황토색으로 염색한 하티 점토를 지름 2.3cm의 계란형으로 굴려서 얼굴을 만든 후 코를 붙여줍니다.

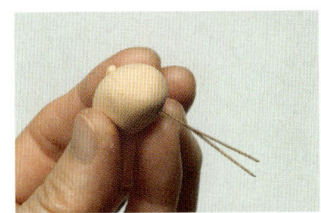

02 갈색 와이어 끝을 9자로 구부린 다음, 턱 뒷면에 꽂아줍니다.

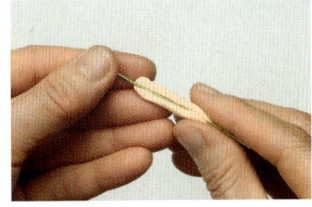

03 #22 철사에 녹색 플라워 테이프를 감아 7cm로 잘라줍니다. 연한 황토색으로 염색한 하티 점토를 씌운 후, 지름 5mm 정도가 되도록 가늘게 굴려줍니다.

 T.I.P 다른 형태의 인형 만들기

인형의 얼굴과 팔, 다리는 미리 만들어서 건조하는 것이 좋습니다. 팔, 다리에 반드시 갈색 와이어를 넣어 점토가 마르기 전에 원하는 자세로 건조하면 또 다른 형태의 인형을 완성할 수 있습니다.

04 발 부분을 펜치로 90도로 구부려줍니다.

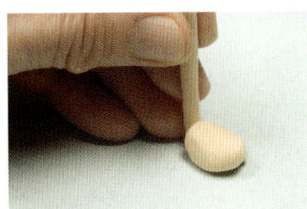

05 구부린 발등에 지름 1cm 정도의 점토를 붙여 발 모양을 만듭니다.

06 점토를 가늘게 굴려 발의 앞쪽에 붙인 점토 높이로 두툼하게 앞부분과 연결해주세요.

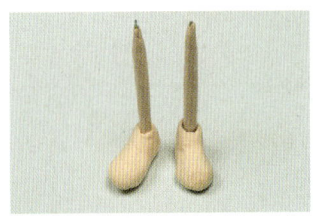

07 수정 붓으로 매끄럽게 만들어주면 다리가 완성됩니다.

몸통 만들기

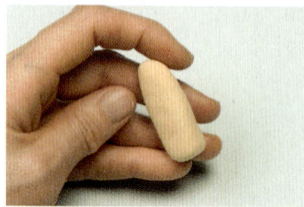

08 지름 2.5cm 점토를 3.5cm의 길이로 둥글고 길게 굴려 몸통을 만듭니다.

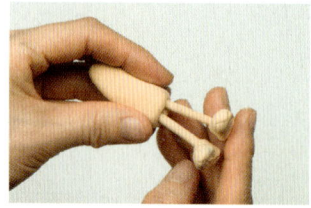

09 다리에 물을 묻혀 몸통과 연결합니다.

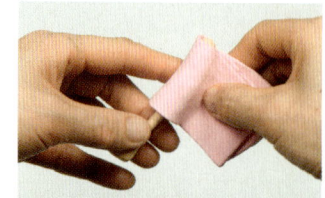

10 하티 점토를 소량의 빨간색 물감으로 염색한 다음, 통밀대로 밀어 가로 9cm, 세로 4cm로 잘라 몸통에 감아주고 뒷부분을 손으로 눌러주세요.

TIP 옷을 잘 입히는 방법

하티 점토로 옷을 입힐 때는 몸통에 점토를 돌려준 후 인형의 등쪽에서 10번 과정과 같이 손으로 점토를 눌러줍니다. 양쪽 면의 점토가 잘 붙었을 때 가위로 잘라줘야 작업을 깔끔하게 할 수 있습니다.

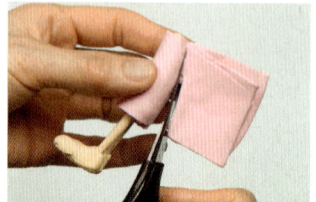

11 남는 부분은 깔끔하게 잘라줍니다.

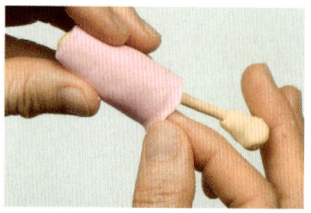

12 치마 끝자락을 엄지와 검지로 꼬집어주면서 살짝 웨이브를 넣어줍니다.

13 철사를 이용해 얼굴과 몸을 연결해주세요.

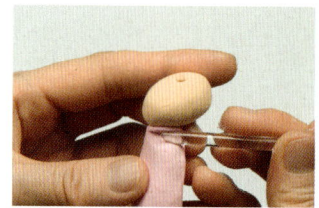

14 수정 붓으로 목 부분의 원피스 점토를 밀어 올려 폴라 원피스를 완성합니다.

팔 만들기

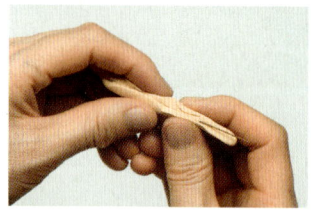

15 다리 만들기와 같은 방법으로 7cm 길이의 #22 철사에 점토를 붙여 굴려줍니다.

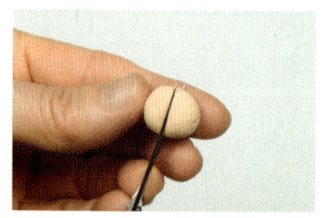

16 지름 1cm를 굴려준 점토를 가위를 이용해 1/2로 자른 후

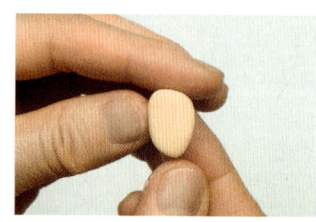

17 부채꼴 모양으로 만져준 다음, 끝 부분을 가볍게 눌러

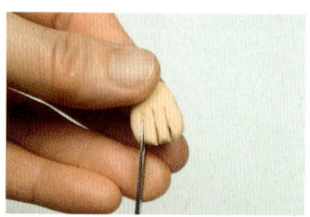

18 가위로 4등분해 손가락을 만들어줍니다.

19 손끝을 가볍게 돌려 둥글게 굴립니다.

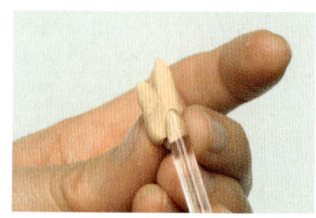

20 엄지손가락을 따로 만들어 붙인 후

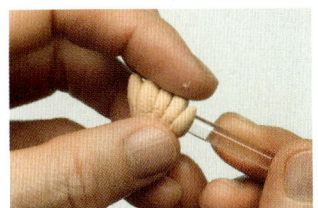

21 수정 붓을 받침대 삼아 손의 밑부분에 받쳐주고

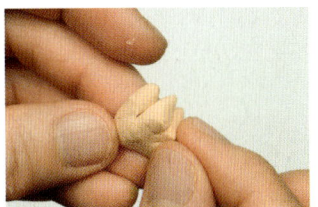

22 관절 부분은 손으로 꼬집듯 눌러서 표현해주세요.

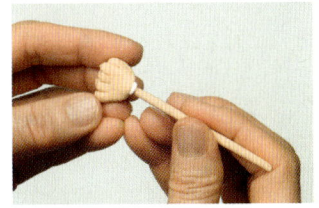

23 15번 과정에서 만들어 준비한 팔에 접착제를 묻힌 후 손을 끼워

24 물을 약간 묻혀가며 매끄럽게 만져줍니다. 같은 방법으로 손을 하나 더 만듭니다.

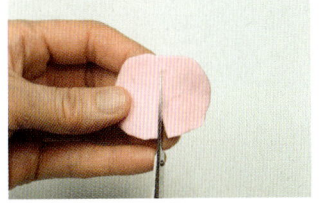

25 몸통에 둘러줬던 점토를 통밀대로 얇게 민 다음 1/2로 자르고

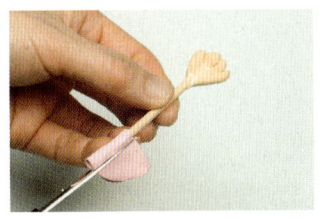

26 반팔 옷이 되도록 길이를 맞춰 붙여줍니다.

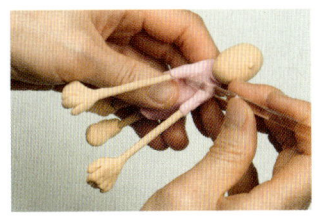

27 완성한 팔을 어깨에 붙입니다.

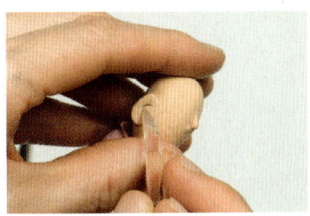

28 수정 붓으로 양쪽 귀를 둥글게 굴리듯이 홈을 파 붙여줍니다.

머리카락 만들기

29 루퍼에 연한 분홍색으로 염색한 점토를 넣고

30 천천히 힘을 가해 짜주면 머리카락 모양이 만들어집니다.

31 점토를 원하는 머리카락 길이로 잘라 끝부분을 구부린 후

루퍼 사용하기

루퍼는 사용후 반드시 다음 작업을 위해서 바로 물통에 넣어 점토를 불려 세척하는 것이 좋습니다.

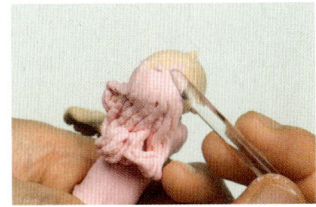

32 머리의 중앙 부분부터 붙여주고 수정 붓으로 자연스럽게 연결합니다.

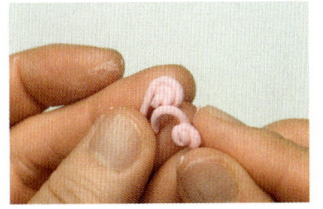

33 루퍼로 만든 머리카락을 짧게 잘라 나선 모양으로 구부려서

34 앞 머리카락을 표현합니다.

채색하고
완성하기

35 구두는 연한 회색으로 칠해주고

36 분홍색으로 머리카락을 골고루 채색해주세요.

37 도트에 흰색 물감을 묻힌 다음 눈을 그려준 후

39 눈썹과 눈의 라인을 그립니다.

40 진한 분홍색으로 밝은 표정이 되도록 입을 귀 부분까지 크게 그립니다.

38 도트로 눈동자도 찍어줍니다.

41 아이섀도우로 볼터치를 해주면

> **TIP** 귀는 얼굴이 건조된 후 붙여주세요!
>
> 인형의 귀는 얼굴이 건조된 후 붙이면 얼굴 형태의 변형을 막을 수 있습니다.

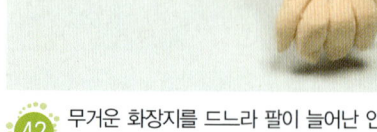

42 무거운 화장지를 드느라 팔이 늘어난 인형이 완성됩니다.

56 어버이날 감사의 마음 담은 인형

56 어버이날 감사의 마음 담은 인형

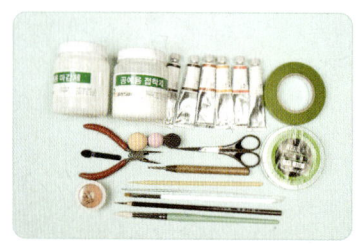

준비물

♣ 점토 : 하티

♣ 도구 : 가위, 펜치, 낚싯줄, #22 철사, 녹색 플라워 테이프, 꽃밀대, 도트, 아이섀도우, 수정 붓, 세필,
수채화 붓 10호, 공예용 접착제, 공예용 마감재

♣ 물감 : 황토색, 진한 밤색, 빨간색, 흰색, 검은색, 밤색

● 예상 재료비 : 3,000원~4,000원 | ● 예상 제작 시간 : 1시간 30분~2시간 | ● 완제품을 사려면 얼마나 하죠? : 약 25,000원~30,000원

얼굴 만들기

01 연한 황토색으로 염색한 점토를 둥글게 굴려 지름 2.5cm로 만든 후, 가운데를 살짝 눌러줍니다.

02 작은 크기의 코를 붙여주세요.

03 양쪽 귀를 만들어 붙여주고

04 9자로 구부려준 4cm의 #22 철사에 접착제를 바른 후, 얼굴 점토에 끼워줍니다.

다리와 몸통 만들기

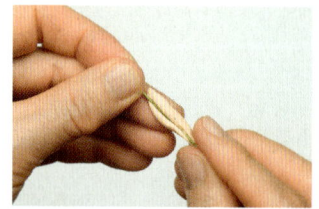

05 5cm 길이 철사에 점토를 굴려준 후

06 발목 부분을 구부려줍니다.

07 연한 분홍색으로 염색한 점토를 지름 2cm, 길이 3cm의 둥근 모양으로 잡아준 후

08 밑부분을 치마 모양으로 다듬어주세요.

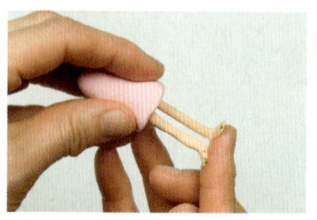

09 완성된 다리에 물을 묻혀 치마에 꽂아줍니다.

Tip

접합, 쉽게 하기

접합할 부분에 아주 적은 양의 물을 묻혀주면 매끄럽게 접합할 수 있습니다.

10 발등 부분에 연한 황토색으로 염색한 점토를 붙여주세요.

11 뒷부분에 점토를 덧붙여 구두 형태로 만들어줍니다.

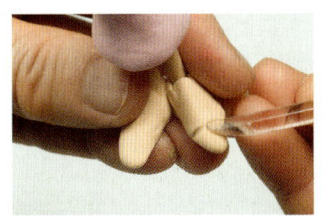

12 수정 붓의 뒷부분으로 구두 앞부분에 선을 그어주고

13 공예용 접착제를 묻혀 얼굴과 몸을 연결합니다.

팔 만들기

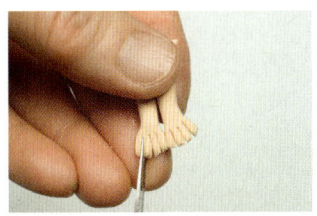

14 지름 8mm로 점토를 굴린 다음, 끝부분을 가볍게 누른 후 가위로 4등분합니다.

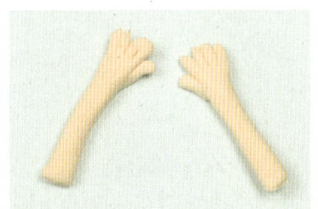

15 엄지손가락(270쪽 참고)을 붙여 팔을 만듭니다.

16 연한 분홍색으로 염색한 점토를 얇게 밀어 팔에 붙이고

17 남는 부분을 잘라낸 후 45도로 팔을 구부려 완성합니다.

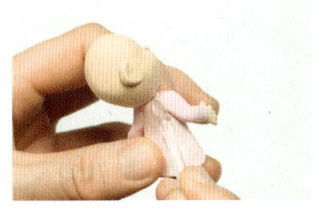

18 완성한 팔을 어깨에 붙입니다.

옷깃, 핸드백 만들기

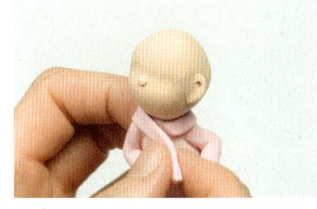

19 분홍색 점토를 폭을 좁게 잘라서 옷깃을 만들어 붙입니다.

20 필요 없는 부분을 잘라낸 후, 인형의 자세를 잡아주세요.

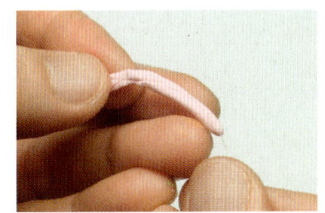

21 가는 핸드백 끈이 부러지지 않도록 낚싯줄에 점토를 감아줍니다.

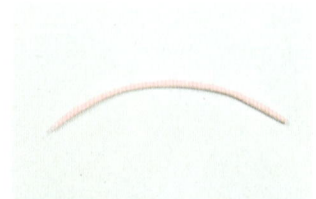

22 점토를 손으로 비벼서 가늘게 준비합니다.

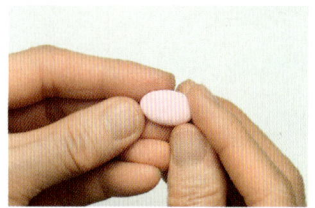

23 점토를 지름 1cm의 타원형으로 만든 후

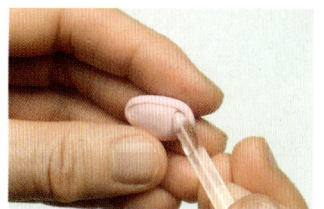

24 수정 붓으로 윗부분을 눌러 핸드백 형태로 만듭니다.

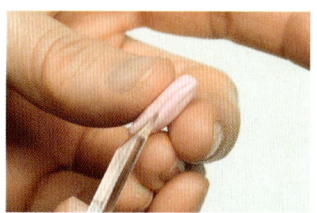

25 수정 붓으로 윗부분에 선을 그어 주고

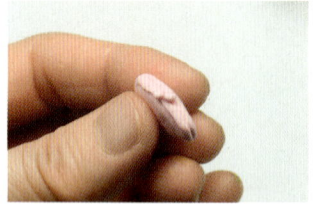

26 핸드백의 닫힌 부분을 표현하기 위해 작고 동그랗게 점토를 빚어 붙입니다.

27 핸드백에 몇 개의 선을 그어 주름을 그어준 후

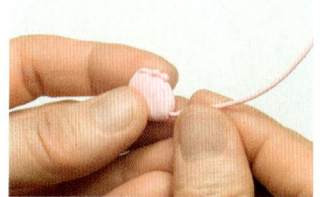

28 낚싯줄 끈을 핸드백의 양쪽으로 끼워

29 낚싯줄이 빠지지 않도록 공예용 접착제로 꼼꼼히 붙여주면 핸드백이 완성됩니다.

머리카락 만들기

30 진한 밤색으로 염색한 점토를 둥글고 납작하게 만들어 머리에 붙인 후

31 점토를 가늘게 굴려 머리카락 테두리에 돌려 붙여줍니다.

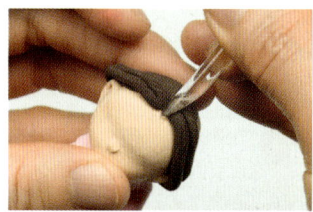

32 점토를 두 줄로 둥글게 돌려 머리의 밑부분에 깔끔하게 연결해 마무리한 후, 선을 그어 가르마를 표현해주세요.

채색하고 완성하기

33 도트에 흰색 물감을 묻혀 눈을 그려줍니다.

34 세필로 눈의 라인과 속눈썹을 그린 후

35 왼쪽을 바라보는 눈을 표현하기 위해 눈동자의 왼쪽에 눈동자를 그립니다.

36 속눈썹의 라인보다 좀 더 굵게 눈썹을 그려주고

37 옷의 색상에 맞춰 입술을 그립니다.

38 아이섀도우로 볼터치를 해줍니다.

39 원피스 색상과 구두, 핸드백을 분홍색으로 칠해

40 인형을 완성하였습니다.

신랑 인형, 케이크, 카네이션 만들기

신랑 인형 만들기

1. 인형 뼈대는 지름 2cm의 점토를 3cm로 굴려 가볍게 눌러 사각기둥 모양으로 만들어 준 후 여자 인형과 같은 방법으로 다리를 끼웁니다.
2. 남자 구두는 지름 7mm의 점토를 발의 앞부분에 붙이고 앞부분과 같은 높이로 뒤꿈치와 연결합니다.
3. 하티 점토를 가로 2cm, 세로 2cm로 얇게 밀어 윗부분을 5mm 자른 후, 자른 부분을 구부려 와이셔츠 옷깃을 만들어 목에 붙여 주고 3mm 정도의 폭으로 넥타이를 붙입니다.
4. 밤색으로 염색한 점토를 가로 8cm, 세로 2.5cm로 재단해 하의를 몸에 붙입니다.
5. 상의는 밤색으로 염색한 점토를 가로 6cm, 세로 2.5cm 크기로 잘라 앞부분부터 인형의 몸에 둘러 옷을 입히고 옷깃 부분을 접어주면 됩니다.

케이크 만들기

1. 지름 7cm, 두께 3cm의 하티 점토를 케이크 모양으로 준비합니다.
2. 흰색 아크릴 물감에 극소량의 황토색 물감을 혼합하여 아이보리색으로 만든 후 같은 양의 공예용 접착제를 잘 섞어 케이크 전체를 칠해줍니다.
3. 이쑤시개 3개를 스카치테이프로 납작하게 연결해 케이크의 옆면에 선을 그어줍니다.
4. 밤색 아크릴 물감에 공예용 접착제를 같은 양으로 넣어 혼합한 후 케이크의 옆면에 무늬를 그려 주고 윗면에는 점토를 잘게 잘라 뿌려줍니다.

카네이션 만들기

모데나 점토를 빨간색으로 염색한 후 8mm 정도의 물방울 모양으로 만들어 5등분합니다. 꽃잎의 끝 부분을 가로로 짧고 촘촘히 잘라 꽃밀대로 꽃잎을 넓게 펴주면서 주름을 잡아 줍니다. 같은 방법으로 3개의 꽃을 만들어 하나로 완성합니다(179쪽 참고).

57 소년 인형 만들기

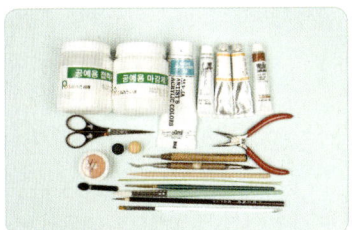

준비물

♣ 점토 : 모데나

♣ 도구 : 삼각칼, 가위, 도트, 꽃밀대, 공예용 접착제, 공예용 마감재, 녹색 플라워 테이프로 감아준 #22 철사, 수정 붓, 세필, 구성 붓, 수채화 붓, 아이섀도우

♣ 물감 : 황토색, 밤색, 노란색, 흰색, 하늘색

● 예상 재료비 : 3,000원~4,000원 | 예상 제작 시간 : 1시간 30분~2시간 | 완제품을 사려면 얼마나 하죠? : 약 25,000원~30,000원

얼굴 만들기

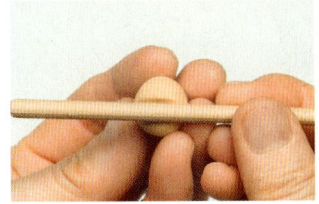

01 연한 황토색으로 염색한 점토를 지름 2cm의 얼굴 형태로 빚고, 꽃밀대로 가운데 부분을 깊이 5mm 정도로 눌러줍니다.

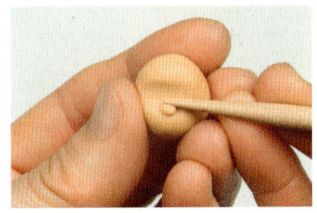

02 작은 크기의 코를 붙여주고 모양을 다듬어줍니다.

TIP 코 모양 하나로 인형의 표정이 달라져요

점토 덩어리를 아주 작은 크기에서 약간 큰 크기로 얼굴 중앙에 붙여 코가 길거나 둥글게 여러 형태의 코 모양을 표현하면 다른 표정이 연출됩니다.

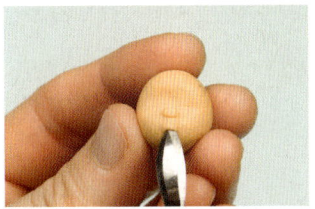

03 삼각칼의 헤라 부분으로 윗입술을 살짝 들어 올려줍니다.

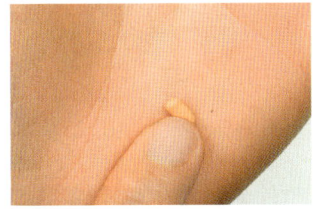

04 점토를 작게 떼어 굴린 후

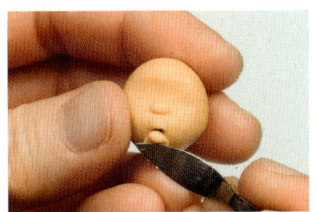

05 아랫입술에 붙여줍니다.

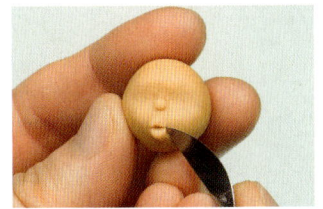

06 아랫입술을 만든 후 남은 점토는 턱에 자연스럽게 붙입니다.

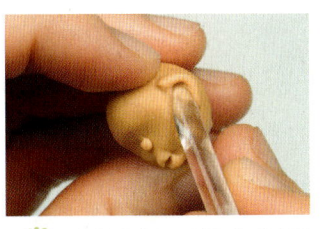

07 귀를 붙여주고, 얼굴과 귀의 연결이 매끄럽게 다듬어줍니다.

08 9자로 구부려준 #22 철사를 얼굴에 꽂습니다.

09 얼굴을 준비합니다.

몸통 만들기

10 지름 3cm의 점토를 삼각기둥 형태로 만든 후

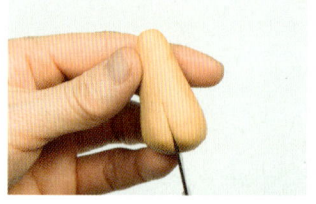

11 다리를 만들어주기 위해 밑부분을 가로로 자릅니다.

12 자른 부분의 점토를 둥글게 굴려 자연스럽게 다리를 만들어주세요.

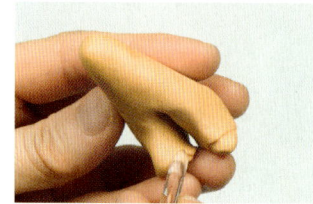

13 다리 끝부분을 90도로 구부린 후, 수정 붓 끝으로 선을 그어 신발을 표현합니다.

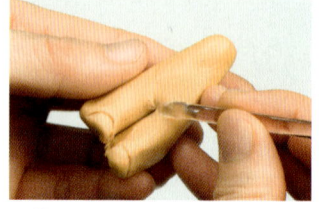

14 선을 그어 바지 주름을 표현합니다.

15 수정 붓을 깊이 눌러 주머니를 만듭니다.

16 얼굴을 몸과 연결한 후

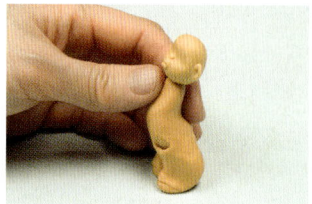

17 배가 불쑥 나온 것처럼 자세를 잡아주세요.

팔, 머리카락 만들기

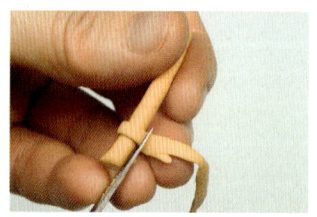

18 지름 3mm, 길이 3.5cm의 팔을 만든 후 소매를 붙입니다.

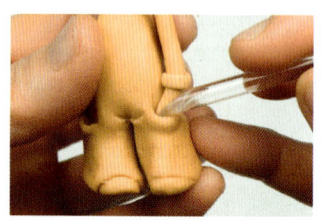

19 주머니 속에 팔을 넣어줍니다.

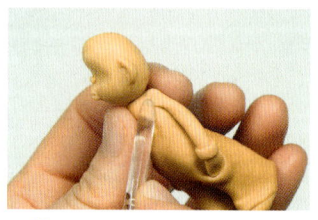

20 연결 부위를 자연스럽게 매만져 주면서 팔을 어깨에 붙여준 후

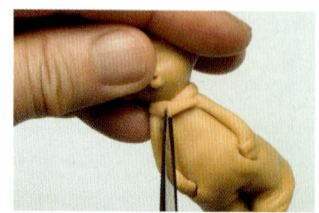

21 얇고 폭이 좁게 옷깃을 만들고 필요 없는 부분은 잘라줍니다.

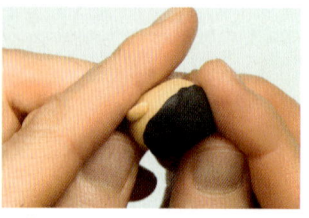

22 검은색으로 염색한 점토를 얇고 둥글게 만들어 머리에 붙여주고

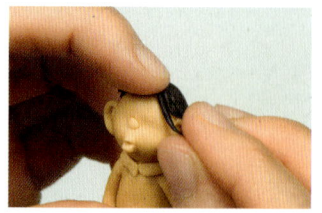

23 점토를 가늘게 굴려 머리카락을 표현합니다.

TIP 팔의 길이는?

일반적으로 인형이 팔 길이는 인형의 허벅지 위쪽에서 잘라주지만 인형의 표정이나 상황에 따라 만화적인 요소를 가미해 아주 길거나 짧게 표현해보는 것도 재미있습니다.

채색하고 완성하기

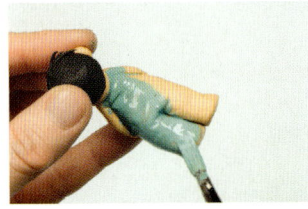

24 인형이 건조되면 하늘색으로 옷을 채색합니다.

25 옷이 건조되면 수정 붓으로 흰색 선을 그어주세요.

26 세필로 노란색 점을 불규칙하게 찍어줍니다.

27 도트로 눈을 그려주고

28 어느 한쪽을 바라보는 방향으로 눈동자도 찍어줍니다.

29 눈의 라인을 그린 후

30 아이섀도우로 입술과 볼터치를 해주면

31 인형이 완성됩니다.

초코케이크를 선물하는 여자 친구 인형 만들기

1. 몸 만들기 : 연한 황토색으로 염색한 점토를 두께 5mm, 길이 3cm의 갸름한 사각형으로 준비합니다.

2. 다리 만들기 : 연한 황토색 점토를 5cm 정도의 철사에 점토를 굴려 매끄럽게 해준 후 발등에 지름 1cm의 점토를 붙이고 신발의 뒷면을 점토로 연결하고 구두를 만들어줍니다.

3. 다리와 몸 연결하기 : 다리에 물을 묻혀 몸과 연결합니다.

4. 팔 만들기 : 5cm 철사에 점토를 3mm 정도로 굴려 손을 만들어줍니다.

5. 옷 입히기 : 분홍색으로 염색한 모데나 점토를 얇게 굴려 소매 부분과 목 부분에 붙여 몸과 연결해주고 가로 5cm, 세로 1.5cm의 점토를 얇게 밀어 주름을 잡아 치마의 밑부분에 붙여 수정 붓으로 치마의 잔주름을 표현해주세요.

6. 머리카락 붙이기 : 검은색으로 염색한 모데나 점토를 가늘게 손바닥으로 비벼 굴려 머리카락을 만든 후 두상의 중앙에서부터 붙입니다.

7. 채색하기 : 진한 분홍색으로 옷 전체를 칠하고 연분홍색으로 꽃무늬를 그립니다.

8. 빵가루 만들기 : 밤색과 연한 황토색으로 염색한 모데나 점토를 칼로 잘게 다져 가루를 준비합니다.

9. 케이크 원형 만들기 : 두께 1cm, 지름 3cm의 크기로 윗부분이 볼록하게 만듭니다.

10. 초코 크림 만들기 : 진한 밤색과 밤색 아크릴 물감, 공예용 마감재를 1:1:1 비율로 혼합하여 잘 섞어줍니다.

11. 경단 만들기 : 지름 2mm의 모데나 점토에 공예용 접착제를 바르고 연한 황토색의 가루를 묻힙니다.

12. 데코레이션 : 케이크의 윗면에 공예용 접착제를 묻혀 밤색 가루를 뿌려줍니다. 초코 크림을 케이크의 옆면에 칠해 주고 이쑤시개를 사용해 세로로 선을 그어 무늬를 그려주고 케이크의 윗면에는 6개의 선을 그립니다. 6개의 선 사이사이에 연한 황토색의 경단을 붙여주며 가운데 부분에 별 모양의 점토를 붙입니다.

크리스마스에 선물하면 좋은 꼬마 산타 인형

58 꼬마 산타 인형

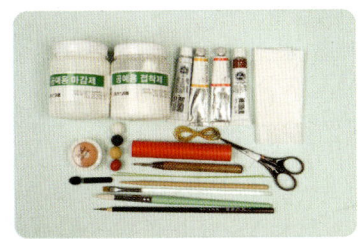

준비물

- ♠ 점토 : 모데나
- ♣ 도구 : 꽃밀대, 통밀대, 가위, #22 철사, 도트, 공예용 접착제, 공예용 마감재, 수정 붓, 세필, 수채화 붓, 화장지, 금실, 아이섀도우
- ♠ 물감 : 밤색, 빨간색, 황토색, 흰색

예상 재료비 : 3,000원~4,000원 | 예상 제작 시간 : 1시간 30분~2시간 | 완제품을 사려면 얼마나 하죠? : 약 50,000원~60,000원

얼굴 만들기

01 연한 황토색으로 염색한 점토로 지름 1.5cm의 얼굴을 만들어 가운데 부분을 눌러줍니다.

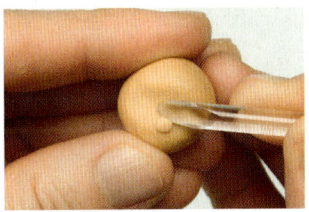

02 작은 크기의 코를 붙여주고

03 귀를 붙여주고 모양을 잡아준 후, 9자로 구부린 3.5cm의 철사를 끼워줍니다.

몸통 만들기

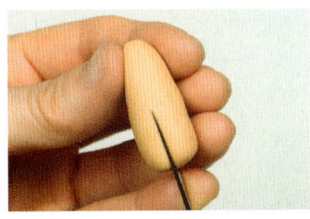

04 지름 2cm의 점토를 4cm 길이의 삼각기둥 형태로 만든 후, 가위로 다리 부분을 자릅니다.

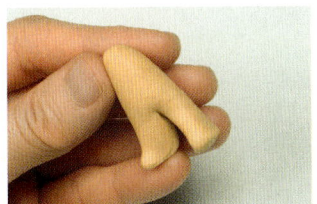

05 손으로 다리를 자연스럽게 매만져준 후, 발끝을 직각으로 접어줍니다.

06 공예용 접착제를 묻혀 얼굴과 몸을 연결합니다.

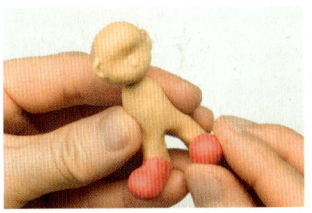

07 빨간색으로 염색한 점토를 발등에 붙인 후

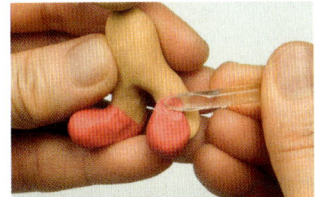

08 장화 모양으로 다듬어줍니다.

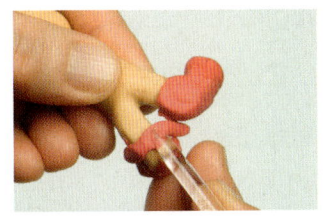

09 빨간색 점토를 가늘게 굴려 신발 뒷부분을 붙입니다.

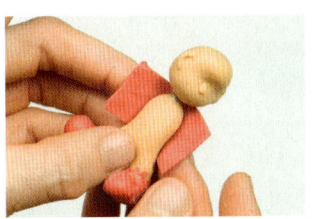

10 빨간색 점토를 두께 1mm, 가로 6cm, 세로 1.5cm로 잘라 입혀주세요.

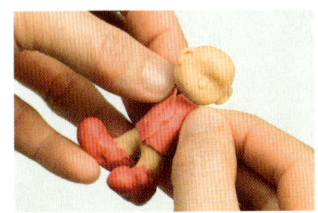

11 양손으로 어깨 끝부분을 손끝으로 꼬집어 눌러준 후

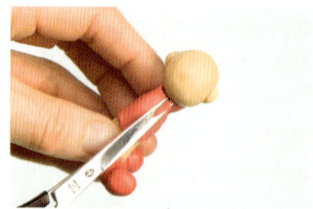

12 손으로 눌려진 삼각 모양의 부분을 잘라내 정리합니다.

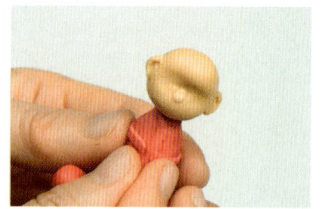

13 빨간색 점토로 허리띠를 붙입니다.

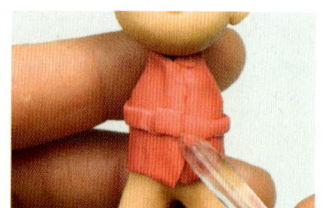

14 허리띠의 중앙에 수정 붓으로 선을 그어주듯이 눌러 벨트를 완성합니다.

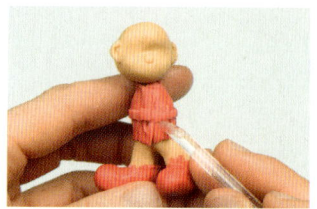

15 수정 붓으로 촘촘히 산타 복장의 주름을 표현해주세요.

팔 만들기

16 점토를 가늘게 굴린 후 벙어리장갑을 낀 손을 만듭니다.

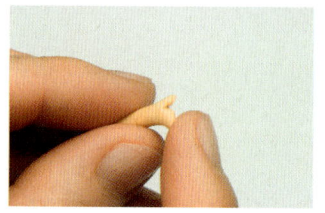

17 손으로 엄지손가락을 살짝 들어 올려주고

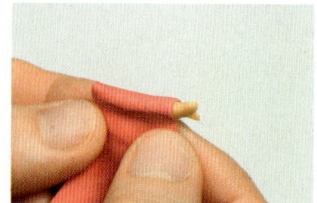

18 빨간색 점토를 두께 1mm, 가로 2cm, 세로 2cm로 밀어준 후, 팔 점토를 감싸줍니다.

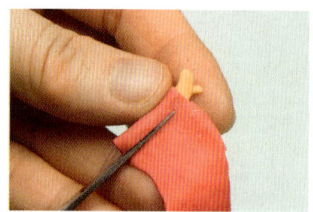

19 가위로 필요 없는 부분은 잘라냅니다.

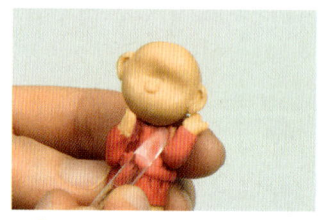

20 45도로 구부려준 팔을 공예용 접착제를 묻혀 어깨에 붙여주머니를 들고 가는 모습으로 자세를 고정합니다.

 옷 쉽게 입히기

얼굴을 먼저 완성해 건조시키고 몸과 얼굴을 연결한 후 다시 건조시킨 상태에서 옷을 입히면 인형 몸의 형태가 변하지 않게 작업할 수 있습니다.

머리카락 만들어 모자 씌우기

21 검은색으로 염색한 점토를 머리에 붙여

22 수정 붓으로 짧게 선을 그어 머리카락을 표현합니다.

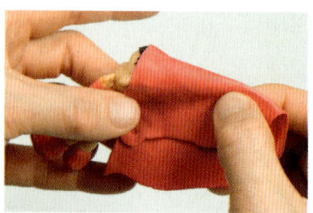

23 점토를 지름 2cm의 만두피처럼 밀어서 한쪽 면을 자르고 머리에 씌워 삼각뿔 모양으로 만듭니다.

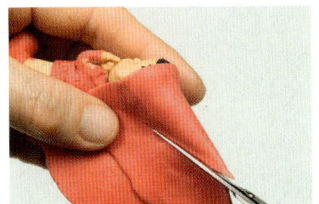

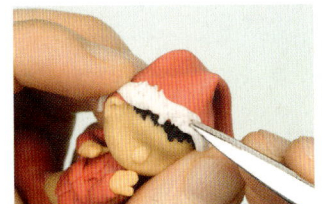
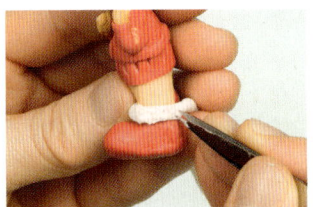

24 필요 없는 부분은 가위로 잘라냅니다.

25 모자를 구부립니다.

26 흰색으로 염색한 모데나 점토를 가늘게 굴려 모자의 테두리에 붙인 후, 가위로 가볍게 찍어줘 털모자를 표현합니다.

27 장화도 같은 방법으로 손질합니다.

채색하기

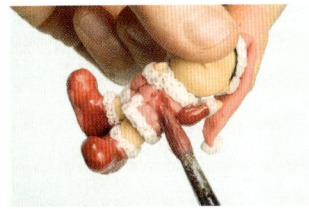
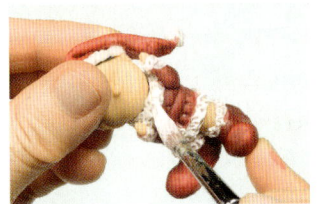

28 인형이 건조되면 빨간색으로 옷 채색을 시작하세요.

29 흰색으로 털옷 부위를 칠해 산타의 털옷을 완성합니다.

30 도트에 흰색 물감을 묻혀 크게 찍어주고

31 검은 눈동자도 같은 방법으로 그려줍니다.

32 세필로 눈의 라인을 그려줍니다.

33 굵은 눈썹과 입술을 그린 후 볼터치로 인형을 완성합니다.

자루 만들기

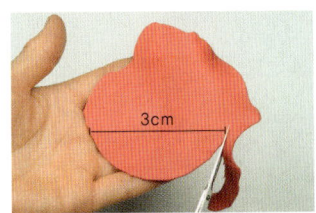
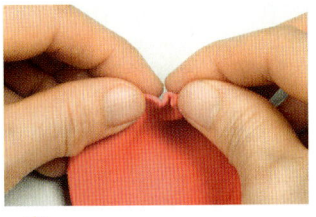
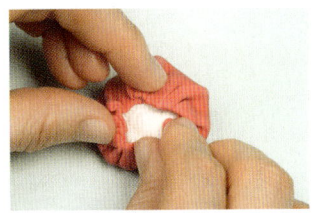
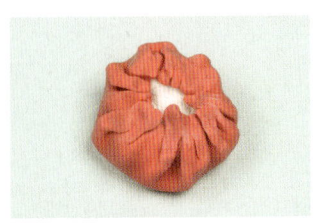

34 빨간색으로 염색한 점토를 지름 3cm의 만두피 모양으로 밀어서 둥글게 잘라줍니다.

35 짧고 좁게 주름을 잡아간 후

36 화장지를 넣고 자루의 주름을 모아줍니다.

37 주름진 자루를 가볍게 위에서 눌러주고

(38) 좁은 폭의 점토를 같은 방법으로 주름을 잡아

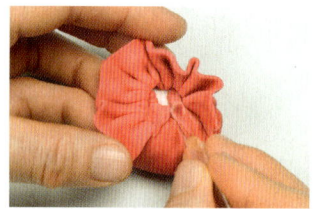

(39) 물 약간을 묻혀주면서 붙입니다.

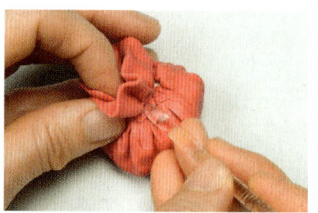

(40) 수정 붓으로 고르게 잘 붙여준 후

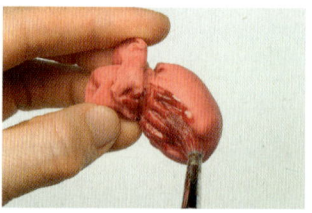

(41) 점토가 건조되면 채색을 해주세요.

(42) 자루를 금실로 여러 차례 돌려 묶어

(43) 실이 풀리지 않도록 매듭을 지어줍니다.

(44) 인형의 손에 자루를 연결하면 선물 자루를 끌고 가는 꼬마 산타 인형이 완성됩니다.

크리스마스 분위기가 나는 생활용품 만들기

인형 주위에 다양한 소품을 만들어 크리스마스 분위기를 연출해보세요.

크리스마스 이미지를 작게 인쇄해 카드나 액자를 만들어 점토에 붙여 공예용 마감재를 발라 코팅을 해줍니다. 작품의 뒷면에 자석이나 핀을 꽂아 생활용품으로 사용해도 됩니다.

누구도 끊을 수 없는 인연, 사랑의 포로

59 누구도 끊을 수 없는 인연, 사랑의 포로

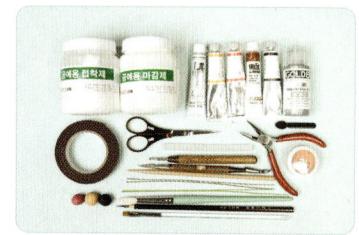

 준비물

◆ 점토 : 모데나

◆ 도구 : 꽃밀대, 도트, 가위, 삼각칼, 펜치, #22 철사, 갈색 와이어, 갈색 플라워 테이프, 공예용 접착제, 공예용 마감재, 세필, 수정 붓, 수채화 붓, 아이새도우, 원형 글루

◆ 물감 : 검은색, 흰색, 밤색, 빨간색, 황토색, 은색 액상 아크릴 물감

예상 재료비 : 3,000원~4,000원 │ 예상 제작 시간 : 1시간 30분~2시간 │ 완제품을 사려면 얼마나 하죠? 약 30,000원~40,000원

얼굴, 몸통 만들기

01 연한 황토색으로 염색한 점토로 지름 2.5cm의 얼굴을 만들어 가운데 부분을 눌러줍니다.

02 점토를 붙여 가늘고 길게 코를 붙입니다.

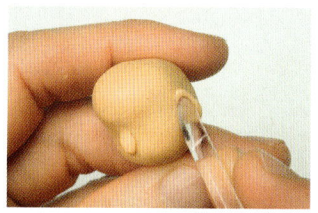

03 둥글게 빚은 두께 4mm의 점토를 1/2로 잘라 귀를 붙여주고 귀의 모양을 잡아주세요.

04 녹색 플라워 테이프가 감긴 #22 철사 끝을 9자로 구부린 후 얼굴에 끼워줍니다.

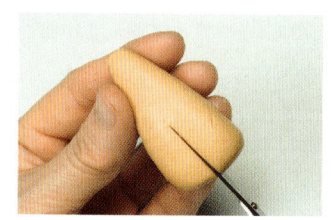

05 지름 3cm의 점토를 6cm 길이로 둥글게 굴린 다음 가위로 다리 부분을 잘라줍니다.

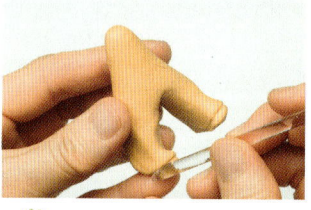

06 손으로 다리를 자연스럽게 매만져준 후, 수정 붓으로 신발을 표현합니다.

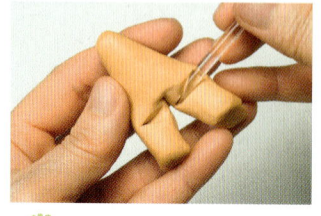

07 몸통 뒷부분을 수정 붓으로 눌러 주름을 잡아주고

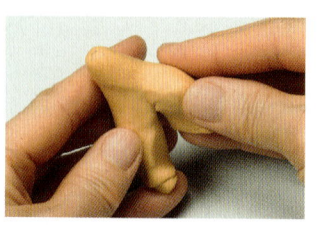

08 무릎을 꺾어주세요.

 TIP

예쁘게 자세잡기

수정 붓으로 각을 주고자 하는 반대 부분에 붓 끝을 5mm 정도 넣어준 후 앞부분이 각이 지도록 꺾어주세요.

09 오른쪽 무릎은 90도로 꿇고 있는 자세로 모양을 잡아주고

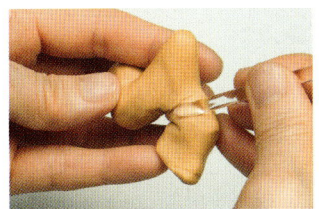

⑩ 수정 붓으로 자연스럽게 바지의 주름을 가늘게 그려줍니다.

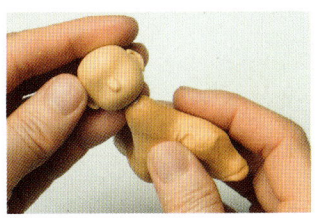

⑪ 얼굴에 꽂아둔 철사로 얼굴과 몸을 연결해주세요.

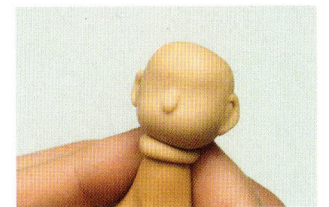

⑫ 지름 3mm 정도 점토를 굴려 목 부분에 돌린 후

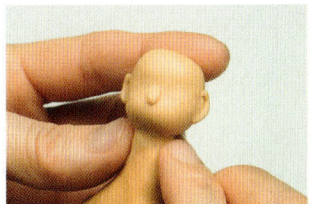

⑬ 손으로 매만져주면서 목을 만들어줍니다.

팔 만들기

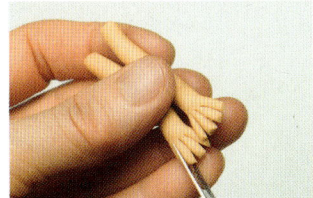

⑭ 점토를 지름 4mm, 길이 3.5cm로 가늘고 둥글게 굴려 가위로 4등분을 한 후

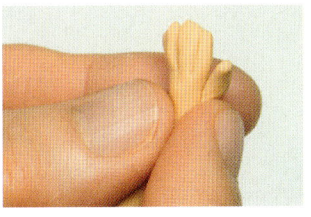

⑮ 엄지손가락은 따로 만들어 붙입니다.

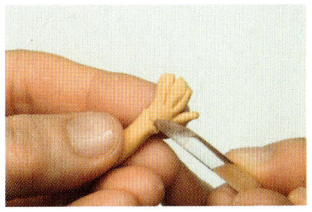

⑯ 수정 붓으로 소매를 표현한 후

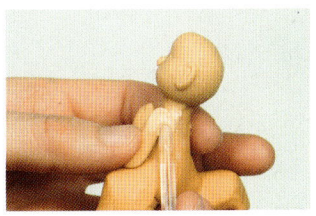

⑰ 몸과 어깨가 하나가 되도록 매끄럽게 연결합니다.

 같은 모양으로 손가락 만들기

점토를 인형에 알맞은 굵기로 굴려 손이 될 점토의 끝 부분을 가볍게 눌러 14번 과정과 같이 2개를 동시에 잡고 양쪽 손가락을 같은 길이로 잘라줍니다.

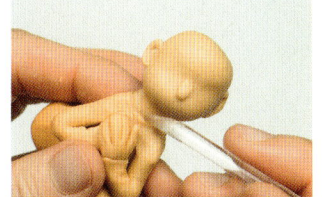

⑱ 수정 붓으로 목 부분에 티셔츠를 입은 것처럼 그려주세요.

머리카락 만들기

⑲ 검은색으로 염색한 점토를 머리에 붙이고

⑳ 점토를 가늘게 굴려서 머리카락을 표현합니다.

사슬 만들기

21 가늘고 길게 굴린 점토로 연결해가면서

22 인형 다리의 길이에 맞게 사슬을 만듭니다.

23 점토를 사각형으로 빚어 무늬를 내준 후

24 갈색 와이어에 점토를 붙여 굴린 다음

25 자물쇠를 완성합니다.

하트 만들기

26 빨간색 염색을 한 점토를 물방울 모양으로 만든 후

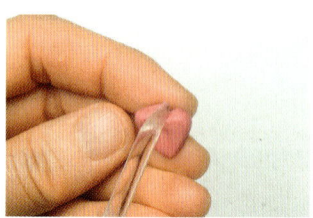
27 가운데 부분을 눌러 하트를 만들어줍니다.

28 하트에 갈색 와이어를 꽂아 인형에 고정합니다.

채색하기

29 인형이 건조되면 옷 전체를 연한 회색으로 칠해줍니다.

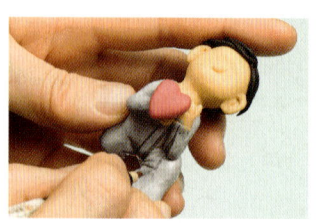
30 바탕색보다 조금 진하게 진회색으로 가늘게 선을 그어주고

31 도트에 흰색 물감을 묻혀 크게 찍어주세요.

32 검은색 물감을 묻혀 눈동자도 그려줍니다.

33 눈썹을 그린 다음

34 우울한 모습의 입술을 표현해 주세요.

35 은색 액상 아크릴 물감으로 자물쇠를 채색한 후

36 완성된 사슬을 인형의 발밑으 로 넣어 채워줍니다.

안경 만들어 완성하기

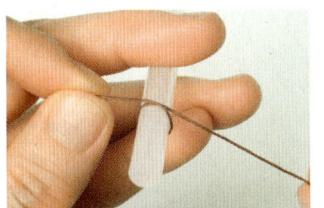

37 갈색 와이어를 원형 글루나 같은 크기의 막대에 감아

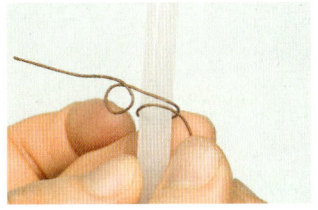

38 안경을 만듭니다

39 얼굴 크기에 맞게 테를 맞춰 자른 후

40 갈색 플라워 테이프로 안경테 를 감아줍니다.

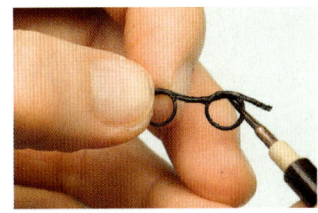

41 안경테에 진한 밤색으로 채색 해줍니다.

42 아이섀도우로 볼터치를 한 후

43 귀 윗부분에 테가 들어갈 만 큼 송곳으로 뚫어준 후 안경 을 씌워주면 완성입니다.

TIP 안경 쉽게 씌우기

귀 뒤쪽에 핀바이스 또는 송곳으로 구멍을 뚫어 다양한 모양의 안경을 씌워줄 수 있으며, 인형의 자세를 바 꾸어 응용하면 새로운 느낌의 작품 을 만들 수 있습니다.

사슬 풀어주는 여자 인형 만들기

1. 얼굴 만들기 : 지름 2.5cm의 점토로 얼굴을 만들어 코와 귀를 붙여준 후, 9자로 구부려준 철사를 꽂아줍니다. (302쪽 남자 인형 얼굴 만들기 참고)
2. 몸만들기 : 지름 2cm의 점토를 윗부분이 뾰족하지 않게 원형 뿔 모양의 길이로 굴려줍니다.
3. 다리 만들기 : 4cm의 철사에 연한 황토색 점토를 씌워 손바닥으로 굴려줍니다. 지름 3mm 정도로 굴려 발 부 분을 90도 꺾어주고, 발등에 작은 양의 점토를 얹어 신발을 만듭니다.
4. 얼굴과 몸통 연결하기 : 공예용 접착제를 묻혀 얼굴과 몸을 연결한 후, 지름 3mm 정도의 점토를 굴려 목에 돌 린 다음 매끄럽게 목을 만들어 얼굴과 몸을 연결합니다.
5. 다리 끼우기 : 완성된 다리에 반드시 물을 묻혀 몸에 끼웁니다.
6. 옷 입히기 : 상의는 연한 황토색 점토를 2mm로 가늘게 굴려 목 밑부분에 붙인 후 윗부분은 그대로 두고 밑부 분만 몸과 연결하고 옷을 입은 것처럼 표현합니다. 하의는 세로 5cm, 가로 3cm의 점토를 2mm 정도로 밀어 허리 부분부터 붙여 치마를 입혀줍니다.
7. 팔 붙이기 : 지름 4mm, 길이 4mm의 점토로 손을 만들어 어깨에 붙여줍니다.
8. 머리카락 만들기 : 오렌지색으로 염색한 점토를 손으로 가늘게 비벼 머리의 중앙부터 붙입니다.
9. 채색하기 : 연두색으로 원피스를 칠하고 오렌지색 꽃을 그려 꽃무늬 원피스를 만들어줍니다. 오렌지색으로 머리카락과 신발을 채색하여 밝은 느낌의 인형으로 완성합니다.
10. 눈 그리기 : 도트에 흰색 물감을 묻혀 흰 눈동자를 칠하고 세필로 라인을 그린 후 밝은 기분을 표현하기 위해 짧게 속눈썹도 그려 주고, 입술을 둥글게 굴려 웃는 모습을 표현합니다.

* 인형의 옷을 입힐 때는 꼭 맞는 크기로 잘라 옷을 입히기보다는 폭을 넓게 해 여유있게 옷을 입히면 실수를 줄일 수 있습니다.

신혼부부에게 선물하면 좋은 웨딩 인형

60 선물하면 좋은 웨딩 인형

 준비물

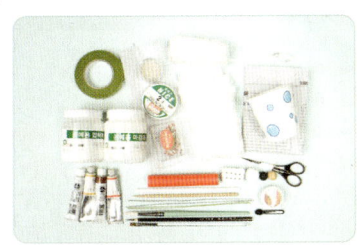

♣ **점토 :** 오리지널 스컬피, 하티, 모데나

♣ **도구 :** 꽃밀대, 통밀대, 가위, #22 철사, #18 철사, 녹색 플라워 테이프, 공예용 마감재, 공예용 접착제, 종이컵, 신문지, 레이스, 비즈, 바늘, 낚싯줄, 리본, 핀, 핀바이스, 세필, 수정 붓, 수채화 붓, 아이섀도우

♣ **물감 :** 흰색, 황토색, 빨간색, 밤색

● 예상 재료비 : 12,000원~13,000원 | 예상 제작 시간 : 5시간~6시간 | 완제품을 사려면 얼마나 하죠? : 약 150,000원~200,000원

하반신 만들기

01 하반신의 몸체를 만들기 위해 종이컵에 신문지를 채운 후

02 컵 크기보다 여유 있게 신문 지를 자릅니다.

03 컵에 있는 신문지가 빠져 나 오지 않도록 공예용 접착제로 잘 붙입니다.

04 종이컵을 덮을 정도의 크기로 하티 점토를 밀어 공예용 접 착제로 붙여주고

05 컵 밑부분의 점토를 평평하게 모아줍니다.

06 컵 윗부분은 둥글게 만들어주 세요.

07 #18 철사에 공예용 접착제를 충분히 묻힌 다음, 컵 윗부분 의 1/3의 위치에 꽂아줍니다.

얼굴 만들기

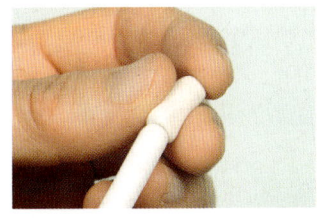

08 오리지널 스컬피 점토를 도장 형태로 만들어준 후

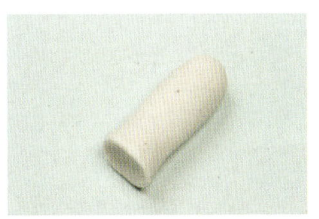

09 오븐에 넣어 100도에서 8분 내지 10분 정도 구워줍니다.

10 연한 황토색으로 염색한 모데 나 점토로 지름 2cm의 얼굴 을 만든 후, 꽃밀대로 가운데 부분을 눌러줍니다.

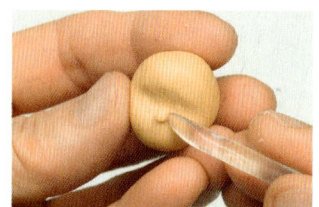

11 작은 크기의 코를 붙여줍니다.

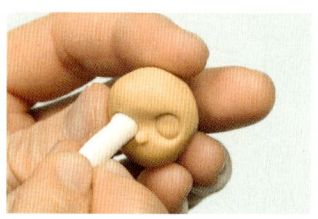

12 오리지널 스컬피 점토로 만든 도장으로 눈을 찍어주고

13 수정 붓으로 선을 그어 입술을 만들어 주세요.

tip
병을 이용해 뼈대 만들기

박카스 병처럼 작은 병에 나무젓가락으로 마개를 막은 후, 점토를 얇게 밀어 병 전체를 씌워주고 상반신을 만들고 얼굴을 끼워 병 인형을 만들어도 됩니다.

14 윗입술을 가볍게 올려줍니다.

15 작은 점토 덩어리로 아랫입술을 만들고

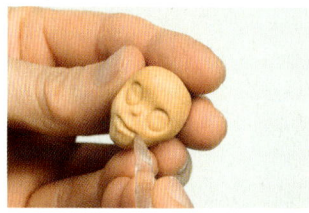

16 지름 5mm의 점토를 1cm 길이로 굴려 아랫입술 부분에 붙여 수정 붓으로 아랫입술을 만든 후, 남은 점토는 턱에 자연스럽게 붙입니다.

상반신 만들기

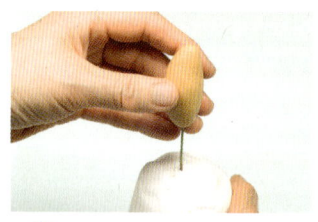

17 연한 황토색으로 염색한 모데나 점토를 지름 3cm, 길이 5cm로 빚은 후 하반신에 꽂아줍니다.

18 인형의 상반신을 만들어보겠습니다.

19 하반신 쪽으로 쓸어내리듯이 만져주면서 가는 허리와 어깨를 만들어주세요.

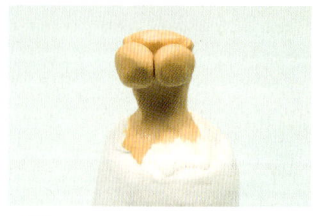

20 지름 1.5cm의 둥근 점토를 1/2로 잘라 가슴 부위에 붙입니다.

21 연결 부위를 매만지면서 자연스럽게 가슴을 만들어줍니다.

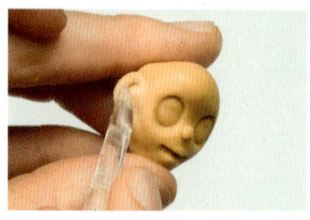

22 둥글게 빚은 점토를 1/2로 잘라 귀를 붙여줍니다.

23 얼굴과 몸을 연결해주세요.

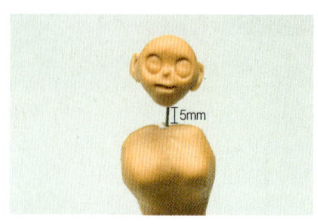

24 목 부분을 5mm 남긴 상태에서

25 목 부분에 점토를 감아줍니다.

26 손으로 매만지면서 목과 몸을 자연스럽게 연결합니다.

27 폭 1cm, 길이 8cm의 점토를 얇게 밀어 어깨에 붙여줍니다.

28 점토의 윗부분은 그대로 두고 밑부분만 몸과 연결해 옷을 입은 것처럼 표현해주세요.

소매 있는 팔 만들기

29 지름 2.5cm로 점토를 굴린 다음, 끝부분을 가볍게 누른 후 4등분합니다.

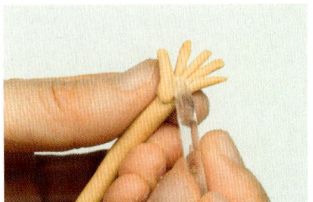
30 엄지손가락을 따로 만들어 굴려 검지손가락 밑부분에 붙인 후

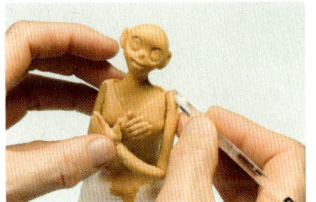
31 양손을 감싸 안은 것처럼 팔을 어깨에 붙여줍니다.

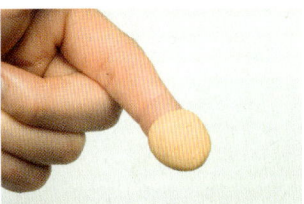
32 점토를 둥글고 납작하게 빚은 후

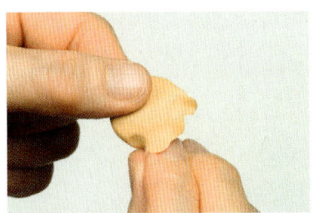
33 끝부분에 약간의 웨이브를 줍니다.

34 어깨에 웨이브를 준 점토를 붙여주고

35 둥글고 봉긋하게 만들어준 후, 어깨와 소매 부분에 수정 붓으로 짧게 선을 그어 주름을 표현합니다.

36 양쪽 팔을 완성합니다.

머리카락 만들기

37 검은색으로 염색한 모데나 점토를 머리에 붙여줍니다.

38 도톰하게 굴려준 점토를 삼각 칼로 깊게 선을 긋고나서

39 머리카락을 붙여줍니다.

40 원하는 모양으로 헤어스타일을 마무리합니다.

채색하기

41 인형이 건조되면 부드러운 느낌의 채색을 위해 전체적으로 흰색 물감과 공예용 마감재를 2:1 비율로 혼합해 채색합니다.

42 세필로 흰자위를 표현해주고

43 밤색으로 눈동자를 칠해줍니다.

44 진한 밤색으로 눈동자의 윗부분을 칠해 명암을 준 뒤

45 검은색으로 가운데 부분을 동그랗게 그려줍니다.

46 눈의 라인과 속눈썹도 그려준 후

47 세필에 흰색 물감을 묻혀 아주 작은 점을 찍어줍니다.

48 눈썹을 그려주세요.

49 흰색에 빨간색 약간을 혼합한 다음 입술을 그린 후

50 아이섀도우로 볼 터치를 해줍니다.

드레스 만들기

51 인형 엉덩이의 2.5배 크기의 레이스를 겹으로 준비한 후

52 낚싯줄로 시침질을 해줍니다.

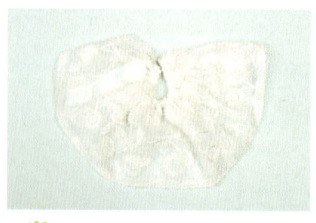

53 속치마의 주름을 시침질한 후

54 속치마의 주름 끝 부분에 리본이나 끈을 박음질하고

55 인형의 허리에 묶어 리본을 매어줍니다.

56 엉덩이 2.5배의 망사에 레이스를 준비합니다.

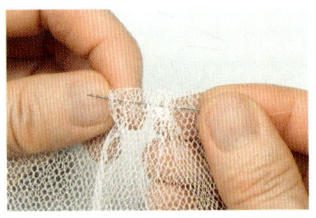

57 속치마와 같은 방법으로 시침질해 줍니다.

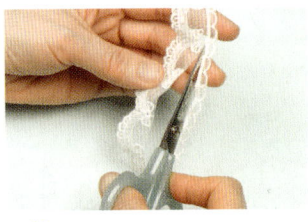

58 레이스의 끝 부분을 잘라낸 후

59 좁은 폭 부분에 주름을 잡아주며 꿰맵니다.

60 넓은 폭 레이스와 좁은 폭의 레이스를 붙힌 후

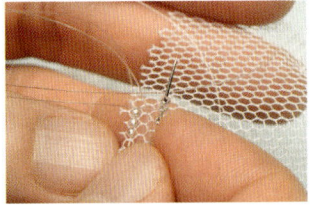

61 망사의 끝 부분에 비즈를 달아줍니다.

62 망사의 양쪽 끝 부분을 시침질해주면

63 드레스가 완성됩니다.

64 인형의 속치마에 겹으로 입혀줍니다.

면사포 만들기

65 레이스의 리본 모양을 살려주면 망사 부분만 잘라낸 후

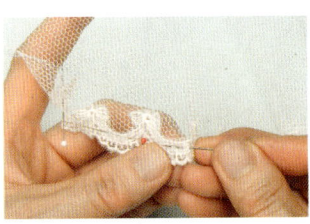

66 망사의 밑부분에 리본을 얹어 핀으로 고정합니다.

67 망사의 윗부분을 접어 낚싯줄로 시침질을 해줍니다.

68 면사포의 주름 부분에 비즈로 타원형으로 붙여준 후 가운데 부분을 바느질해서 리본 모양을 만듭니다.

69 리본의 가운데 부분에 핀을 꽂아줍니다.

70 핀을 꽂아줄 머리 부분을 확인 한 후

71 표시한 머리 부분을 핀바이스 로 구멍을 낸 다음 면사포를 꽂아주면 완성입니다.

드레스룸도 꾸며보세요!

나중에 인형 외에 드레스룸도 함께 만들어주면 완성도를 더욱 높일 수 있습니다.

61 한국 전통 인형 메모꽂이

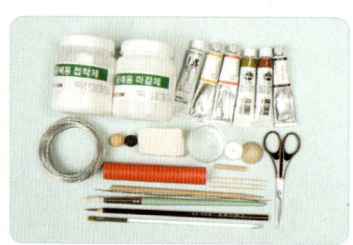

🎎 준비물 🎎

♣ 점토 : 모데나, 환도소프트

♣ 도구 : 공예용 접착제, 공예용 마감재, 가위, 꽃밀대, 통밀대, 세필, 수정 붓, 수채화 붓, 갈색 와이어, 알루미늄 와이어, 플라스틱 용기, 병뚜껑, 나무 붓, 이쑤시개, 아이스크림 막대

♣ 물감 : 흰색, 검은색, 빨간색, 노란색, 녹색, 밤색

● 예상 재료비 : 4,000원~5,000원 | 예상 제작 시간 : 2시간 | 완제품을 사려면 얼마나 하죠? : 약 30,000원~40,000원

맷돌 만들기

01 환도소프트 점토를 두께 1.5cm 로 밀어준 후, 지름 3.5cm의 동그란 용기로 찍어주세요.

02 맷돌의 질감을 표현하기 위해 이쑤시개를 이용해 촘촘히 찔러줍니다.

03 같은 모양으로 2개를 준비합니다.

04 꽃밀대 뒷면으로 맷돌 중앙을 5mm 정도 깊이로 눌러줍니다.

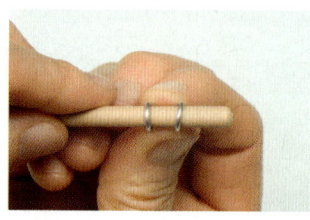

05 알루미늄 와이어를 꽃밀대에 대고 구부려 펜치로 잘라

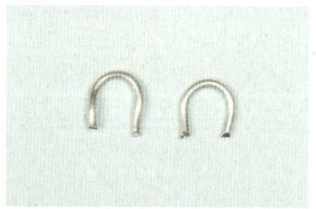

06 2개의 U자 알루미늄 와이어를 준비합니다.

07 3cm 길이의 아이스크림 막대를 공예용 접착제를 묻혀 맷돌 옆에 붙인 후

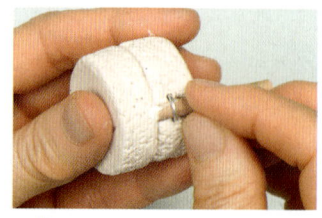

08 U자 와이어를 꽂아줍니다.

얼굴 만들기

09 연한 황토색으로 염색한 점토를 둥글게 굴려 지름 2cm로 만든 후, 가운데를 살짝 눌러줍니다.

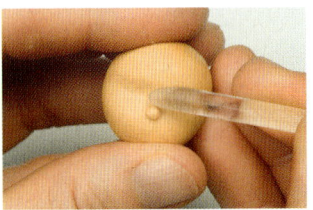

10 작은 크기의 코를 붙여주고 수정 붓으로 만져줍니다.

11 꽃밀대를 위로 살짝 들어 올렸다가 아래로 내려 입을 만들어준 후, 3cm의 갈색 와이어를 9자로 구부려 얼굴의 밑부분에 꽂아줍니다.

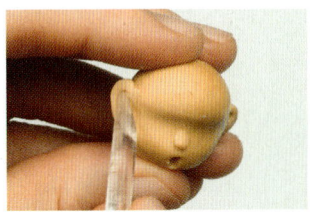

12 둥글게 빚은 점토를 1/2로 잘라 귀를 붙여줍니다.

몸통 만들기

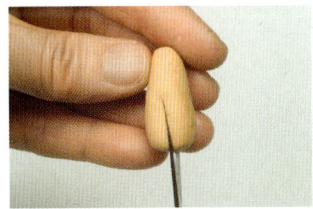

13 지름 2cm 정도로 점토를 굴려서 1/2로 자른 후

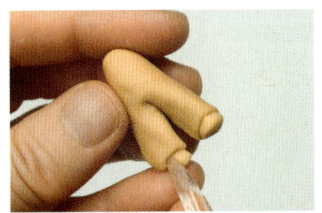

14 발끝을 구부려 수정 붓으로 선을 그어 고무신을 표현합니다.

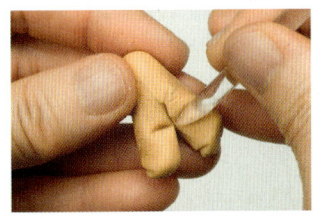

15 수정 붓으로 바지 뒷면에 주름을 만들어주고

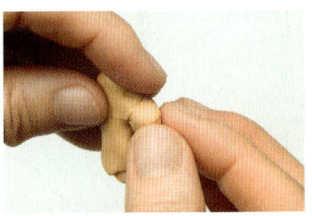

16 무릎을 들어올려 춤을 추는 것처럼 자세를 만들어줍니다.

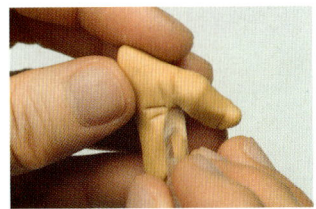

17 바지 앞면도 선을 그어 주름을 표현합니다.

18 인형의 얼굴과 몸을 연결합니다.

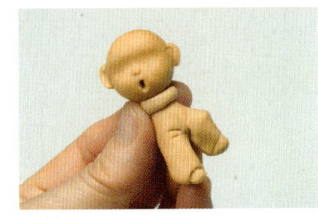

19 점토를 가늘게 굴려 목에 돌려준 후

20 손으로 매만지면서 자연스럽게 목을 만듭니다.

저고리 입히기

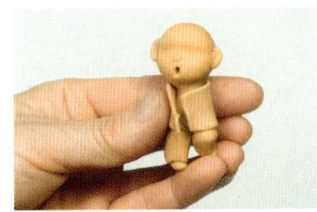

21 점토를 얇게 밀어 윗몸에 감아주고

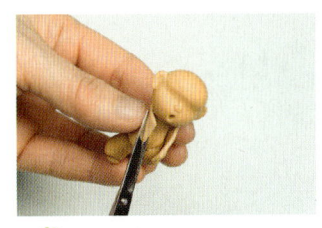

22 저고리의 앞면을 사선으로 잘라 V자로 만들어줍니다.

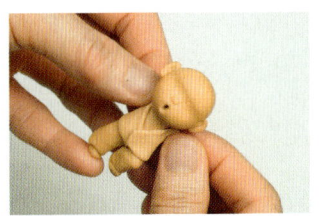

23 양쪽 어깨를 잡아준 후, 필요 없는 부분은 잘라냅니다.

옷고름, 복주머니 만들기

24 길이 8cm, 세로 2mm의 점토를 1cm 남기고 3/4만 접어 준 후, 옷고름을 묶어줍니다.

25 옷고름을 저고리에 붙여주세요.

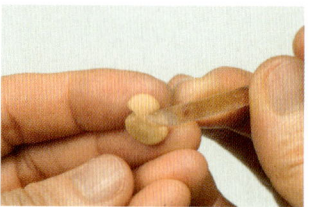

26 점토를 둥글고 납작하게 만들어 양 옆을 눌러주고

 TIP

옷고름은 남은 1cm의 점토를 돌려주고 필요 없는 부분을 잘라주면 깔끔한 저고리를 만들 수 있습니다.

27 지름 5mm의 점토를 둥글고 납작하게 만들어서 목 부분을 수정 붓으로 눌러 부채 모양으로 만든 후 윗부분에 홈을 내 복주머니를 만듭니다.

 TIP **더욱 단단하게 연결하기**

복주머니 혹은 다른 소품들을 인형에 연결할 때 소품에 갈색 와이어를 짧게 잘라 끼워 건조시킨 후, 인형의 몸에 연결하면 더욱 단단하게 부착됩니다.

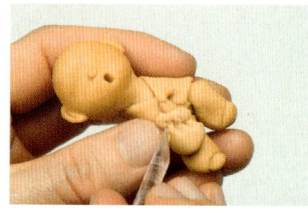

28 공예용 접착제를 묻혀 바지의 허리춤에 복주머니를 붙입니다.

팔 만들기

29 지름 1cm 정도의 점토를 길이 4cm로 굴려서 1/2로 잘라 양손을 만든 후

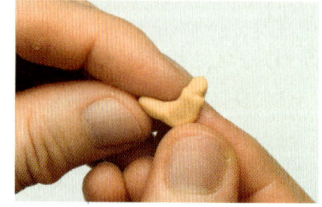

30 ㄱ자로 구부려 밑부분을 눌러줍니다.

31 어깨에 오른팔은 위로 왼팔은 아래도 향하도록 붙여줍니다.

머리카락 만들어 연결하기

32 검은색으로 염색한 점토를 머리에 동그랗고 납작하게 붙여줍니다.

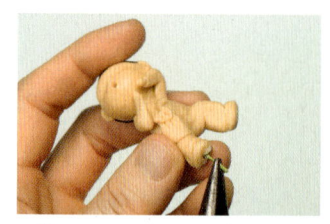

33 인형의 발밑에 철사를 2cm 정도 끼워줍니다.

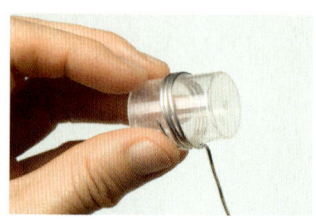

34 둥근 모양의 용기에 알루미늄 와이어를 돌려서

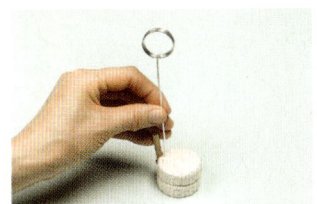

35 메모꽂이를 만든 후 맷돌에 꽂아줍니다.

36 흰색에 검은색을 약간 섞어 맷돌을 칠해줍니다.

37 맷돌 손잡이는 진한 밤색으로 칠합니다.

38 발에 철사를 끼운 인형을 맷돌에 꽂아 5~7시간 동안 건조합니다.

탈 만들기

39 나무 볼에 연한 황토색으로 염색한 모데나 점토를 밀어준 후 씌워줍니다.

40 점토가 건조되면 귀를 크게 2개 만들어 양쪽에 붙여줍니다.

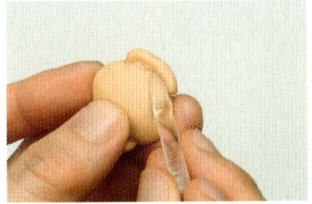

41 양쪽 귀를 매끄럽게 붙여주고

42 건조된 탈에 밑그림을 그려주세요.

43 붓으로 진한 밤색으로 밑그림을 따라 선을 먼저 그어주고

44 치아 부분과 눈, 주름, 코의 점등을 도트나 세필로 나머지 부분을 그려 마무리합니다.

 탈을 쉽게 만드는 방법

인형의 가면을 만들 때는 화장품 뚜껑이나 둥근 형태의 나무 볼을 사용하면 더 쉽게 만들 수 있습니다. 점토가 건조된 후 눈이나 입 부분을 칼로 잘라내 인형에 씌우면 더욱 재미있는 작품을 만들 수 있으며 가면을 미리 만들어 건조해두면 손쉽게 소품으로 연결할 수 있습니다.

채색하여 완성하기

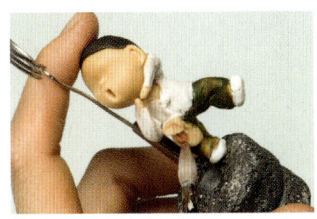

45 흰색과 올리브그린색으로 옷을 칠해주고

46 도트나 세필로 눈을 그려줍니다.

47 눈동자도 그려줍니다.

48 눈의 라인을 세심하게 표현합니다.

49 눈동자가 반짝이는 것처럼 흰색 점을 작게 찍어줍니다.

50 입술을 그려줍니다.

51 눈썹을 그려준 후 아이섀도우로 볼터치를 해줍니다.

52 공예용 접착제 또는 순간접착제로 가면을 붙이면 한국인형 메모꽂이가 완성됩니다.

다양한 모양의 메모꽂이를 만들어 보세요

사진에서 보이는 것처럼 여러 가지 모양의 인형을 만들어 메모꽂이에 응용해보세요.

다시 보고 싶은 그리운 풍경 1960년대 중학생 인형

62 1960년대 중학생 인형

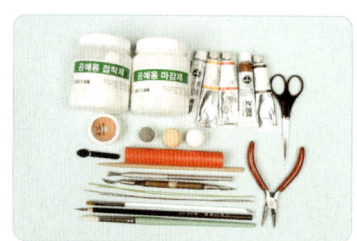

♣ 점토 : 하티
♣ 도구 : 공예용 접착제, 공예용 마감재, 통밀대, 꽃밀대, 1핀, 삼각칼, #22 철사, 갈색 와이어, 가위, 펜치, 세필, 수정 붓, 수채화 붓, 아이섀도우
♣ 물감 : 검은색, 밤색, 빨간색, 황토색, 흰색

● 예상 재료비 : 7,000원~8,000원 | 예상 제작 시간 : 3시간~3시간 30분 | 완제품을 사려면 얼마나 하죠? : 약 120,000원~150,000원

얼굴 만들기

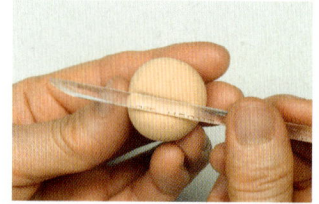

01 연한 황토색으로 염색한 하티 점토로 지름 3cm의 얼굴을 만든 후, 꽃밀대로 가운데를 눌러 줍니다.

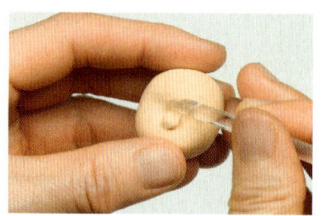

02 코에 점토를 조금 붙여 깔끔하게 처리해주세요.

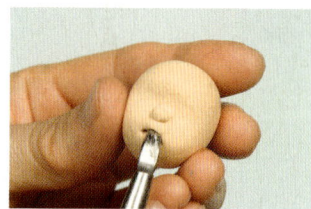

03 삼각칼의 헤라로 윗입술을 위로 가볍게 올려주고

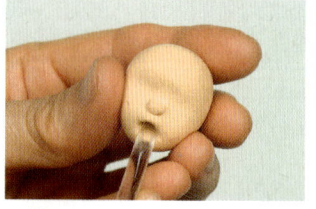

04 수정 붓으로 입 아랫 부분을 살짝 내려줍니다.

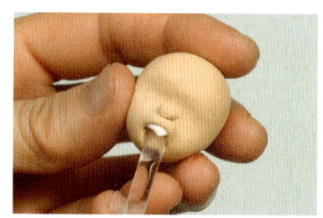

05 치아는 흰색 점토를 윗입술 속에 넣어 붙인 다음

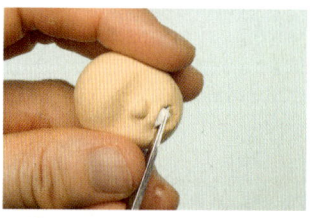

06 점토의 밑부분을 잘라 만듭니다.

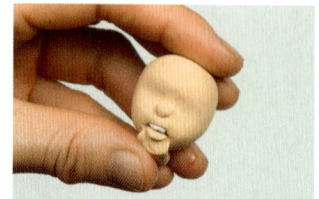

07 연한 황토색 점토를 둥글게 굴려 아랫입술을 만들어줍니다.

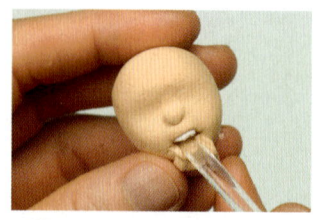

08 혀를 만들어주기 위해 수정 붓을 입안에 넣은 다음

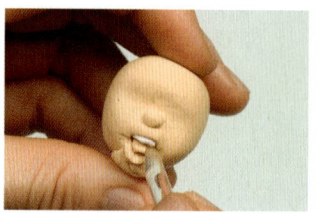

09 입 안의 점토를 모아 혀를 만듭니다.

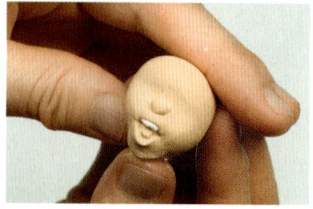

10 아랫입술을 만들고 남은 점토는 턱에 자연스럽게 붙입니다.

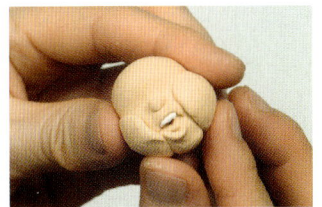

11 양쪽 볼에 점토를 붙여

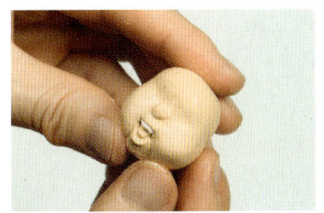

12 통통한 볼을 만들어주세요.

13 5mm로 둥글게 빚은 점토를 1/2로 잘라 양쪽 귀를 붙여 주고

14 꽃밀대의 끝으로 코 밑을 찔러 콧구멍을 만들고, 6cm의 갈색 와이어를 9자로 구부려 얼굴 밑 목 부분에 꽂아줍니다.

몸통 만들기

15 지름 4cm, 길이 14cm로 점토를 굴린 다음 다리 부분을 잘라줍니다.

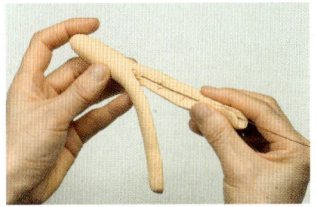

16 갈색 와이어를 11cm의 길이로 2개 잘라 각 다리에 꽂아주세요.

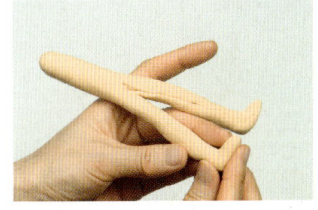

17 발끝을 직각으로 구부려 발을 만든 후

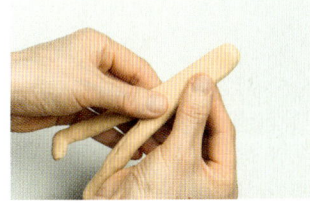

18 몸통을 납작하게 눌러줍니다.

19 의자에 앉혀 편안한 자세로 고정합니다.

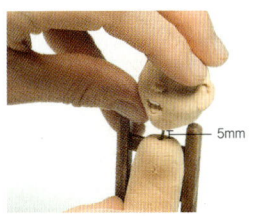

20 얼굴에 꽂아준 철사를 5mm 정도 남기고 몸에 꽂아줍니다.

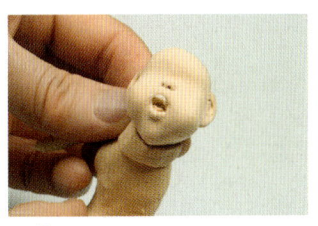

21 목을 만들수 있도록 목 부분에 점토를 감아주고

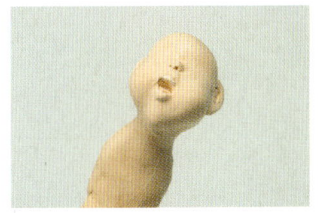

22 손으로 매만지면서 목을 만들어줍니다.

옷 입히기

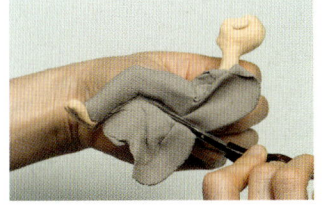

23 연한 회색으로 염색한 점토를 통밀대로 가로 8cm, 세로 6cm로 밀어 다리에 붙여주고

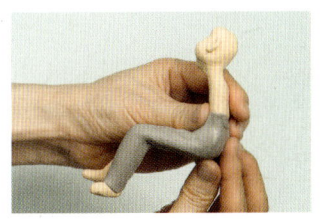

24 필요 없는 부분을 잘라낸 다음 매끄럽게 만져줍니다.

25 같은 방법으로 양쪽 다리를 완성합니다.

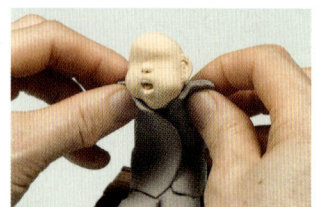

26 가로 5.5cm, 세로 10cm 정도로 점토를 밀어 상의를 붙입니다.

27 가위로 필요 없는 부분을 잘라냅니다.

팔 만들기

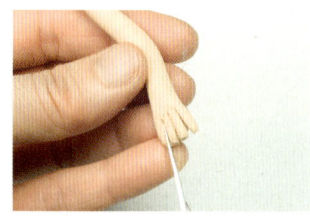

28 지름 1.8cm, 길이 6cm로 점토를 굴려서 손 모양을 만들고

29 엄지손가락은 따로 만들어 붙여줍니다.

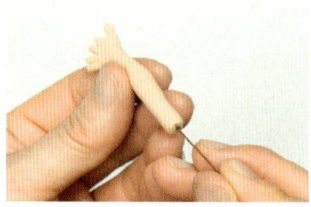

30 팔에 갈색 와이어를 끼워줍니다.

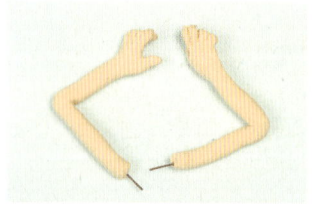

31 같은 방법으로 반대편 팔을 만들어 양쪽 팔이 준비되면

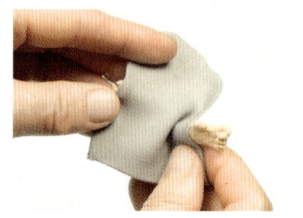

32 옷을 만들었던 점토를 밀어 팔에 씌워줍니다.

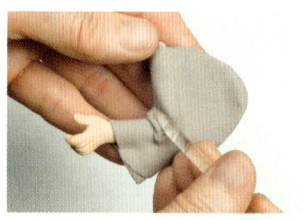

33 수정 붓으로 옷의 주름을 자연스럽게 표현한 후

34 필요 없는 부분은 잘라냅니다.

35 팔에 끼워져 있는 갈색 와이어를 펜치로 구부린 다음

36 어깨에 붙여주고 깔끔하게 다듬어줍니다.

37 연한 회색 점토를 작게 굴려 붙여주고 붓 끝으로 눌러줘 단추를 만듭니다.

실내화 만들기

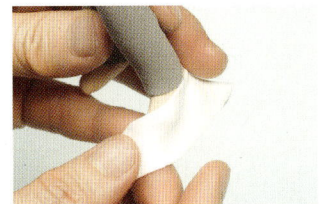

38 흰색 점토를 얇게 밀어 발에 씌운 후

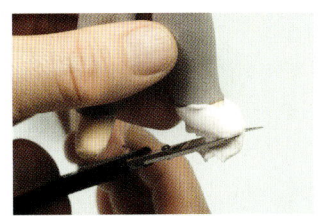

39 밑부분을 잘라 실내화를 만듭니다.

머리카락 만들고 채색하기

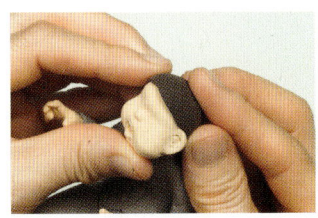

40 인형의 머리에 진한 밤색으로 염색한 점토를 붙이고

41 가는 머리카락이나 가는 선을 그어줄 때 사용하는 금속으로 만들어진 7핀으로 눌러가며 까까머리를 표현해주세요.

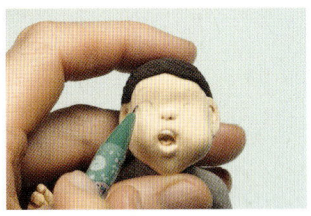

42 인형이 건조되면 얼굴에 밑그림을 그려 주고

 하티 점토로 까까머리를 표현할 때는?

염색된 점토를 둥글게 굴려 납작하게 만든 후, 두상에 씌워주고 젖은 물수건의 물기를 손에 적셔 머리카락이 두상에 자연스럽게 접합되도록 마사지해주면 됩니다.

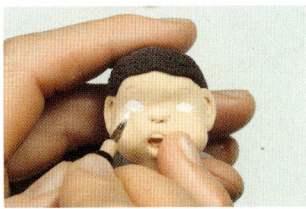

43 흰색 물감으로 눈을 그려줍니다.

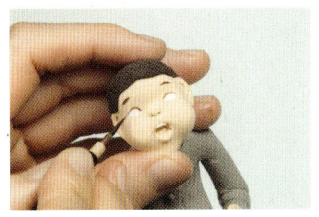

44 눈의 윗부분에 라인을 그린 후

45 눈동자와 눈의 라인에 진한 밤색으로 칠해줍니다.

46 눈의 아랫부분에 가늘게 선을 그어준 후

47 세필에 흰색 물감을 묻혀 눈동자를 찍어줍니다.

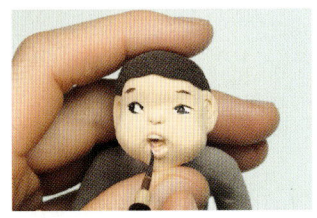

48 입술은 붉은색으로 엷게 칠해 주고

49 아이섀도우로 볼터치를 해줍니다.

50 교복은 검은색으로 채색해주세요.

51 명찰에 이름도 써줍니다.

52 입 안에 반찬을 만들어 넣어 밥 먹고 있는 모습을 표현합니다.

교모 만들기

53 진한 밤색과 검은색을 혼합해 염색한 점토를 머리 크기에 맞게 둥글고 납작하게 만든 후

54 왼손으로 밑부분을 받치고 앞부분을 가볍게 접어줍니다.

55 모자의 둘레를 손으로 꼬집듯 눌러주세요.

56 가위로 모자의 둘레를 잘라 깔끔하게 처리한 후

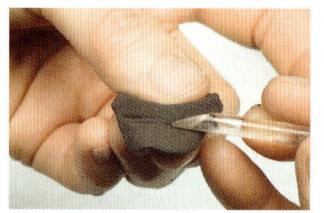

57 모자챙의 윗부분에 수정 붓으로 선을 그어줍니다.

58 모자를 완성하여 건조합니다.

59 검은색으로 모자를 칠하고 흰색 선을 그어줍니다.

60 글씨를 써줍니다.

61 도시락과 교모, 책가방 등 여러 가지 소품으로 1960년대 중학교 교실을 꾸며보세요.

 옷과 교모 작업을 쉽게 하는 방법

하반신 뼈대를 만들어 건조한 후 옷을 입히면 작업하기 쉽습니다. 교모를 만들 때는 나무 볼이나 화장품 뚜껑을 이용하면 편리합니다. 채색 시 공예용 마감재와 물을 적당히 혼합하여 칠하면 매끄럽게 채색할 수 있습니다.

생생한 교실 분위기를 꾸며 보세요

생생한 60~70년대 교실 분위기가 나도록 다양한 소품을 만들어 배치해보세요. 옛 추억이 아름아름 떠오를 거예요. 사진에서 소개한 소품들의 제작 방법은 다음이나 네이버의 플레스공예 카페에서 볼 수 있습니다.

250가지 이상의 다양한 포토카드 – 달력, 엽서, 카드등 스킨무료제공

나만의 개성만점 포토카드 만들기

최강 포토서비스, 엔비

플러스공예

http://cafe.naver.com/plusclay,
http://cafe.daum.net/pluscaly,
http://www.plusclay.com

플러스공예 카페는 친절한 점토공예&미니어처 DIY 책의 저자인 이정희(행복마녀), 안복희(보키), 이은이(안개) 작가님이 함께 운영하는 카페입니다. 점토공예&미니어처 분야의 대표 카페입니다. 이곳에서는 책에서 소개하는 내용 이외에도 다양한 점토공예와 미니어처 정보를 볼 수 있으며, 궁금한 점에 대한 친절한 질문과 답변을 제공합니다. 또한 점토공예와 관련된 다양한 재료들은 플러스공예(http://www.plusclay.com) 홈페이지에서 쉽게 구할 수 있습니다.

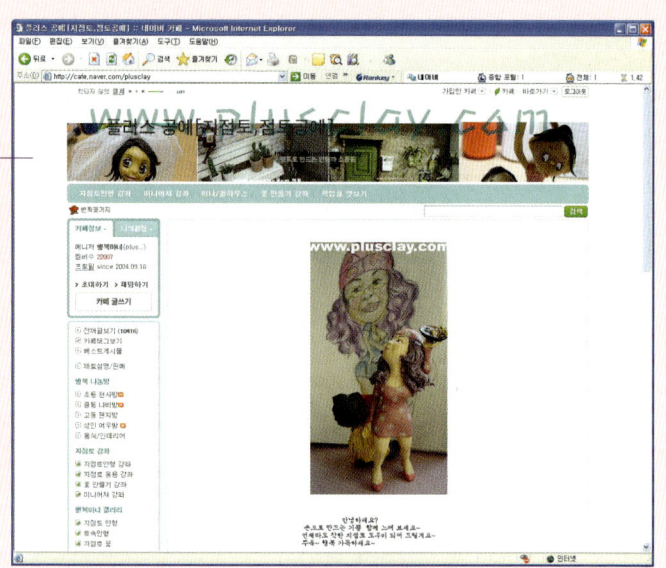

행복한 취미생활 DIY 카페

http://www.diytp.com
http://cafe.naver.com/diytp

행복한 취미생활 DIY 카페는 점토, 미니어처, 클레이, 리폼, 가죽, 퀼트, 선물 포장, 리본, 비즈, 와이어, 요리, 펠트 등 다양한 취미 생활 정보를 공유합니다. 매월 터닝포인트에서 만든 책을 보고 만든 작품의 제작 과정이나 작품 사진, 에피소드 등을 올려주신 분을 뽑아 선물도 드립니다. 또한 책과 관련된 다양한 정보를 제공 받는 것은 물론 질문과 답변 코너를 통해 궁금한 사항들에 대해 언제든지 도움을 받을 수 있습니다.